Crisis y oportunidad.
Lenguajes escénicos en el siglo XXI

Julio Vélez dedica sus páginas a otra de las aristas destacadas del actual panorama teatral: los festivales. Vélez, a partir de los modelos de los festivales de Almada (Portugal) y de Otoño (Madrid) reflexiona sobre el impacto económico del teatro a través de las concepciones socioculturales (marcadas por su programación y su presupuesto) de ambas propuestas. En su escrito esboza además una lectura general del panorama festivalero nacional a partir de los resultados obtenidos y expuestos en la cartografía recogida en teatrero. com[5].

Con el marco de la actividad teatral dibujado, abrimos la discusión hacia el terreno de las reescrituras y adaptaciones teatrales en un segundo bloque titulado: Reescrituras en tiempos de cambio. Esta cuestión se aborda de manera amplia, desde adaptaciones de clásicos de la literatura a reescrituras dramáticas de cuentos de la tradición europea, con la intención de pensar por qué el teatro actual se nutre de temas y motivos del pasado, y qué aportan esas propuestas escénicas al público de hoy cuando están disponibles esos autores y obras históricas para su lectura.

Alina Kornienko se interesa por la mirada de Jean-Luc Lagarce de la *Odisea* homérica. En su análisis destaca la atención hacia el personaje de Penélope y la dimensión trágica del relato protagonizado por Ulises: «un drama de no-retorno, de incomprensión y de ruptura» en palabras de la autora. Una relectura, la de Lagarce, que redirige la mirada hacia los puntos de interés de la sociedad de finales de los años setenta convirtiendo el clásico en una tragedia de lo cotidiano a través de la palabra.

---

[5] El mapa de festivales, dirigido por Carmen González y Javier Ramírez, puede consultarse en: https://teatrero.com/mapadefestivales/ [22-09-2023].

Hugo Martín Isabel avanza hasta el trabajo actual de Nao d'amores en su esfuerzo por revisitar el teatro religioso pre-barroco. En el *Misterio del Cristo de los Gascones* la compañía de Ana Zamora parte de una imagen: «una escultura románica (ss. xi-xii) realizada en madera policromada, con brazos articulados, conservada en la Iglesia de los Santos Justo y Pastor en la ciudad de Segovia» tal y como se lee en el texto. Martín Isabel analiza cómo el trabajo de la compañía se ha integrado en la tradicional Semana Santa segoviana. Todo un ejemplo de la relevancia de la investigación dramática en el seno de nuestra tradición cultural.

María del Valle Hidalgo pone el foco en el renovado interés por Isabella Andreini (Padua 1562 – Lyon 1604) presentando una traducción de la primera obra de teatro que se conserva firmada por una mujer seglar, publicada en el siglo xvi: *Mirtilla* (1588). Además de analizar las particularidades del texto y las dificultades de la traducción, la investigadora presenta la experiencia de su adaptación escénica: *Mirtilla, un sueño de Isabella Andreini* (2022). Se recogen de este modo, de primera mano, algunos de los retos fundamentales que conllevan este tipo de adaptaciones al teatro actual en el contexto universitario.

Federica Boero observa las huellas de Séneca en dos clásicos shakespirianos: *Otelo* y *Macbeth*, cuya influencia aún se puede ver en las adaptaciones actuales del dramaturgo inglés. Sostiene la relación entre el *Hércules Furioso* y la *Medea* senecanas y *Otelo*, así como las evidencias del *Agamenón*, *Tiestes* o, de nuevo, *Medea* en *Macbeth*. Aborda el análisis desde las puestas en escena programadas en la última década en el National Theatre de Londres, el Royal Shakespeare Theatre, el Globe o el Globe Theatre de Roma.

También dirige su mirada hacia algunas representaciones cinematográficas.

Las páginas que Diego Gil Zarzo dedica a la dramaturga irlandesa Marina Carr revelan cómo el proceso creativo de reelaboración de la tragedia griega unido a la originalidad artística ofrece una interesante producción dramática en la que los títulos que remiten a la Antigüedad se nutren de una rabiosa actualidad y aquellos que transitan por la Irlanda imaginaria de la escritora rebosan de referencias a dramaturgos del mundo clásico y de otros grandes nombres de la escena europea.

Samuel Rodríguez disecciona en su texto el diálogo entre Mary Shelley y su criatura, Frankenstein, que propuso Vanessa Montfort en su pieza de 2016: *El último vals de Mary Shelley*. El autor se concentra en los aspectos más profundos del texto de Montfort, como la melancolía de sus personajes, desde la sociología, la filosofía, la psiquiatría y los estudios de género. Rodríguez plantea un viaje a través de la escritura de Montfort que atraviesa la fina línea que separa a la creadora de su creación. Un ejemplo de cómo los clásicos de la literatura pueden servir al teatro de punto de partida para reflexionar sobre nuestra propia naturaleza.

El estudio de Manuel Lagos Gismero sobre la adaptación musical de la novela de María Dueñas: *El tiempo entre costuras* enlaza el segundo y el tercer bloque. El investigador se acerca desde la histórica presencia de adaptaciones de novelas en el teatro musical (ópera, zarzuela y musicales), centrándose en un éxito de las listas de ventas de ficción en prosa que, además, tiene formato televisivo. El autor identifica algunas de las claves que caracterizan la producción de Beon Entertainment firmada por Iván Macías y Félix Amador (ambos especialistas en adaptaciones de novelas a musicales) y abre la puerta para reflexionar sobre si este tipo de adaptaciones puede atraer nuevos públicos que, con otros temas o espectáculos, no comprarían una entrada para acudir a un teatro.

Como cierre, se propone una nueva oportunidad (tal y como hemos querido explicitar con el título de este volumen). Se abordan nuevos formatos escénicos y experimentaciones con los signos dramáticos en un último bloque titulado: *Miradas escénicas hacia el futuro. Nuevos lenguajes.* Tres reflexiones que se sumergen en la complejidad de algunas tendencias escénicas actuales en plena ebullición.

En primer lugar, Soledad Pereyra nos devuelve a la realidad pandémica que activó tanto teatro mediado a través de las pantallas con dos espectáculos que conectan desde su realidad *mixed-abled*[6] con parte de la realidad social que se abordaba en el primer bloque de este libro: *Pinocchia*, de Blue Apple Theatre y *Un peep show per Cenerentola*, de La Ribalta. Ambas experiencias, que se sirven de la intermedialidad en formatos bien distintos, destacan aquí por sus modelos de compañía que incluyen actores con alguna discapacidad.

Para finalizar, Yuri Correa ofrece un análisis sobre el siempre polémico Rodrigo García desde una óptica vectorial, modelo del teórico teatral Patrice Pavis. El autor del texto nos propone reflexionar sobre los complejos y escurridizos mensajes y signos del teatro de García a través de su obra *PS/WAM*. La investigación se centra especialmente en el papel

---

[6] El teatro *mixed-abled* puede entenderse como «[...] una nueva instancia en el desarrollo histórico del que fue originalmente el teatro integrativo y luego teatro inclusivo», en palabras de la autora del texto.

que juega el espectador y cómo ello afecta en la percepción de los niveles sígnicos de la obra analizada.

En definitiva, con este volumen proponemos un viaje desde la realidad social del hecho teatral actual pre y post pandémico, a los lenguajes teatrales nacidos en la contemporaneidad, pasando por las nuevas reescrituras y adaptaciones que se programan en nuestros escenarios. Se ha buscado un crisol que permita al lector bucear en la complejidad de una escena teatral que se vio irremediablemente agitada por los inesperados sucesos ocurridos desde comienzos del año 2020.

I.

MEMORIA Y RESISTENCIA EN EL TEATRO DEL SIGLO XXI

De la experiencia pandémica al laboratorio escénico y artístico: itinerarios psicogeográficos

Diana I. Luque Sánchez
Universidad de Zaragoza

Lo común de la experiencia pandémica al laboratorio escénico y artístico es el título provisional de la investigación que estoy realizando en el área de Estética del arte contemporáneo del Doctorado en Filosofía de la Universidad de Zaragoza. El estudio parte de la necesidad de explorar vivencialmente las repercusiones del grave momento de crisis sanitaria y social originado por la pandemia del Coronavirus SARS-CoV-2. ¿Pueden las artes vivas hacer experiencia de la crisis sanitaria de la COVID-19? Mi investigación parte de la hipótesis de que la especificidad de las artes posibilita modos de conocimiento que le son propios: la exploración artística interdisciplinar sustentada en los discursos de la teoría sociológica, filosófica y antropológica puede generar un espacio de diálogo y de conflicto, que permita abordar el contexto social actual desde otras perspectivas.

La investigación práctica se realiza junto a un grupo de personas con y sin experiencia artística o teatral. Partimos de «lo común», lo corriente o cotidiano: las rutinas, las acciones, los hábitos, los pensamientos, etc., que han quedado redimensionados por la pandemia; si bien, tangencialmente abordamos otras acepciones de este término polisémico[1]. Nuestra indagación se apoya en el concepto «visión periférica», según las constataciones del arquitecto Juhani Pallasmaa sobre espacialidad, sensorialidad y el modo en que ambas afectan a las percepciones y experiencias vivenciales de los espacios.

La visión periférica, también llamada «lateral» o «indirecta», es el campo de visión que se produce alrededor del foco central (o punto de fijación) de la mirada, que abarca únicamente los 5 grados centrales del ángulo visual y permite una visión nítida y enfocada. La visión periférica cubre hasta casi 180 grados del ángulo visual. En el habla cotidiana, el término se emplea con frecuencia para aludir a aquello que se percibe por el rabillo del ojo, es decir, a la visión periférica lejana o más externa, aunque también existen una visión periférica media y una paracentral. Al contrario que la visión focalizada, la periférica involucra la espacialidad, la interioridad y la hapticidad en la percepción [Quevedo Junyent y Solé Fortó, 2007], favorece la percepción preconsciente o instintiva, y la integración en el espacio. Incorporamos este tipo de visión como herramienta práctica de trabajo, a fin de favorecer una percepción sensorial integral, siguiendo los estudios realizados por Pallasmaa.

---

[1] La RAE define el término «común» como:
1. adj. Dicho de una cosa: Que, no siendo privativamente de nadie, pertenece o se extiende a varios. Bienes, pastos comunes.
2. adj. Corriente, recibido y admitido de todos o de la mayor parte. Precio, uso, opinión común.
3. adj. Ordinario, vulgar, frecuente y muy sabido.
4. adj. Bajo, de inferior clase y despreciable.
5. m. Todo el pueblo de cualquier ciudad, villa o lugar.
6. m. Comunidad, generalidad de personas.

Tanto Juhani Pallasmaa como la filósofa Marina Garcés proponen un uso metafórico del término «visión periférica» que invita a adoptar una «mirada involucrada», «participativa y empática» como fundamento para repensar el papel de la visión en la contemporaneidad e involucrarse en un mundo en común [Pallasmaa, 2012: 40; Garcés, 2013: 112]:

> Frente a la visión focalizada que ha dominado la cultura occidental, y que destaca por su capacidad de seleccionar, aislar, identificar y totalizar, necesitamos desarrollar una visión periférica. No es una visión panorámica o de conjunto. Es la que tienen los ojos del cuerpo, inscritos en un mundo que no alcanzan a ver y que necesariamente comparten con otros, aunque sea desde el desacuerdo y el conflicto [Garcés, 2013: 83].

Trasladamos a nuestra investigación este uso metafórico de la visión periférica por su capacidad para abrir nuevos campos de visión y de pensamiento en los ámbitos de la filosofía y la sociología. Con este fin, nuestra indagación teórica y práctica rehúye la visión central –enfocada–, para atender a los márgenes, la periferia, lo desenfocado y lo que figura en segundo término; es decir, nos ocupan aquellos aspectos sociales que no se encontraban en el foco de atención durante la crisis sanitaria, al tiempo que tratamos de poner en relación aspectos de la realidad social dispares y desvinculados.

Itinerarios psicogeográficos

La investigación práctica desarrolla un estudio fenomenológico que se concreta en la elaboración de itinerarios psicogeográficos en el espacio urbano, que sirvan como proceso de conocimiento y de cocreación experiencial. Esta elección se debe a que durante los distintos periodos de confinamientos, tanto domiciliarios como perimetrales, el uso del espacio público estuvo vetado o restringido, lo que –además de conllevar una privación de los derechos fundamentales– incide de un modo determinante en las rutinas y prácticas cotidianas, así como en las vivencias acaecidas en dicho espacio.

Como marco metodológico empleamos, entre otros, la psicogeografía, una disciplina asociada a la geografía, el urbanismo y la psicohistoria, explorada por el Letrismo Internacional, el colectivo de vanguardia parisino, que en 1957 se reconfigura como parte de la Internacional Situacionista. Definen la psicogeografía como el «[e]studio de los efectos precisos del medio geográfico, ordenado conscientemente o no, al actuar directamente sobre el comportamiento afectivo de los individuos» [Debord, 1955: 8; VV.AA., 1999: 17]. Su práctica predilecta es la deriva experimental, que consiste en deambular libremente por la ciudad y dejarse guiar por las percepciones sensoriales que los espacios suscitan en el/la andante –ya sean de bienestar, de desasosiego, de rechazo, etc.–. El colectivo trabaja con la hipótesis de que existen placas giratorias psicogeográficas, es decir, áreas o «unidades de ambiente» que pueden vincular sensorialmente espacios geográficos distantes, y «ejes de paso» que permiten el tránsito de unas a otras [VV.AA., 1999: 53].

El grupo intenta sistematizar su praxis y publica varios informes con los resultados de sus derivas en las revistas *Potlatch* e *Internacional Situacionista*, y traslada los datos a una cartografía psicogeográfica que propone un modelo de ciudad dinámico y sensorial a partir de la transformación del urbanismo parisino existente. El objetivo es establecer desplazamientos que no se subordinen al trazado urbano ni al influjo del turismo y la mercantilización, rechazando particularmente el modelo urbano de torres altas de hormigón de Le Corbusier y la uniformidad que la modelación del barón Haussmann impuso sobre París desde mediados del siglo xix, con la demolición de 19.730 edificios de los barrios medievales y la construcción del sistema axial de amplias avenidas hoy vigente [Jordan, 1992 y 2004; Glancey, 2016]. Los mapas más conocidos de la Internacional Situacionista son la *Guía psicogeográfica de París. Discurso sobre las pasiones del amor: pendientes psicogeográficas de la deriva y localización de unidades de ambiente* (1957) y *La ciudad desnuda: ilustración de la hipótesis de las placas giratorias en psicogeografía* (1957).

La cartografía psicogeográfica no guarda correspondencia físico espacial con la realidad. La topografía y las distancias geográficas se reflejan de manera subjetiva, intentando recuperar y trazar los movimientos efectuados durante la/s deriva/s, suscitados en los afectos del/de la caminante por el propio medio geográfico. El diseño de los mapas resulta de una acción física que explora las estructuras de la ciudad, subvirtiendo el uso y la disposición urbana. Por ello, tanto la práctica de la deriva como la cartografía psicogeográfica conllevan una reapropiación simbólica de la ciudad.

Teniendo presentes los hallazgos y actividades del Letrismo Internacional y la Internacional Situacionista, nuestra indagación práctica elabora con cada participante un itinerario psicogeográfico personal, en función de los recorridos por la ciudad de Madrid que realizó de manera rutinaria durante el confinamiento de marzo a junio de 2020 o durante los confinamientos perimetrales posteriores, salidas imprescindibles que se reducen a desplazamientos por razones laborales o médicas, de suministro alimenticio, breves paseos para ejercitarse o motivos de índole similar. Durante la creación de cada itinerario se exploran las vivencias del/de la participante en el espacio urbano con el fin de construir un relato personal con arreglo a sus recuerdos y reacciones afectivas, que generen una percepción extrañada de los espacios. La rememoración física y verbal en el propio espacio tiene la virtud de activar la memoria corporal y la percepción sensorial, recuperando aspectos como la celeridad/lentitud del paso, la sensación de vigilancia, el distanciamiento físico respecto de otros/as viandantes, las acciones prohibidas –como tocar, aproximarse o ingresar en áreas confinadas ajenas–, la sonoridad de los espacios, etc. Asimismo, exploramos cómo el desfase entre las vivencias pasadas y la realidad vivencial en esos espacios en el tiempo presente, con la restauración casi completa de la normalidad previa a la pandemia, genera en el/la participante una percepción renovada tanto de los espacios como de las vivencias pasadas. Una vez elaborado el itinerario y el relato que lo acompaña, se realiza con pequeños grupos de acompañantes («espectadores/as»).

Estudio de caso: Melissa, hostel, madrid centro

Melissa, de origen mexicano, llega a España con visado de estudiante en octubre de 2019. Ante el cierre de fronteras por la imposición del estado de alarma en marzo de 2020 [Real Decreto 463/2020, de 14 de marzo], decide no volver a México. Ha permanecido durante dos años de manera irregular en nuestro país. En octubre de 2022 comienza a gestionar su residencia en España por arraigo. Plantea su itinerario psicogeográfico en las dependencias del hostel donde estuvo trabajando de forma clandestina, a cambio de alojamiento, durante un año y siete meses, desde junio de 2020 hasta diciembre de 2021, mostrando las rutinas diarias que realizaba y comentando sobre incidentes que acontecieron durante ese periodo. La investigación en el espacio se inicia el 20 de septiembre de 2022 sin que Melissa solicite permiso a la dueña del hostel, a riesgo de tener que interrumpir y renunciar a nuestra indagación en cualquier momento. Inversamente, lejos de considerarnos una intromisión, el vínculo fraternal que Melissa mantiene con los compañeros y compañeras, y con el espacio mismo, permite que podamos deambular libremente por el establecimiento y muestre sus rutinas cotidianas sin coerción alguna –doblar sábanas, barrer suelos, etc.–, incluso el compañero que se aloja en la que fue su habitación –un almacén abuhardillado en el ático– le ofrece la posibilidad de grabar en ella sin estar él presente.

Varios aspectos del lugar resultan de interés para mi indagación doctoral. Se da la circunstancia de que el hostel es un espacio de intimidad, distinto al ámbito privado de un hogar. La naturaleza del establecimiento es la del transitar en más de un sentido: los/as huéspedes solo permanecen durante algunos días, los/as trabajadores/as cambian cada pocos meses, el establecimiento tiene áreas comunes –sala de estar, salón-comedor, cocina, aseos y duchas, etc.– y abarca las cuatro plantas del edificio, con lo que el tránsito de los/as huéspedes por los espacios es constante y la convivencia es cotidiana y, en cierto sentido, íntima. Como contraste, la estancia de Melissa en el hostel se extiende durante un año y siete meses. Llega de Galicia en cuanto se permite el tránsito entre comunidades autónomas con el cese del primer estado de alarma, el 21 de junio de 2020, sin dinero, sin trabajo, con el permiso de estancia caducado y sin lugar de residencia.

Acuerda con la jefa del hostel trabajar veinte horas semanales, en horario nocturno, de 0h. a 8h., sin remuneración, a cambio de alojamiento. Ella misma es consciente de que su experiencia cumple con el «cliché de historia inmigrante, que tiene que barrer y fregar los suelos, doblar sábanas... soportar abusos, *plus pandemia*» [Melissa; 2022, 20 septiembre]. Melissa alude al hostel reiteradamente como su «refugio», su «hogar» y a sus compañeros/as como «familia».

Una circunstancia particular, consecuencia de las restricciones sanitarias del momento –además de las consabidas pautas higiénicas–, es el cambio del tipo de huésped que se aloja en el hostel, habitualmente personas jóvenes, extranjeras y de un nivel adquisitivo medio. Hasta el 2 de julio no se permite la entrada en España a los primeros turistas –residentes en la Unión Europea, Estados asociados Schengen, Andorra, Mónaco, El Vaticano (Santa Sede) o San Marino [Orden INT/595/2020, de 2 de julio]–. El hostel se mantiene abierto durante el confinamiento del primer estado de alarma, rebaja sus precios y acoge como huésped a todo aquel que necesite una residencia. La prohibición de permanecer en el espacio público [Real Decreto 463/2020, de 14 de marzo] hace que personas que viven en la calle y pueden permitirse una habitación o consiguen que alguien se la costee, se alojen en el hostel; entre ellas, prostitutas, gente con problemas de alcoholismo o con trastornos mentales. Esta circunstancia produce un hecho insólito: la ciudad misma penetra en el espacio del hostel, con la particularidad de que se trata precisamente de la realidad de la ciudad que escapa al control del sistema sociopolítico –o que el sistema sociopolítico prefiere ignorar– y que parece coexistir al margen de la sociedad, es decir, lejos del foco de atención. El Real Decreto que obliga a permanecer en los hogares evidencia que existen necesidades básicas no cubiertas y derechos fundamentales vulnerados habitualmente para una parte de la población, cuya presencia había sido relegada al ámbito de la «visión periférica». Se trata de una realidad que expone la necesidad de asumir una «mirada involucrada», como defienden Marina Garcés y Juhani Pallasmaa, y de paliar las desigualdades sociales.

La convivencia con estos nuevos huéspedes resulta problemática y convierte el establecimiento en un lugar inseguro, por lo que el hostel restringe la estancia de sus clientes a siete días. Melissa relata su miedo a quedarse a oscuras mientras barre las escaleras de madrugada: «Entonces era cumplir con mi trabajo y lidiar con gente agresiva, borracha, loca, racista, a veces; hombres que se quisieron propasar conmigo en la noche» [Melissa; 2022, 20 septiembre]. Por otra parte, el riesgo de infección de COVID-19 está muy presente. Tras el contagio de seis de los trabajadores/as, entre los que se incluye Melissa, y de una huésped, se impone la obligación –hasta entonces desatendida– de llevar mascarilla en todo momento, lo que implica que tanto trabajadores/as como huéspedes solo puedan prescindir de su uso en la ducha y en el momento en que están comiendo –quedando a discreción de los/as huéspedes quitársela para dormir en las habitaciones compartidas–.

A partir del 2 de julio de 2020, el hostel recupera su clientela habitual. Desde finales de diciembre de 2020, notablemente desde enero a mayo de 2021, Madrid se convierte en el espacio de ocio predilecto de los europeos, en particular de jóvenes franceses/as de clase media, que viajan durante los fines de semana debido al toque de queda decretado en Francia desde las 18h. y al cierre de bares y lugares de ocio [Laudette, Martinez, 2021]. Pese a que el segundo estado de alarma se extiende hasta el 9 de mayo de 2021 [Real Decreto 926/2020, de 25 de octubre], en Madrid las medidas son más laxas: hay restricción de aforos, se limita el número de personas reunidas a cuatro, se obliga al uso de mascarillas, la hostelería permanece abierta hasta las 22 h. (desde el 25 de enero) y las 23 h. (desde el 18 de febrero), hay «toque de queda» nocturno [Decreto 4/2021, de 22 de enero; Orden 154/2021, de 12 de febrero; Orden 158/2021, de 13 de febrero] y proliferan las fiestas clandestinas en pisos de alquiler.

Al principio de su estancia en el hostel, en junio de 2020, a Melissa se le ofrece compartir habitación con otras trabajadoras. Cuando conoce que en el almacén abuhardillado del ático ha estado viviendo otro trabajador y en ese momento está disponible, pide a su jefa alojarse en él. Es un espacio inhóspito. El techo es muy bajo y las vigas no permiten desplazarse sin agacharse o gatear. La ventana está cubierta con un plástico endeble por el que penetran el frío y la humedad. No hay muebles, Melissa duerme en un saco de dormir sobre el suelo enmoquetado y su ropa se amontona en dos maletas. Cuando visitamos el espacio en septiembre de 2022, el compañero que reside allí lo ha acondicionado: hay un colchón en el suelo, la ventana está cubierta con una lámina de plástico duro a modo de ventana batiente, ha instalado un aparato de aire, ubicado estanterías, pintado y decorado la estancia con plantas y luces, en un intento por hacer de ese espacio un hogar.

Melissa antepone la privacidad del almacén abuhardillado a la comodidad de una habitación compartida, de la que se le privaría eventualmente con la apertura de fronteras y el regreso de los clientes habituales. Por otra parte, su trabajo como guía para una empresa de tours turísticos y sus tareas en el hostel demandan una atención al público y una disponibilidad constantes que, de manera literal, convierten el almacén en el único espacio de privacidad.

El itinerario psicogeográfico de Melissa transcurre por:

– El hall de entrada al edificio (planta baja), donde el relato contextualiza la situación en que se haya Melissa entre junio de 2020 y diciembre de 2021. Se realiza un acercamiento psicoafectivo al espacio del hostel a través de los olores asociados al mismo.

– Lavandería (2.ª planta), donde se muestra la rutina nocturna de doblar sábanas, se enseña a los/as acompañantes cómo hacerlo según las directrices del hostel. El relato aborda las labores rutinarias nocturnas.

– Escaleras (4.ª planta), donde se muestra la acción de barrer. El relato narra los problemas de convivencia con los nuevos tipos de huéspedes en los meses de junio a julio de 2020 y de enero a mayo de 2021; el miedo a quedarse a oscuras y cómo ese miedo evoca un episodio de su infancia en México. Se realiza un acercamiento psicoafectivo al espacio del hostel a través de los sabores, sensaciones y recuerdos asociados al mismo.

– Habitación de Melissa (almacén en el ático abuhardillado, 4.ª planta), donde el relato gira en torno a los cambios que el nuevo morador ha realizado en ese espacio y se visualiza el contraste. Finalmente, el relato proyecta una percepción psicogeográfica hacia el espacio del hostel desde el futuro.

Es posible establecer una serie de experiencias psicogeográficas en función de las percepciones sensoriales que Melissa asocia al hostel y que tienen la virtud de evocar en ella este establecimiento o recuerdos acaecidos en él:

– El olor «de encierro», a viejo y húmedo del edificio, y al limpiador multiusos, que huele a lejía y mora. Este último le da «tranquilidad» porque es capaz de cubrir el olor de los vómitos de los/as huéspedes [Melissa; 2022, 20 septiembre].

– El sabor de la tarta de zanahoria casera de la comida familiar de los fines de semana le lleva a visualizar a los trabajadores/as del hostel como «una familia, en plan hermanillos, huerfanillos que se peleaban por los trozos de tarta»; el sabor de las salchichas y el queso mozzarella rallado que compra habitualmente porque no tiene dinero, está a dieta y porque le «da para comer tres días»; y el sabor de los cruasanes y la Nocilla marca Carrefour que ofrecen gratuitamente a los/as huéspedes y trabajadores/as y que, a día de hoy, Melissa no puede comer sin acordarse del hostel [Melissa; 2022, 20 septiembre].

– El sonido de los «gritos de muy, muy abajo del edificio, muy, muy abajo del edificio, de señores alcoholizados» que le evocan el ruido en su casa por las noches, en el taller mecánico de su padre, que se convertía en «el bar» de la calle, y la prohibición de sus padres de bajar las escaleras de su casa, un miedo que califica de «irracional» y que le hace consciente del peligro al que se expone «con una bola de borrachos, barriendo suelos y fregando suelos en la madrugada… expuesta a que cualquier cosa me pueda pasar» [Melissa; 2022, 20 septiembre].

En respuesta a la pregunta ¿qué es lo que, en un futuro, sensorialmente te va a hacer recordar este lugar?, Melissa alude a la sensación del ático, al momento en que se acurrucaba durante una hora, después de sus tareas nocturnas, en un edredón en el suelo con un antifaz puesto para estar a oscuras: «la sensación del *coziness* cuando estás tan cansada, era contar hasta siete y caer rendida, dormida. Con miedo de no despertar a tiempo para el puto tour» [Melissa; 2022, 20 septiembre].

La experiencia psicogeográfica y vivencial de Melissa de los espacios del hostel es compleja, en tanto entremezcla vivencias y emociones contrastadas. Al miedo, se suma el cansancio del día haciendo dos tours de hora y media, el sueño y la automatización ardua de tareas: doblar sesenta y cinco juegos de cama aprox., hacer el inventario del stock, barrer y fregar cuatro pisos de escaleras, supervisar a los huéspedes, limpiar vómitos, preparar el desayuno, hacer los *check-outs*, etc.:

> […] a las tres de la mañana yo he barrido las escaleras llorando, porque te da un cansancio horrible, te empieza a doler la cabeza, este… y te pone más sensible. Porque, aparte, como son cosas… trabajos mecánicos, son trabajos mecánicos que repites y repites y repites, tu cuerpo tiene como el movimiento mecánico tan claro, que da mucho espacio a que la mente se ponga a trabajar como loca y te empiezas a cuestionar *tu vida misma*: ¿Qué estoy haciendo aquí? ¿Qué me trajo aquí? ¿Cómo terminé yo doblando sábanas en un hostel de Madrid? Y eso con… con las sábanas, pero ahora… ahora… te llevo a… a barrer las escaleras, si quieres, si te apetece, porque *ufff*… el… el barrer las escaleras, o sea, escalón por escalón por… Y, aparte, como es el *ta-ra-ra-ra-rá*, sientes que nunca se termina. [Melissa; 2022, 20 septiembre].

Conclusión

La articulación de las vivencias de Melissa en el relato compartido durante su itinerario le ha posibilitado hacer experiencia de las mismas, al tiempo que generan una huella psicoafectiva en quienes lo recorren con ella. Melissa expone una realidad de precariedad, explotación, resiliencia y coraje en conflicto con el relato uniformador generado por los medios de comunicación y con las vicisitudes del confinamiento en el espacio doméstico vivido de forma mayoritaria en los hogares.

Cada itinerario y relato elaborados en el marco de esta investigación se concibe como un dispositivo de memoria [Foucault, 1975; Deleuze, 1989; Agamben, 2007] que pone en valor los testimonios, los relatos y las vivencias personales (*Erlebnis*), los afectos, las relaciones con el espacio, el tiempo y el cuerpo, y que aspira a revelar y cuestionar imaginarios uniformes y formas inducidas de pensamiento. El objetivo es llevar a cabo un acto de agenciamiento en común y conformar un imaginario grupal propio sobre la pandemia, distinto al generado por los medios de comunicación y las redes sociales. Además de visibilizar las contradicciones y humanizarnos, conlleva una restitución simbólica de la complejidad de las vivencias en pandemia [Diéguez, 2007; Sánchez y Belvis, 2015].

Los fundamentos teóricos y el estudio de caso presentados en este capítulo esperan abrir un diálogo edificante sobre la necesidad de seguir pensando en cómo la hibridez artística y la apertura teórica hacia otros ámbitos de conocimiento pueden incidir positivamente en las artes vivas y, por supuesto, en la sociedad.

Bibliografía

AGAMBEN, Giorgio (2007): «¿Qué es un dispositivo?», *Sociológica*, 26.73: 249-264.

BENJAMIN, Walter (1989): «Experiencia y pobreza», en *Discursos Interrumpidos I. Filosofía del arte y de la historia*, Buenos Aires, Taurus.

CERTEAU, Michel (1990): *La invención de lo cotidiano I: Artes de hacer*, Tlaquepaque, Universidad Iberoamericana. Instituto Tecnológico y de Estudios Superiores de Occidente.

CERTEAU, Michel de; GIARD, Luce y MAYOL, Píerre (1994): *La invención de lo cotidiano II: Habitar, cocinar*, Tlaquepaque, Universidad Iberoamericana. Instituto Tecnológico y de Estudios Superiores de Occidente.

COMUNIDAD DE MADRID. (s.f.): Comunicados COVID-19. Normativa y notas de prensa. Repositorio histórico de las medidas adoptadas durante la crisis sanitaria por la COVID-19. https://www.comunidad.madrid/servicios/salud/comunicados-covid-19-normativa-notas-prensa [01-10-2022].

DEBORD, Guy (1955): «Introduction to a Critique of Urban Geography», en *Situationist International Anthology. Revised and Expanded Edition*, ed. y trad. K. Knabb (Berkeley, Bureau of Public Secrets), 8-12.

Decreto 4/2021, de 22 de enero, de la Presidenta de la Comunidad de Madrid, por el que se establecen medidas temporales para hacer frente a la COVID-19, en aplicación del Real Decreto 926/2020, de 25 de octubre, del Consejo de Ministros, por el que se declara el estado de alarma para contener la propagación de infecciones causadas por el SARS-CoV-2. *Boletín Oficial de la Comunidad de Madrid*, 19: 3-5 https://www.bocm.es/boletin/CM_Orden_BOCM/2021/01/23/BOCM-20210123-1.PDF [23-01-2021].

DELEUZE, Gilles (1989): «¿Qué es un dispositivo?», en *Michel Foucault, filósofo*, VV.AA. (Barcelona, Gedisa), 155-163.

DIÉGUEZ CABALLERO, Ileana (2007): *Escenarios Liminales: Teatralidades, performance y política*, Buenos Aires, Atuel.

FOUCAULT, Michel (1975): *Vigilar y castigar. Nacimiento de la prisión*, Buenos Aires, Siglo veintiuno editores.

GARCÉS, Marina (2013): *Un mundo común*, Barcelona, Edicions Bellaterra.

GLANCEY, Jonathan (2016): «El hombre que arrasó con el París antiguo y lo convirtió en la Ciudad Luz», BBC News Mundo, 14 de julio.

JORDAN, David P. (1992): «Baron Haussmann and modern Paris. (Georges-Eugene Haussmann)», *The American Scholar*, 61(1), 99-106.

– (2004): «Haussmann and Haussmannisation: The Legacy for Paris», *French historical studies*, 27(1), 87-113. doi: 10.1215/00161071-27-1-87.

La Moncloa. Consejo de Ministros (2020, 28 abril): «Coronavirus COVID-19. Plan de desescalada» https://www.lamoncloa.gob.es/consejodeministros/Paginas/enlaces/280420-enlace-desescalada.aspx [10-08-2022].

La Moncloa. Sanidad (2022, 22 marzo): «La Comisión de Salud Pública actualiza la Estrategia de Vigilancia y Control frente a la COVID-19 tras la fase aguda de la pandemia» https://www.lamoncloa.gob.es/serviciosdeprensa/notasprensa/sanidad14/paginas/2022/220322-covid.aspx [15-08-2022].

LAUDETTE, Clara-Laeila y MARTINEZ, Guillermo (2021, 8 febrero): «"¡Está todo abierto!": Los franceses encuentran en Madrid un oasis a las restricciones pandémicas», *Reuters* https://www.reuters.com/article/salud-coronavirus-espana-turistas-idESKBN2A80W8 [26-09-2022].

MELISSA (2022, 20 septiembre): Melissa, Hostel, Madrid Centro [Transcripción del registro en vídeo de su itinerario]. Estudio de caso.

Orden 1178/2020, de 18 de septiembre, de la Consejería de Sanidad, por la que se adoptan medidas específicas temporales y excepcionales por razón de salud pública para la contención del COVID-19 en núcleos de población correspondientes a determinadas zonas básicas de salud, como consecuencia de la evolución epidemiológica. Boletín Oficial de la Comunidad de Madrid, 228, (19-IX-2020), 9-14 https://www.bocm.es/boletin/CM_Orden_BOCM/2020/09/19/BOCM-20200919-2.PDF [23-10-2022].

Orden 154/2021, de 12 de febrero, de la Consejería de Sanidad, por la que se adoptan medidas específicas temporales y excepcionales por razón de salud pública para la contención del COVID-19 en la Comunidad de Madrid y se modifica la Orden 1405/2020, de 22 de octubre, por la que se adoptan medidas específicas temporales y excepcionales por razón de salud pública para la contención del COVID-19 en determinados núcleos de población, como consecuencia de la evolución epidemiológica. *Boletín Oficial de la Comunidad de Madrid*, 37, (13-II-2021), 6-10 https://www.comunidad.madrid/sites/default/files/doc/municipios/bocm210213_orden154.pdf [23-10-2022].

Orden 158/2021, de 13 de febrero, de la Consejería de Sanidad, de corrección de errores de la Orden 154/2021, de 12 de febrero, de la Consejería de Sanidad, por la que se adoptan medidas específicas temporales y excepcionales por razón de salud pública para la contención del COVID-19 en la Comunidad de Madrid y se modifica la Orden 1405/2020, de 22 de octubre, por la que se adoptan medidas específicas temporales y excepcionales por razón de salud pública para la contención del COVID-19 en determinados núcleos de población, como consecuencia de la evolución epidemiológica. *Boletín Oficial de la Comunidad de Madrid*, 39, (16-II-2021), 12 https://www.bocm.es/boletin/CM_Orden_BOCM/2021/02/16/BOCM-20210216-1.PDF [23-10-2022].

Orden SND/380/2020, de 30 de abril, sobre las condiciones en las que se puede realizar actividad física no profesional al aire libre durante la situación de crisis sanitaria ocasionada por el COVID-19. *Boletín Oficial del Estado*, 121, (1-V-2020), 30925-30929 https://www.boe.es/boe/dias/2020/05/01/pdfs/BOE-A-2020-4767.pdf [24-10-2022].

Orden SND/399/2020, de 9 de mayo, para la flexibilización de determinadas restricciones de ámbito nacional, establecidas tras la declaración del estado de alarma en aplicación de la fase 1 del Plan para la transición hacia una nueva normalidad. *Boletín Oficial del Estado*, 130, (9-V-2020), 31998-32026 https://www.boe.es/eli/es/o/2020/05/09/snd399 [24-10-2022].

PALLASMAA, Juhani (2012): *Los ojos de la piel. La arquitectura y los sentidos*, Barcelona, Gustavo Gili.

QUEVEDO JUNYENT, Lluïsa y SOLÉ FORTÓ, Joan (2007): «Visión periférica: propuesta de entrenamiento», *Apunts*, 88, 75-80.

Real Academia Española. (s.f.): Común. *Diccionario de la Lengua Española* https://dle.rae.es/com%C3%BAn [18-08-2022].

Real Decreto 463/2020, de 14 de marzo, por el que se declara el estado de alarma para la gestión de la situación de crisis sanitaria ocasionada por el COVID-19. *Boletín Oficial del Estado*, 67, (14-III-2020), 25390-25400 https://www.boe.es/eli/es/rd/2020/03/14/463 [01-10-2022].

Real Decreto 900/2020, de 9 de octubre, por el que se declara el estado de alarma para responder ante situaciones de especial riesgo por transmisión no controlada de infecciones causadas por el SARS-CoV-2. *Boletín Oficial del Estado*, 268, (9-X-2020), 86909-86915 https://www.boe.es/boe/dias/2020/10/09/pdfs/BOE-A-2020-12109.pdf [01-10-2022].

Real Decreto 926/2020, de 25 de octubre, por el que se declara el estado de alarma para contener la propagación de infecciones causadas por el SARS-CoV-2. *Boletín Oficial del Estado*, 282, (25-X-2020), 91912-91919 https://www.boe.es/buscar/doc.php?id=BOE-A-2020-12898 [20-10-2022].

Real Decreto 286/2022, de 19 de abril, por el que se modifica la obligatoriedad del uso de mascarillas durante la situación de crisis sanitaria ocasionada por la COVID-19. *Boletín Oficial del Estado*, 94, (20-IV-2022), 53729-53732 https://www.boe.es/boe/dias/2022/04/20/pdfs/BOE-A-2022-6449.pdf [20-10-2022].

Real Decreto-ley 8/2020, de 17 de marzo, de medidas urgentes extraordinarias para hacer frente al impacto económico y social del COVID-19. *Boletín Oficial del Estado,* 73, (18-III-2020), 25853-25898 https://www.boe.es/boe/dias/2020/03/18/pdfs/BOE-A-2020-3824.pdf [20-10-2022].

Real Decreto-ley 20/2020, de 29 de mayo, por el que se establece el ingreso mínimo vital, *Boletín Oficial del Estado*, 154, (1-VI-2020), 36022-36065 https://www.boe.es/boe/dias/2020/06/01/pdfs/BOE-A-2020-5493.pdf [23-10-2022].

Real Decreto-ley 21/2020, de 9 de junio, de medidas urgentes de prevención, contención y coordinación para hacer frente a la crisis sanitaria ocasionada por el COVID-19. *Boletín Oficial del Estado*, 163, (10-VI-2020), 38723-38752 https://www.boe.es/boe/dias/2020/06/10/pdfs/BOE-A-2020-5895.pdf [23-10-2022].

Real Decreto-ley 8/2021, de 4 de mayo, por el que se adoptan medidas urgentes en el orden sanitario, social y jurisdiccional, a aplicar tras la finalización de la vigencia del estado de alarma declarado por el Real Decreto 926/2020, de 25 de octubre, por el que se declara el estado de alarma para contener la propagación de infecciones causadas por el SARS-CoV-2. *Boletín Oficial del Estado*, 107, (5-V-2021), 53407-53431 https://www.boe.es/boe/dias/2021/05/05/pdfs/BOE-A-2021-7351.pdf [24-10-2022].

Rion, Gilles (s.f.): Guy Debord. Guide psychogéographique de Paris. Discours sur les passions de l'amour, 1957. Fonds Régional d'Art Contemporain (FRAC), Centre-Val de Loire. Recuperado el 10 de junio de 2022 https://cutt.ly/sJC6PQk [24-10-2022].

— (s. f.): Guy Debord. The Naked City, 1957. Fonds Régional d'Art Contemporain (FRAC), Centre-Val de Loire https://cutt.ly/2JC69oJ [10-06-2022].

Sánchez, José A. y Belvis, Esther (2015): *No hay más poesía que la acción. Teatralidades expandidas y repertorios disidentes*, México D.F., Paso de Gato.

VV.AA. (1999): *Internacional Situacionista, vol. I., 1958-1969*, Madrid, Literatura Gris.

Las publicaciones de textos dramáticos en revistas especializadas en teatro en la CM durante los años 2017 y 2018

Mar Rebollo Calzada, Ana Isabel Labra Cenitagoya
y Esther Laso y León
Universidad de Alcalá

En el artículo «Panorama de la edición teatral en la CAM en los años 2017 y 2018», publicado en el volumen *Nuevos territorios en la escena*, avanzábamos nuestras primeras conclusiones acerca de la edición de teatro en la Comunidad de Madrid para el periodo 2017-2018. En esta primera parte de nuestro trabajo, procedimos a cotejar los datos ofrecidos por los registros del catálogo temático de la BNE para estos años con los disponibles en el ISBN y en varias fuentes de Internet (esencialmente, las páginas web de las editoriales), con el fin de buscar respuestas a las preguntas que nos habíamos planteado: ¿Quién publica en la CM en ese momento? ¿Qué se publica y por qué? ¿Cómo se lleva a cabo la publicación? Reflexionamos en aquel momento sobre el interés de publicar obras de teatro e intentamos determinar qué factores condicionan la elección de ciertos textos frente a otros en función de las editoriales. Ya entonces anunciamos que el siguiente paso consistiría en analizar el lugar ocupado por las revistas teatrales en este panorama de la edición teatral en la CM durante ese mismo periodo. Este artículo se propone presentar los resultados obtenidos en este sentido y las primeras conclusiones a las que hemos llegado[1].

En una primera aproximación al objeto de nuestra investigación actual, las revistas teatrales madrileñas, hemos procedido a determinar cuáles se encontraban activas en los años 2017 y 2018. En pleno siglo XXI, la edición, del tipo que sea, pasa necesariamente por la edición digital. Manuel Ortuño, presidente de ARCE (Asociación de Revistas Culturales Españolas) señalaba en un artículo de 2013, «La difícil travesía de los barcos de papel», que como consecuencia de la recesión económica provocada por la crisis financiera de 2008, el modelo de las revistas culturales (de las que las revistas teatrales forman parte) estaba variando pero, decía entonces, «no se ve un modelo definido, ni lo va a haber a corto plazo». Mientras que algunas revistas han migrado definitivamente del papel a Internet, otras han optado por el modelo opuesto y se publican únicamente en papel en tiradas limitadas destinadas a un selecto club de librerías y suscriptores. Y algunas optan por un modelo híbrido, publicando en papel y en versión digital exactamente los mismos contenidos o contenidos diferenciados según el soporte. Esta misma variedad la encontramos en las revistas teatrales que constituyen nuestro corpus.

Del primer listado obtenido, hemos eliminado varias revistas siguiendo criterios geográficos (se editan fuera de la

[1] Esta investigación responde a uno de los objetivos propuestos dentro del proyecto «Constelaciones y redes digitales como herramientas para la documentación y análisis del patrimonio teatral del Madrid contemporáneo» (CONSTE-MAD-CM, ref. PHS-2024/PH-HUM-437) financiado por la Comunidad de Madrid y el Fondo Social Europeo. Se trata de un proyecto de investigación realizado al amparo de la Convocatoria de Proyectos de Investigación en Humanidades de la Comunidad de Madrid. Proyecto del Instituto del Teatro de Madrid.

CM) y de contenido (algunas de estas publicaciones periódicas se centran exclusivamente en la reflexión teórica/la investigación teatral o se ocupan únicamente de la actualidad
teatral - estrenos, festivales, etc.). Tras esta primera criba, las
revistas madrileñas susceptibles de contener textos teatrales
publicados se han reducido a trece, por orden alfabético:

Acotaciones; *ADE Teatro*; *Don Galán. Revista de investigación teatral*; *Entre bambalinas. Revista digital de teatro;
Revista Godot. Artes escénicas de Madrid*; *Fantoche: arte de
los títeres*; *Leer teatro*; *Ñaque*; *Ophelia. Revista de teatro y
otras artes*; *Primer acto. Cuaderno de investigación teatral*;
Pygmalion; *Las Puertas del Drama*; *La República de las letras.*

Pero una vez consultados los números correspondientes
al periodo estudiado, solo cinco revistas (*Acotaciones, ADE
Teatro, Primer acto, Fantoche* y *Pigmalión*) han publicado
textos teatrales en sus páginas. La figura 1 recoge la cantidad
total de textos publicados por todas estas revistas para el
periodo que nos interesa (2017-2018).

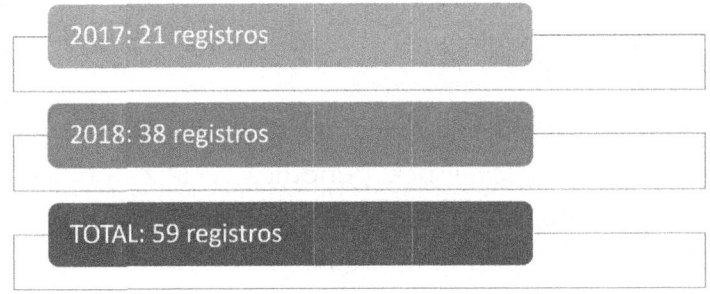

Fig. 1. Registros de publicaciones de textos dramáticos en revistas
especializadas en teatro (CM).

La cantidad de textos publicados por cada una de las revistas puede verse desglosada en la figura 2.

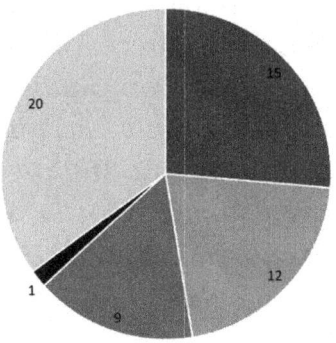

■ Acotaciones ■ Primer Acto ■ ADE Teatro ■ Fantoche ▩ Pigmalión

Fig. 2. Número de textos dramáticos publicados en revistas especializadas de la CM.

En las líneas que siguen ofreceremos pistas sobre las razones que han llevado a estas revistas a publicar textos dramáticos en sus páginas y sobre los criterios seguidos para su selección.

La presentación y la declaración de intenciones que cada una de las publicaciones periódicas realiza en su página web, así como las características de los propios textos publicados nos han permitido obtener respuestas a estas preguntas, completando así la imagen de la edición teatral en la CM que habíamos empezado a bosquejar a partir del estudio de las editoriales. Veamos a continuación de manera detallada cada una de estas publicaciones.

Como su propio nombre indica, *Acotaciones*. *Revista de investigación y creación teatral* cubre un amplio espectro que va de la investigación teatral (en su sección «Artículos») a la actualidad de la escena y la edición de teatro (en «Crónica»), pasando por la publicación de textos propiamente dichos en la sección «Cartapacio» que, en palabras de los editores, «publica un texto teatral breve y otro de duración convencional de algún autor relevante o emergente en el ámbito actual de la literatura dramática en castellano. El texto largo va acompañado de un estudio del autor y de un apéndice que recoge su producción».

Desde 1998, *Acotaciones* se edita de forma ininterrumpida, con una periodicidad fija bianual, siendo el número de diciembre de carácter monográfico. Según se declara en el historial de la revista, esta se edita en versión electrónica (ISSN: 2444-3948) y cada trabajo se identifica con un DOI (Digital Object Identifier System). Hay que señalar que, en esta versión digital, los textos teatrales largos anunciados por los índices de los diferentes números no se incluyen (en los primeros números se incluía un fragmento).

Acotaciones es una publicación de la Real Escuela Superior de Arte Dramático (RESAD) un centro público de enseñanza superior que depende de la Dirección general de universidades y enseñanzas artísticas, con todo lo que esto implica por lo que respecta a fondos disponibles y a objetivos buscados, similares a los de otros centros de enseñanza superior. En este sentido, la RESAD manifiesta un gran interés por la difusión del conocimiento a través, entre otras cosas, de la publicación. De este modo, además de las publicaciones periódicas (*Acotaciones* y una revista de obras breves de alumnos, *Teatro-mínimo*, que solo estuvo activa entre

2012 y 2015), cuenta con cinco colecciones que cubren distintos campos de la creación y la crítica teatrales.

En esta misma línea, el comité de redacción de *Acotaciones* es bastante activo tanto en redes sociales como en actividades de transferencia de conocimiento. Así por ejemplo participa de manera asidua en la Feria del libro de Madrid, y, en YouTube, es posible encontrar varios vídeos realizados con motivo de este evento en los que se presenta el número en curso. Los contenidos de estos vídeos nos han permitido determinar qué tipo de textos dramáticos publica esta revista y por qué razón. En estas presentaciones audiovisuales suele intervenir el autor de la obra (para el periodo que nos interesa, únicamente Marina Velasco en el n.º 38 de 2017), acompañado por un miembro del comité de redacción y/o por el investigador teatral encargado de realizar el estudio previo al texto en sí. En uno de estos vídeos, Ana Fernández Valbuena, autora del estudio previo a *La función por hacer*, texto teatral de Miguel del Arco publicado en el n.º 31 (2013), explica así los criterios seguidos para la selección de estas obras: «Una buena parte de los autores teatrales que hemos ido editando a lo largo de estos 31 años han sido o profesores de la casa o egresados de la casa».

En otro vídeo de YouTube, el director de la revista, Fernando Doménech, presenta el n.º 27 (febrero de 2011) y alude a esta misión de publicación de textos teatrales asumida por la revista que «se ha mantenido siempre fiel al espíritu con el que nació que es el de investigar sobre el teatro español y el de ofrecer una serie de textos importantes de autores contemporáneos, todos ellos españoles». Vemos por tanto que otro criterio de publicación es el del origen, no se publican textos de autores que escriban en lenguas distintas del español. Y, al hilo de esta presentación, entendemos igualmente que las obras pueden haber sido estrenadas, como es el caso de la incluida en ese número.

Los textos que publica *Acotaciones* entre 2017 y 2018 son todos ellos textos cortos entre los que abundan los monólogos. Podemos encontrar un predominio de escritura feminista donde las mujeres son protagonistas y hablan de las relaciones que entablan con el entorno: *La soledad del paseador de perros,* de María Velasco, *Cera en los ojos,* de Amaranta Osorio Cepeda, *El problema con Ximena Fichekovich,* de Bárbara Perrín, *El cuadrilátero,* de la Cia. Cómo me pone la lavadora, *Inventario de un jardín que arde,* de Dramaturgia Colaborativa.

Por otro lado, una buena parte de estas publicaciones son de autoría latinoamericana con una temática reivindicativa o anticolonialista: *Hacia la expansión del campo,* de Edgar Gabriel Chías (México), *Paraíso en ruinas,* de Zoé Méndez (México), *El problema con Ximena Fichekovich,* de Bárbara Perrín (México), *Chulla vida,* de Ana Lucía Ramírez (Ecuador), *Crónica de una jícara rota,* de Janil Uc Tun (Maya).

Finalmente, los problemas del mundo actual enfrentados desde el compromiso se plasman en obras como *Todas se llaman Alexa,* de Mario Cantú, *Naufragio,* de Heini Hölsenbaud, *Konquistador,* de Rafael Pérez de la Cruz, *La ventana de Chygrynsky,* de José Ramón Fernández, *Musaka,* de Ozkar Galán.

Existe algún otro texto como *Nacional Modern Gallery,* de Javier Sahuquillo, que escapa a las anteriores clasificaciones.

La existencia de nuestra segunda revista, *ADE Teatro,* está directamente vinculada a la de la Asociación de directores de escena (ADE). Esta asociación profesional nace en el seno de la RESAD en 1982, desgajándose inmediatamente y convirtiéndose en una entidad independiente.

Tres años más tarde, en 1985, nace su revista con el nombre de *Boletín ADE Teatro* y una periodicidad bimestral. En la actualidad, su periodicidad es trimestral. En el volumen 16, de abril de 1990, el editorial que abre el número informa de que el Boletín se ha convertido en revista, así como de la aparición de una nueva sección (que llegará hasta nuestros días) destinada a publicar textos teatrales. Las palabras con las que se hace este anuncio definen además los criterios que se seguirán para la selección de los textos:

«Nuestro *Boletín* inicia hoy una nueva sección destinada a publicar textos de la literatura dramática en formato más breve que el habitual. El criterio a seguir será el mismo que el planteado en nuestras "Publicaciones": textos no traducidos nunca al castellano o inaccesibles para los directores, profesionales de teatro o lectores de nuestro país».

Se trata por tanto de textos breves de autores extranjeros traducidos *ad hoc* o poco difundidos. Y al igual que sucede con el primer texto publicado en dicho número, *El vaso de agua*, de la dramaturga rusa Liudmila Petrushevskaya, los textos seleccionados irán precedidos de uno o varios estudios sobre el autor o autora y la obra en cuestión.

La ADE se autodefine en su página web como una asociación no gubernamental de carácter cultural, lo que significa que la revista, como muchas otras de sus acciones, debe autofinanciarse, al menos en parte, con su venta, tanto en versión papel como en versión digital.

En las publicaciones de *ADE Teatro* encontramos, tal y como anunciaba el editorial del n.º 16 ya citado, un predominio de textos de autores/as extranjeros/as. Siguiendo su línea ideológica anticapitalista y progresista, muchos de sus textos editados responden a autorías afines: *Bolcheviques,* de Mijail Shatrov; *Gas,* de Georg Kaiser, *El fantasma de Ana,* de Steffin, colaboradora de Brecht. También aparecen otros temas de carácter social como *Venganza o perdón,* del colombiano Fabio Rubiano.

El tema del feminismo está presente en títulos como: *Medealand,* de la sueca Sara Strinsberg, *La mujer rechazada,* de Louise Doutreligne o *El testamento de un casto mujeriego,* de Anatoli Krym. Sobre la inmigración trata *Las malas noches,* de Amir Shriyan. También aparecen adaptaciones: *Por qué Hécuba,* de Matei Visniec, sobre la destrucción de Troya.

La tercera revista de la que vamos a ocuparnos, *Primer Acto. Cuadernos de investigación teatral* es una de las más antiguas revistas teatrales aún en funcionamiento. Esta publicación periódica no depende de ninguna institución o asociación, sino que es el resultado de la pasión y el empeño de dos profesionales de la crítica teatral y del periodismo cultural: José Monleón y José Ángel Ezcurra. En 2012, en plena recesión económica, *Primer Acto* entra en su segunda (y actual) etapa, pasando de cinco números anuales a dos. Desde entonces, *Primer Acto*, como el propio comité de redacción señala en su web,

«ha seguido con su línea habitual [...], atenta al análisis de los acontecimientos y propuestas más relevantes del teatro internacional y, básicamente, a la difusión del teatro español, al estudio de sus autores vivos –con inclusión de sus textos– y a la información sobre las actividades desarrolladas en las distintas Comunidades Autónomas. También ha reforzado [...] su atención al teatro latinoamericano».

A continuación, la web ofrece un listado de los principales autores publicados (en su mayoría de lengua española, aunque también aparecen algunos autores de otras lenguas). En otra sección de la web, los editores señalan que «[en] sus más de sesenta años de andadura ha publicado una larga lista de jóvenes autores y creadores de todo el mundo, muchos de ellos tenidos por capitales y en su día huérfanos de editor».

Así pues, autores vivos, preferentemente de lengua española (con una atención cada vez mayor al ámbito hispanoamericano) y no publicados anteriormente. Tales parecen ser los criterios de selección de los textos por parte de la revista *Primer Acto*.

Todo lo anteriormente señalado, junto con la presencia en un lugar destacado de su web de un buscador de textos, evidencia el interés que tiene la revista en esta actividad, aunque en su título no aparezca la palabra creación. También en este caso, la publicación de la revista se ha completado en los últimos años con una labor editorial paralela por ahora limitada, puesto que solo se han publicado 10 volúmenes hasta hoy.

Dado que pertenece al sector privado, la revista se financia esencialmente con su venta, al margen de las subvenciones con las que pueda contar. A tenor de estas consideraciones, la selección de textos editados se complementa con los siguientes criterios:

1. Premios. En efecto, el galardón de una dramaturgia premiada en algún concurso conlleva la publicación de la misma por parte de la revista; así lo evidencia la siguiente relación de premios y publicaciones:

- Premios Lorca de Teatro Andaluz: *La grieta, entre animales salvajes*, de Julio Salvatierra y Gracia Morales.
- Premio de Textos Teatrales «Jesús Domínguez» de la diputación de Huelva: *Familia feliz*, de Javier Hernando; *Toda la noche he visto volar pájaros*, de Luis Felipe Blasco.
- Premio de Guion Radiofónico Margarita Xirgu que conceden RNE y Radio exterior de España: *No volveré a pasar hambre*, de Paz Palau.
- Nominados a varios Premios Max: *El pintor de batallas*, de Pérez Reverte.

2. Aniversarios: Con motivo del 75 aniversario de la muerte de Miguel Hernández se publica *Los días de la nieve*, de Alberto Conejero.

3. Becas recibidas: La beca ETC de la Cuarta Pared, Ayudas a dramaturgias actuales, propició la publicación de *Parecen vampiros pero son amigos*, de Fernando Epelde.

Un último apartado lo componen monográficos dedicados a autores como R. Schimmelpfening, o a grupos como Odin Teatret. También se encuentran adaptaciones de textos ya clásicos como es el caso de *Éramos tres hermanas* (variaciones sobre Chéjov), de Sanchis Sinisterra y de *Esto no es Dinamarca*, de Edgar Chías.

Prácticamente todos los textos ya habían sido previamente estrenados y representan a dramaturgos/as de varias nacionalidades, predominando la española.

La cuarta revista que reseñamos es *Pygmalion,* una publicación periódica del Instituto del Teatro de Madrid (ITEM) de la Facultad de Filología de la Universidad Complutense de Madrid, especializada en el estudio de las artes escénicas, el teatro comparado, y la historia y la teoría del teatro. Cuenta con subvenciones institucionales y, desde su aparición en 2009, ha combinado los artículos de investigación con ensayos de diversos profesionales, la edición de textos teatrales inéditos, las entrevistas que acercan la experiencia teatral desde la particular visión de sus protagonistas, las reseñas de libros y las crónicas de actividades desarrolladas por el ITEM.

El objetivo principal de *Pygmalion*, según indica su web, es combinar el formato de una publicación científica y académica con elementos propios de una revista cultural favoreciendo el contacto entre la Universidad y las entidades implicadas en las artes escénicas, y contribuyendo a la formación, el debate, la crítica y la investigación del hecho teatral en sus más variadas formas, propiciando sobre todo una perspectiva comparada e internacional[2].

Jara Martínez Valderas, directora de la revista, en el vídeo de promoción en la web, destaca la importancia de publicar textos teatrales como rasgo distintivo frente a otras revistas del género y se enorgullece de que autores de gran relevancia hayan tenido el detalle y el buen hacer de cederles sus obras.

Las piezas publicadas en estos años aparecen en las propuestas elegidas para formar parte de CronoTeatro, una de las actividades más sobresalientes de la Semana Complutense de las Letras, que consiste en representar breves textos teatrales en los andenes y vagones del Metro entre Ciudad Universitaria y Nuevos Ministerios. César Barló, director de

---

[2]   En consecuencia de lo anterior no es de extrañar que *Pygmalion* tenga un índice de impacto reconocido dentro de la Matriz de Información para el Análisis de Revistas MIAR y está indizada en las bases más comunes (DIALNET, MLA, LATINDEX, REDIB...).

AlmaViva Teatro y coordinador la actividad, comenta en *Tribuna Complutense* (2017) que la acogida de los usuarios del Metro a las propuestas teatrales «siempre es buena, aunque en los primeros segundos pueda producirse una cierta confusión». Las obras, explica Barló, son elegidas por un jurado de cuatro miembros –Cristina Anta, María Bastianes, Conchita Piña y Antonio Rojano–, entre veinticuatro propuestas presentadas cada año. Seis de ellas se representan en los vagones, y cuatro en los andenes.

En la modalidad de estación se inscriben las publicadas en *Pygmalion* entre los años 2017 y 2018: Aitor Santamaría, *Don Juan Brexit*; Elena Martínez, *En Babia*; Marcelo Rubal, *Greco, acto sin palabras*; Silvia Eva Agosto, *Un encuentro casual*; Esther Santos, *De puertas para fuera*; Marcelo Rubal, *Buscando desesperadamente a Dulcinea en el Metro*; Nuria Onetti, *Machous*; María Victoria Ortega, *Lo que les va pasando*.

Y en la modalidad de tren: Esther Marín, *€urotismo*; Tricoteatro, *Metroland, el vagón de las 2 canciones*; Compañía Contraseña: Teatro, *Los críticos*; Pablo Dato, *Ufeeling;* Elena Martín, *A la mar*; Aitor Santamaría, *8-M ¡Ar!;* Pablo Dato, *El rencuentro*; Irene Muidergracht, *La cana;* Gonzalo San Segundo, *¿Por qué?;* Carolina Bermúdez; *Propuesta número 2 de la Reina.*

La última revista de la que vamos a ocuparnos es *Fantoche: arte de los títeres.* En la web de esta revista anual de modelo mixto (digital gratuita y en papel a la venta) se explica que «Fantoche surge en el seno de UNIMA Federación España, con el apoyo de todos sus asociados y es la realización de un sueño que planea desde hace tiempo en los corazones de mucha gente que querían ver en España una publicación especializada dedicada al arte de los títeres». Al igual que *ADE Teatro*, esta publicación es la evolución de un boletín anterior, *Titereando*, que, como sus propios redactores explican en la web, nace de la necesidad de difundir el teatro de títeres mediante publicaciones serias y de llenar el vacío de publicaciones en este sentido en el ámbito de habla hispana. Así pues, como ya veíamos en el caso de otras revistas (*ADE Teatro* y *Primer Acto*), los editores de *Fantoche* justifican su aparición en el panorama de las ediciones periódicas por la necesidad imperiosa de crear un espacio en el que publicar obras que, de otro modo, no serían conocidas ni difundidas. Por ello, y entre muchos otros contenidos relacionados con el mundo de la marioneta, a partir de 2011 (n.º 5), la revista publica textos breves para títeres, un tipo de producción que no encuentra su lugar en el circuito editorial habitual. Es también este vacío el que ha llevado a UNIMA a aventurarse muy recientemente en el campo de la edición teatral tradicional. El editorial que Ramón del Valle Vela, miembro del equipo de redacción, publica en el n.º 15 (2021), se hace eco de esta nueva etapa de la asociación que combinará la labor de publicación periódica con la edición de volúmenes sobre sus temas de interés:

«se echaba en falta en la producción editorial de UNIMA España, la publicación de textos para espectáculos de títeres. Una tarea pendiente que ahora se inicia con la impresión de una obra de Francisco Nieva y otra de Maribel Carrasco, si bien algunos textos breves ya se han venido publicando en el seno de la propia revista *Fantoche*. [...] Con la publicación de obras para títeres, UNIMA España pretende paliar tanta escasez intentando animar a los dramaturgos para que las escriban».

A pesar de esta nueva andadura editorial de UNIMA, la revista *Fantoche* ha seguido publicando textos breves en sus páginas. En su siguiente número, el 16 (2022), aparece publicada la obra *Fronteras,* de Luisa Aguilar y L. Fernando de Julia. El editorial que abre este número explica de manera implícita el porqué de la selección de este texto, al referirse a la actual situación de conflicto en Ucrania y a cómo «el arte de la marioneta siempre ha trabajado para favorecer la paz y la comprensión mutua entre los pueblos».

Como complemento a las conclusiones que se han ido presentando para cada una de las revistas analizadas, queremos incidir en lo que, a nuestro juicio, constituye un nexo de unión entre estas cinco revistas de la CM que publican textos teatrales en sus páginas. Más allá de las diferencias derivadas de sus respectivos intereses y orientaciones, todas ellas conciben la publicación periódica en paralelo con la edición de volúmenes, siempre con un objetivo de difusión del conocimiento y de la documentación vinculado a la naturaleza de la institución que los publica (académica y formativa para *Acotaciones* y *Pygmalion*, profesional dentro del teatro en general para *ADE Teatro*, profesional en el ámbito del teatro de títeres para *Fantoche* o desde el periodismo cultural para *Primer acto*). Josée-Anne Paradis en un artículo de 2016, «Lire et publier du théâtre: pourquoi?», afirma que la publicación teatral es considerada como un deber patrimonial, por lo que sigue habiendo editores que se lanzan a esta aventura a pesar de los reducidos beneficios.

Impossible de louer du théâtre en allant au club vidéo, impossible de revoir une pièce si elle n'est plus en tournée. Parce que le théâtre, comme tout art de la scène, est un acte éphémère; l'apposer sur papier lui permet une longévité accrue, permet de le fixer dans l'histoire, de le faire vivre dans divers lieux géographiques à la fois.

Lire et éditer du théâtre pour briser l'éphémère. Lire et éditer du théâtre pour porter un regard nouveau sur le monde. Lire et éditer du théâtre pour prendre le temps de savourer, simplement.

Sin duda, la anterior es una decisión que las revistas culturales más afianzadas en el campo de lo teatral en la Comunidad de Madrid parecen haber hecho también suya.

Bibliografía

Doménech, Fernando, n.º 27 https://www.youtube.com/watch?v=9JcXkmBYAxE&t=6s [23-06-2025].

Editorial ADE Teatro, 16: 3. https://adeteatro.com/product/revista-ade-teatro-16/ [23-06-2025].

Fernández Valbuena, Ana, n.º 31. https://www.youtube.com/watch?v=ndyRKaZQPn0 [23-06-2025].

Del Valle, Ramón (2022): «Editorial: Héroes y villanos. No a la guerra», *Fantoche: arte de los títeres,* 16, 5-6 https://unima.es/wp-content/uploads/2022/11/Fantoche-16.pdf [23-06-2025].

— (2021): «Editorial: del texto al escenario», *Fantoche: arte de los títeres*, 15, 3-4 https://unima.es/wp-content/uploads/2021/10/Fantoche-15.pdf [23-06-2025].

Morales, Manuel y Silva, Rossana (2013): «La dura travesía de los barcos de papel», *El País* http://cultura.elpais.com/cultura/2013/04/29/actualidad/1367247279_748481.html [23-06-2025].

PARADIS, Josée-Anne (2016): «Lire et publier du théâtre: pourquoi?», *Les Libraires*, 95: 44-45. https://revue.leslibraires.ca/numeros/numero-95/ [23-06-2025].

REBOLLO CALZADA, Mar, LABRA CENITAGOYA, Ana Isabel, y LASO Y LEÓN, Esther (2022): «Panorama de la edición teatral en la CAM en los años 2017 y 2018», en *Nuevos territorios en la escena*, eds. M. L. Álvarez-Villamil y J. Ramírez Serrano (Madrid, Editorial Antígona), 175-190.

Tribuna Complutense (2017). https://www.ucm.es/tribuna-complutense/193/art2735.php#.ZGCXkHZBw2w [23-06-2025].

VELASCO, Marina, n.º 38. https://www.youtube.com/watch?v=RM_gLy6ahSs [23-06-2025].

Páginas web de revistas del corpus

Acotaciones https://www.resad.com/Acotaciones.new/index.php/ACT/issue/archive [23-06-2025].

ADE Teatro. https://adeteatro.com/ [23-06-2025].

Fantoche: arte de los títeres, https://unima.es/ [23-06-2025].

Primer acto. Cuaderno de investigación teatral. https://primeracto.com/ [23-06-2025].

Pygmalion, revista de teatro general y comparado. https://www.ucm.es/revistapygmalion/ [23-06-2025].

Hacia un modelo de análisis académico de los festivales de teatro contemporáneo: los casos del Festival de Almada y el Festival de Otoño en Madrid[1]

Julio Vélez Sainz
Instituto del Teatro de Madrid,
Universidad Complutense de Madrid

Festival: «conjunto de representaciones dedicadas a un artista o un arte» (*Diccionario de la Real Academia Española de la Lengua*).

Dentro del complejo mundo del análisis del hecho teatral, los aspectos económicos y de producción han adolecido de un tratamiento académico hasta fechas bastantes recientes [Bonet, 2009: 13-29; Bonet y Villarroya, 2009: 197-222; Green, 2018: 176-195]. Dentro de este campo, muy fértil para la investigación, es de destacar el interés que ha despertado el

[1] Este trabajo se inserta en los objetivos investigadores del Instituto del Teatro de Madrid, el Seminario de Estudios Teatrales (UCM, 930128) y los proyectos «Constelaciones y redes digitales como herramientas para la documentación y análisis del patrimonio teatral del Madrid contemporáneo» (CONSTEMAD-CM, ref. PHS-2024/PH-HUM-437), CARTEMAD-CM: Cartografía digital, conservación y difusión del patrimonio teatral del Madrid contemporáneo (H2019/HUM-5722) y «Catalogación, edición crítica y reconstrucción escénica del patrimonio teatral español de mediados del siglo XVI (TEAXVI)» (PID2021-124900NB-I00) de los Proyectos Generación del Conocimiento 2021.

análisis de los festivales de teatro, de sus programaciones e intenciones en los últimos años. En primer lugar, podemos situar aquellos trabajos en los que los directores de festival presentan las líneas generales del mismo, que salpimentan con ideas sobre la función del programador y del festival dentro de la sociedad. Por ejemplo, dos exdirectores del Festival Internacional de Almagro como Ignacio García [2018] y Luciano García Lorenzo [2017; y Muñoz Carabantes, 1997] plantean cuáles han sido las principales directrices del mismo a lo largo de sus programaciones. Con una función menos analítica y quizá más justificadora, podemos citar las memorias de determinados agentes políticos o académicos que han resultado fundamentales en la constitución de algunos de ellos como José Manuel Garrido [1997], Amaya de Miguel [2017: 140-141], César Oliva [1997, 2017: 136-139], o Adolfo Marsillach [1998]. En otro orden, encontramos algunos interesantes (y muy recientes) trabajos, ya plenamente académicos, de Alejandro Ruiz Pastor [2022], de Carmen González Vázquez [2022] o de José Gabriel López Antuñano [2023] sobre el modelo de festival y su repercusión en España. A medio camino estarían trabajos en colaboración entre investigadores y directores como el de José Gabriel López Antuñano e Ignacio García [2022] que sirve para presentar las líneas generales de su proyecto artístico.

Todos los análisis académicos de la programación de festivales de teatro parten de ejemplos extranjeros. La génesis de festival moderno se localiza en Bayreuth, fundado en 1876 por Richard Wagner y dedicado a mostrar su propia obra con diferentes directores de orquesta y con escenificaciones, en un recinto construido para tal evento, en el que se incorporaban innovaciones escenotécnicas [1980: 219]. Recordemos que Edimburgo y Avignon arrancan en 1947 con el fin de reconstruir culturalmente una Europa devastada. En ambos casos, los festivales nacen a partir de una figura artística seminal que ayuda en su implantación, desarrollo y discurso de los directores, de modo especial Jean Villar en Francia. De este modo, la personalidad de los directores y la rúbrica que dejan en «su» festival resulta de especial interés. En este trabajo, nos adentraremos en dos festivales: el de Almada en Portugal y el Festival de Otoño de Madrid, con sus respectivos directores Rodrigo Alfonso y Alberto Conejero, quien dejó el festival hace poco, en ambos casos dramaturgos de éxito. Frente a la crítica reciente más especializada que se centra en los clásicos, se trata de festivales de teatro y artes escénicas contemporáneos.

Al respecto del estudio académico de los festivales peninsulares, el primer aspecto a dirimir es su cantidad. Para dar una idea cuantitativa, en España durante 2018, antes de la pandemia del COVID-19, el Centro de Documentación de las Artes Escénicas y de la Música censa 746 festivales de teatro, unos 150 menos que en 2009, según recoge Alejandro Ruiz Pastor en *Dirección artística: el concepto de festival de artes escénicas* [2022: 119]. Los datos de información pública accesible digitalmente que han alimentado el proyecto CARTEMAD-CM dan unas cifras mucho más modestas. Como se puede consultar en el Mapa de Festivales que nació de CARTEMAD-CM, liderado por el Grupo ITER de la Universidad Autónoma de Madrid, y coordinado por Carmen González Vázquez cifra en 164 los festivales exclusivamente teatrales y escénicos existentes en el momento en que escribo estas líneas[2]. Parto de esta base de datos como primer aldabonazo

---

[2]   Este buscador permite conocer la realidad actual de los festivales de teatro en nuestro país a partir de datos on line. Cuenta con un sistema multi-filtro que

para conocer la actividad festivalera en la península y trazar una cartografía de la actividad teatral en el país. En cuanto a la relación de festivales de teatro clásico español, el Mapa de Festivales de CARTEMAD-CM, ahora ampliado en un segundo proyecto, arroja 10 resultados. Podemos destacar algunos. En primer lugar, claro, el Festival Internacional de Teatro Clásico de Almagro (https://www.festivaldealmagro.com/), el de mayor proyección nacional e internacional del patrimonio clásico teatral en español. Su programación se divide en diferentes apartados como Almagro Off o el certamen internacional Barroco infantil y tiene un aspecto de diálogo entre los profesionales de la práctica teatral, los investigadores y los docentes. Sigue el Festival Iberoamericano del Siglo de Oro «Clásicos en Alcalá» (https://www.clasicosenalcala.net/2023/home/) que se celebra a principios de la temporada estival en distintos teatros, infraestructuras monumentales y espacios al aire libre de Alcalá de Henares, ciudad considerada Patrimonio de la Humanidad. Al igual que Almagro, promueve la cultura teatral a través de presentaciones de libros, exposiciones, encuentros y coloquios. Festival de Teatro y Danza Castillo de Niebla, que se celebra desde 1985, se ha proclamado cita de interés cultural en Andalucía (https://festivalcastillodeniebla.com/). El Festival de Teatro Clásico Castillo de Peñíscola tiene lugar cada año durante los meses de julio y agosto en Peñíscola en el Castillo del Papa Luna desde 1997 (https://

---

ofrece la posibilidad de concretar búsquedas por Comunidades Autónomas, épocas del año, meses de inicio, géneros programados, etc. La interfaz está pensada para ofrecer soluciones a programadores, públicos, compañías e investigadores de cara a organizar sus giras, conocer la realidad de la actividad festivalera o iniciar sus investigaciones. Se puede consultar de manera gratuita en https://teatrero.com/mapadefestivales/. Se puede enfrentar al mucho más general *Festival Finder* europeo en https://www.efa-aef.eu/en/home/.

teatroclasicopeniscola.dipcas.es/). Continúan otros como el Festival de Teatro Clásico de Cáceres que tiene lugar desde 1990 en el marco del Gran Teatro Clásico de la ciudad (https://www.granteatrocc.com/clasico/2021/) o el Festival «Clásicos a la Fresca», dirigido a compañías nacionales de carácter profesional que tengan en su repertorio actual alguna pieza de teatro clásico en la Concejalía de Cultura Distrito Ciudad Lineal en Madrid (https://www.faeteda.org/festival-clasicos-a-la-fresca-2022/). El Festival de Teatro Clásico de Alcántara se celebra en la primera semana de agosto y su programación teatral se complementa con actividades paralelas como cuentacuentos, pasacalles, conciertos, conferencias o exposiciones (https://festivaldealcantara.com/). El Festival de Teatro de Olite centra su programación en el teatro de los Siglos de Oro, aunque se interesa por diferentes propuestas de todas las épocas y ámbitos (https://www.festivalteatroolite.es/). Podemos destacar las Jornadas de Teatro de Siglo de Oro de Almería que se convocan, a diferencia de los otros festivales mencionados, en época primaveral en diferentes lugares de la provincia de Almería (https://almeriaciudad.es/cultura/evento/xxxix-jornadas-de-teatro-siglo-de-oro-de-almeria-2023/). Tienen como objetivo principal el encuentro entre profesionales de la teoría y la práctica escénica siglodorista con unas jornadas específicas dentro de la Universidad de Almería. Quisiera acabar este listado, que no es exhaustivo, con el Festival de Olmedo Clásico que se celebra, normalmente, durante las noches de la segunda quincena de julio en la villa de Olmedo (https://www.olmedo.es/olmedoclasico/). Además de su extensa programación se promueven diversas actividades como las Jornadas sobre teatro clásico, destinadas a investigadores, que se adaptan la programación propuesta o los cursos de análisis e interpretación.

Frente a estos, el Mapa de Festivales de CARTEMAD-CM (https://teatrero.com/mapadefestivales/) presenta 21 festivales y ferias de temática contemporánea. Podemos destacar unos cuantos de manera más escueta. El Festival internacional de teatro de Badajoz, Extremadura (3 semanas) lleva programando anualmente desde 1977 (https://teatrolopezde-ayala.es/cycles/details/33/45-festival-internacional-de-teatro-de-badajoz), la Muestra de Teatro Amateur de Santanyí en las Islas Baleares (https://ajsantanyi.net/es/node/4559), el Festival Atrium en Viladecans, Barcelona (https://atriumviladecans.com/es/espectacles/), el Festival de Escenas de verano en Ambite, Madrid (https://www.comunidad.madrid/actividades/2022/escenas-verano-2022), el festival Act-Festival Internacional de Teatro Emergente (ACT Festival-Festival Internacional de Escena Emergente) en Barakaldo, Vizcaya, El Festival Escena Abierta en Burgos (https://www.ubu.es/cultura/teatro/festival-escena-abierta-2023) a los que podemos añadir las ferias más importantes como el Festival dFeria de San Sebastián, Guipúzcoa (XXIX. Arte Eszenikoak Artes Escénicas dFeria), el Festival Mapas-Mercado de las Artes Performativas del Atlántico Sur en Santa Cruz de Tenerife, Islas Canarias (https://mapasmercadocultural.com/) o la Feria de teatro en Ciudad Rodrigo (Salamanca) (https://feriadeteatro.com/feria2023/).

Aunque el número de festivales de temática contemporánea es superior, los festivales clásicos dominan con mucho el panorama analítico [Ruiz Pastor, 2022; López Antuñano, 2023; Moncayola, 2023]. Hay razones históricas para esto pues el mundo del festival nace precisamente a partir de la temática clásica. La organización en 1933 del Primer Festival de Arte Clásico del Ciclo de Expansión Cultural, promovido por el Ministerio de Instrucción Pública, con Fernando de los

Ríos al frente, en ruinas del teatro romano de Mérida con la *Medea,* de Unamuno, dirigida por Rivas Cherif e interpretada por Margarita Xirgu y Enric Borrás, en sus papeles principales marca el primer festival puramente teatral[3]. A esta siguieron la reposición de *Medea* y *Electra,* en versión de Hugo von Hoffmansthal (1903), traducida por Eduardo Marquina y ya estrenada por la Xirgu al frente del reparto en 1912 en el teatro Principal de Barcelona. El entonces presidente de la República Niceto Alcalá Zamora asistió. La Semana Romana se organizó en el contexto de las fiestas patronales de Mérida entre los días 3 y 9 de septiembre, acompañadas de corridas de toros y verbenas (en otros recintos). Aquí terminan los primeros brotes de lo que pudo ser un festival de teatro pionero en Europa. En 1953 se crean los Festivales de España y se representa *Edipo*, en versión de José María Pemán, con dirección de José Tamayo y con Paco Rabal, Asunción Balaguer, Manuel Dicenta en el teatro romano de Mérida. La obra había sido estrenada con anterioridad en el Teatro Español de Madrid. En el 54 sigue *Julio César,* de Shakespeare, dirigido por Tamayo, *Medea,* de Séneca y *Las nubes,* de Aristófanes, representadas por dos compañías de Teatro Universitario.

Hay un impulso trascendental en el modelo del festival ya desde su conformación. Pavis recoge en esta voz de su *Diccionario del teatro* una breve historia, que se remonta al siglo v a. C., con las fiestas religiosas dedicadas a Dionisos, donde se representaban tragedias, comedias y ditirambos. Este impulso espiritual de la colectividad debe tener, ade-

---

[3] Después del estreno Rivas Cherif declara en una entrevista: «Yo quisiera que hiciéramos aquí, en Mérida, una semana romana, con luchas en el anfiteatro, representaciones en el teatro y las carreras de cuadrigas en el circo» [Aguilera y Aznar, 1999: 274].

más, un demiurgo, un impulsador y dirigente; labor que, en este caso, cae sobre los hombros del director del festival, que siempre entiende la programación del mismo como un acontecimiento artístico. Su labor queda bien descrita por Alejandro Ruiz Pastor:

> Actividad o serie de eventos que tienen su enfoque principal en el desarrollo, *presentación y/o participación en las artes*. Tiene un programa concebido, producido, dirigido, comercializado y presentado como un paquete integrado. Esto implica la existencia de *una visión artística general*. Ocurre dentro de un área/región delimitada y dentro de un período de tiempo definido [2022: 123-126].

Lo artístico y lo comercial se unen en un espacio que debe ser recordado por el público, receptor último de lo visto. De este modo, aparte de los réditos económicos y sociales, se añade un objetivo trascendente, casi espiritual, al festival que se marca por una poética (constantes, originalidad creativa y características comunes). Estas programaciones marcan las tendencias de los teatros comerciales y de la escena alternativa y están marcados desde la dirección por una «poética» o una «rúbrica» del programador y del director. Como aclara Adrián Pradier la poética del director es la «manifestación efectiva de una manera concreta de afrontar los trabajos artísticos, o sea, de una *poética* personal, susceptible de ser reconocida en sus elementos más relevantes y definitorios» [2017: 16]. Personalmente, prefiero el término exegético «rúbrica» del programador y del director. Este es, en breve, una derivación del término «rúbrica del poeta» con el que Pedro Ruiz Pérez establece una metáfora que explica la búsqueda de singularidad del poeta en el Siglo de Oro [2009] y que creo que explica correctamente la voluntad de establecer una poética propia por parte de los programadores contemporáneos que, lejos de mantenerse en el frío academicismo, pretenden vertebrar una manera de entender el hecho teatral con el fin de proyectarse e influir en el campo. Como ya he comentado en trabajos anteriores [2020: 10-12], el hecho teatral contemporáneo no se puede entender propiamente sin la aportación de los programadores de festivales, los cuales son, en realidad, directores que conforman el campo teatral desde el convencimiento de que su programación «rubrica» estéticamente el campo y el hecho teatral. La mayor parte de las discusiones contemporáneas sobre el hecho teatral (la *performance* y las artes vivas frente al teatro de palabras, la aparición los dispositivos y las instalaciones, la resiliencia de los clásicos) están directamente conectadas con la voluntad de influir socialmente y de marcar estilo de los programadores: con su «rúbrica».

Algunos de estos aspectos se han abordado al tratar de los festivales de teatro del Siglo de Oro en España todavía no tenemos un análisis contrastivo de muchos festivales de teatro contemporáneo, cuyos propuestas, discursos y rúbricas pueden ser de interés. Esto se ve en Almada y Madrid, dos festivales de teatro contemporáneo peninsulares de interés, quizá los dos festivales de mayor reconocimiento y atracción de público.

Festival de Almada, dirección artística de
Rodrigo Francisco

Joaquim Benite (1943-2012) fundó el Festival de Almada en 1984, que se desarrolla junto en julio gracias a la colaboración de la Compañía de Teatro de Almada y la Cámara Municipal de Almada. En sus inicios el festival era de teatro amateur aunque en 1985 ya se incluyeron espectáculos de compañías profesionales portuguesas. En 1987 se internacionalizó, con la presentación de compañías extranjeras vinculadas, sobre todo, al teatro universitario. Destaca, entre otros festivales europeos, por su capacidad de descubrimiento de espectáculos y grupos. Al igual que ocurre con el Festival de Otoño, medios de información generalistas informan de su programación: *The Times, The Guardian, El País, El Mundo, ABC, El Diario, L'Humanité Il Manifesto*, etc. Con espacios en ambos lados del Tajo desde 1992, el centro del festival es la Escuela D. António da Costa, donde se instala el Palco Grande y se encuentra el centro de convivencia y de debates. Incluye programas paralelos de música, espectáculos callejeros, debates, talleres, seminarios internacionales, exposiciones y ciclos de formación artística y técnica. Algunos autores homenajeados incluyen a Luis Miguel Cintra, Peter Stein, Ricardo Pais, Juni Dahr y Olga Roriz. Han visitado el festival compañías como el Piccolo Teatro di Milano, Tg Stan, Young Vic, Théâtre de Gennevilliers, Théâtre des Bouffes du Nord, Teatro de la Abadía, Volksbühne, la Schaubühne y Berliner Ensemble con espectáculos dirigidos por directores como Alain Ollivier, Benno Besson, Bernard Sobel, Christoph Marthaler, Claude Régy, Daniel Veronese, Georges Lavaudant, Giorgio Strehler, Josef Nadj, Luca Ronconi, Matthias Langhoff, Patrice Chéreau, Peter Brook, Peter Stein, Theodoros Terzopoulos y Thomas Ostermeier.

El logotipo del Teatro Municipal Joaquim Benite, del Festival de Almada y de la Compañía de Teatro de Almada hace referencia a una de las primeras producciones que realizó

Benite, *Aventuras do grande D. Quixote de la Mancha e do gordo Sancho Pança*, de António José da Silva (fig. 1)

Fig. 1. Logotipo del Teatro Municipal Joaquim Benite, del Festival de Almada y de la Compañía de Teatro de Almada.

Un elemento de interés para el análisis de los festivales es el componente paratextual de las artes escénicas, el cartel publicitario, un detalle a menudo ignorado en análisis del teatro. Siguiendo el interesante trabajo de Stuart Green [2018: 176-195] se puede indicar que lejos de ser de poca importancia para los acercamientos académicos al tema, el estudio de los carteles arroja luz sobre muchas de las preocupaciones de la industria, y puede revelar más acerca de las mismas que el estudio de un texto dramático o un montaje. En este sentido la elección de las *Aventuras do grande D. Quixote de la Mancha e do gordo Sancho Pança* resulta reveladora. El texto de António José da Silva O «Judeu» se estrenó en el Gimnasio de Campolide el 27 de mayo de 1972 con la adaptación de Virgilio Martinho y selección musical de Carlos Paredes. La compañía entonces era abiertamente amateur y destilaba, como tantas otras del momento, un amplio compromiso político[4]. En el programa de Benite se indicaba abiertamente la necesidad de la implicación directa del público:

---

[4] Para los equivalentes españoles es fundamental el trabajo «El teatro independiente en España, 1962-1980», https://cdaem.mcu.es/teatro-independiente/presentacion/

O teatro não existe se não houver actores e espectadores […]
Você faz, portanto, parte do espectáculo. […] Para ser um bom
espectador, um bom público, Você tem de esforçar um bocadin-
ho. […] A maior lição que D. Quixote nos dá é esta: as palabras
não bastam, é preciso transformá-las em acção. D. Quixote não
se limita a ter ideas; luta por elas [CTA, 2018: 13].

«Las palabras no bastan, es preciso transformarlas en acción…» Tras la imaginería quijotesca se encuentra latente la
visión de Augusto Boal del «teatro de los oprimidos». Para
Boal, el teatro de los oprimidos funciona como formulación
teórica y como método estético, basado en diferentes obras de
arte. Combina una serie de ejercicios, juegos y técnicas teatrales que intentan desmecanizar física e intelectualmente a sus
practicantes y así lograr la «democratización» del drama. Se
trata de estimular a los participantes no-actores a expresar sus
experiencias de situaciones cotidianas de opresión a través del
teatro y transformar a los espectadores en protagonistas de la
acción dramática («espect-actores») de modo que estimulen su
creatividad. El espectador ve, representa; el espect-actor ve y
actúa, o más bien, ve actuar en la escena y en la vida. Su objetivo es transformar y empoderar a los actores de una manera
que sea en sí misma transformadora. Como dice Boal:

The goal of the theater of the oppressed is not to reach a stabi-
lizing principle, but rather to the unbalance that drives action.
Its objective is to dinamize. This is apprehended through con-
crete actions in scene: the act of transformation is itself trans-
formative! Transforming the scene I transform myself [1985: 95].

En términos generales, el de Almada escenifica la transformación propuesta en el trabajo de Boal. En realidad, adapta

para la escena el principio organizador principal detrás de la noción del teatro de los oprimidos de empoderar a los actores. Sus sueños de naturaleza quijotesca se traducen para el lenguaje del teatro, con declaraciones de coraje que muestran una estrategia de choque contra la marginalidad[5]. El festival refleja perfectamente el espíritu de la localidad que lo aloja. Frente a la grandeza de la ciudad lisboeta, con su castillo de San Jorge, su Barrio de la Alfama que sobrevivió al terremoto de Lisboa, su magnífica catedral o el convento do Carmo, Almada se muestra como el hermano trabajador, el primo de la periferia que viaja en Ferry desde su piso situado al otro lado del Tajo para construir una de las ciudades más vibrantes de Europa. La municipalidad de Almada ha sido, no en vano, un bastión histórico del partido comunista.

El Festival, dirigido ahora por el dramaturgo y director Rodrigo Francisco pupilo de Benite, continúa con este tipo de producciones comprometidas. Por ejemplo, en la edición 2022 se puede ver *Fado nas veias* un espectáculo en el que Nadège Prugnard narra junto a su compañía la historia de una joven mujer cuyo abuelo escapó a Francia cuando Portugal era una dictadura. Se trata de un largo recitado salpicado con canciones (fados, piezas rock). Se entremezclan los recuerdos y realidades de Francia y Portugal siempre bajo una noción de ausencia y melancolía, un fado sobre el exilio y se presentan la migración portuguesa, la Revolución de los

---

[5] Contamos con un interesante análisis de las derivadas quijotescas del teatro social brasileño por parte de Rogelio Miñana. El autor traza cómo el activismo contemporáneo brasileño se ha apropiado de la figura quijotesca en múltiples contextos teatrales (*Um tal de Dom Quixote*, de Marcio Meirelles y Cleise Mendes, *Quixotes,* de Andreia de Almeida y Luciano Draetta, *Dom Quixote,* de Telma Dias), performativos y activistas o incluso movimientos de transfomación social urbana centrados en distintos lugares de Brasil, sobre todo en São Paulo en los que los molinos de viento se transforman en centros culturales [2020: 153-191].

Claveles, el laberinto de *saudade* y los desafíos económicos y existenciales de Portugal hoy.

Se combinan estos espectáculos con grandes producciones internacionales como *I was sitting on my patio this guy appeared I thought I was hallucinating*, dirigida por Robert Wilson en 1977, apenas un año después de su gran éxito *Einstein on the beach*. Wilson y Lucinda Childs desarrollan el haz y el envés de un monólogo sin dramatismo que presenta un largo flujo de conciencia. Nos encontramos con un río de palabras, pronunciadas primero por Wilson, luego repetidas por Childs que las marcaba con la expresividad del colapso interior. Los nuevos actores, magníficos, son Julie Shanahan, que proviene del Tanztheater Wuppertal de Pina Bausch, y Christopher Nell, un destacado actor del Berliner Ensemble. Estos presentan unos personajes con tintes expresionistas. La dramaturgia consiste en un gran minimalismo clínico con austeridad formal donde destacan las repeticiones y las contradicciones de sentido. La escenografía es simplista, con una caja en blanco y negro con monocromos en led impulsados por movimientos inicialmente angulares y luego febriles. Es una obra muy representativa de su momento y de los momentos de nacimiento del festival.

Otra obra que merece la pena destacar del año 2022 es *Hands do not touch your precious me* donde encontramos una mistura de códigos. En ella el coreógrafo belga Wim Vandekeybus y la compositora española Charo Calvo dirigen a ocho bailarines y al intérprete, *performer* y artista visual Olivier de Sagazan. La obra, que tiene una fábula narrada en danza, establece una interrelación entre los rituales de sacrificio y renacimiento de la diosa sumeria Inanna y los himnos y devociones de su Alta Sacerdotisa, Enheduanna, y la actualidad. A lo largo del espectáculo se crea una narración mítica de confrontación y transformación, luz y oscuridad, muerte y renacimiento en la que se ven distintas etapas de sacrificios rituales: los ritos coitales precristianos se entremezclan con las purificaciones por fuego y tierra, las «relajaciones» de la Inquisición (cuyos castigos llevan incluso su sambenito) se entremezclan con la sublimación de las comidas familiares contemporáneas. Un viaje a lo ritual con una muy poderosa estética que va de lo sublime a lo desagradable.

En efecto, mucho tiene de quijotesco este festival urbano y obrero que lucha con los otros grandes festivales teatrales de verano, el papal Avignon y Edimburgo (nobiliario hasta en su versión marginal del *Fringe*). Desde una perspectiva quijótica, Almada se descubre como uno de los festivales más interesantes de teatro contemporáneo de la actualidad. Frente a esta visión comprometida y marcada espiritualmente, el Festival de Otoño se descubre como un festival de carácter más burgués, aunque no necesariamente más comercial.

El Festival de Otoño, dirección artística de Alberto Conejero

El Festival de Otoño se modela en 1984 siguiendo la impronta de otros certámenes europeos como el Festival de Otoño de París (Festival d´Automne à París), creado por Michel Guy en 1972. Su primer título es el de I Festival de Otoño y fue promovido por la Consejería de Cultura de la Comunidad de Madrid. Se desarrolla desde mediados de septiembre a finales de octubre. La dirección corrió a cargo de José Luis Ocejo y Pilar Yzaguirre. A partir de 1997 el festival fue dirigido por Alicia Moreno Espert hasta el año 2000, fecha en la que Ariel Goldenberg asumió su dirección. En 2010, en su XXVII edición cambia de fechas y se mueve por tres ediciones a la franja entre abril y mayo bajo el nombre Festival de Otoño en Primavera dirigido por Ariel Goldenberg, y Paula Foulkes. Desde 2012 hasta 2019 pasa a llamarse Festival de Otoño a Primavera y más que un festival se descubre como la programación de casi toda la temporada teatral, entre noviembre y junio y se convierte en una parte importante de lo que podría ser una programación regular de los teatros del Canal. El festival está dirigido en la actualidad por Alberto Conejero que devolvió el festival a su programación otoñal habitual. Será esta dirección la que analicemos con más detenimiento[6].

Las cuatro ediciones del festival se cerraron con un 90% de ocupación media en los teatros y salas que acogieron su programación. El Festival que, como hemos indicado, compite con sus homólogos europeos tiene una programación parecida a ellos. En los cuatro años escogidos se han presentado obras de dramaturgos y directores de primer nivel europeo entre los que podemos destacar, sin ánimo de exhaustividad, a Romeo Castellucci (*Bros*), Wajdi Mouawad (*Tous des oiseaux*), la compañía Peeping Tom (*Triptych: The missing door, The lost room and The hidden floor*) Jan Lauwers y la Needcompany (*Molly Bloom*), o Christos Papadopoulos (*ION*), artistas que, en muchos casos, han protagonizado los carteles de los Teatros del Canal o de otras temporadas del mismos festival. Hay, como veremos, una serie de dramaturgos y directores que se repiten en las temporadas. Hay una indudable presencia de artistas internacionales, especialmente del ámbito latinoamericano, quizá herencia de los

---

[6] Las anteriores han tenido un buen análisis por parte de Isabel Guerrero, sobre todo en cuanto a la presencia de Shakespeare en ellos [2018: 25-34].

tiempos del argentino Goldenberg. Como indican Jara Martínez, Isabel Guerrero y Diana Luque en una recentísima monografía: «La presencia de compañías en estos enclaves pareciera situarse en un circuito compartido, con espacios que propician y acostumbran a la recepción del teatro venido de la otra parte del océano y que genera la recurrencia de nombres y colectivos» [2023: 314][7].

El cierre gráfico y el logotipo del Festival de Otoño en las ediciones estudiadas presenta elementos naturales de temporada (hojas cayendo, un bloque de hielo en probable referencia a la tormenta Filomena que azotó Madrid el enero anterior, una bandada de pájaros migrando).

Fig. 2. Logotipo del 40º Festival de Otoño de Madrid.

Fig. 3. Logotipo del 41 Festival de Otoño de Madrid.

Al igual que ocurre en Almada, donde a la programación del festival continúa la del teatro, en el de Otoño es inevitable pensar en los Teatros del Canal. Podemos intuir de manera clara que, poco a poco, el camino hacia lo performativo

---

7   Agradecemos a las autoras permitirnos consultar las galeradas de su magnífico trabajo.

está servido en las programaciones. El Canal ha sido otro espacio que ha estado en proceso de transición tras la marcha de Boadella y la algo atropellada de Rigola (conectada con el «referéndum» del 1 de octubre en Cataluña y los actos de violencia que siguieron). La división de «los teatros» en varios espacios: el centro de danza, el escenario CLECE el Festival de Otoño a Primavera y la dirección de Natalia Álvarez Simó sirvieron como difusor de una marcha (la del director) que en circunstancias normales hubiera dejado noqueado el teatro, la meritoria labor de Álvarez Simó continuó luego con la dirección de Blanca Li. En la actualidad, hay un modelo colegiado mixto de varios directores. Las direcciones de Li, Rigola y Álvarez Simó como programadores marcaron la abundancia de dispositivos, instalaciones, y obras de teatro documento que juegan con la inserción de elementos reales (*realia*) en la escena, podemos ver que Conejero tiende a mantener una programación de teatro de palabra a partir fundamentalmente su interés en las muestras de teatro emergente como *Surge Madrid* a través de la exhibición de dos piezas de compañías emergentes: *Esquizofonía*, de Silbatriz Pons, y *Contención mecánica*, de la compañía Teatro de los Invisibles o la presentación del libro que reúne los poemas de todas las ediciones del ciclo Pictura Fulgens, a cargo de la editorial Continta me tienes. También en este sentido podemos destacar que en su edición de 2020 creó la iniciativa #Confín, un concurso de recepción de micropiezas «de emergencia» en forma de fragmento, cápsula, instalación, pieza, etc., generadas desde los espacios de confinamiento de los artistas, que después tuvieron una función única presencial en el marco del festival.

Se resalta lo performativo en la programación. Por ejemplo, Angélica Liddell / Atra Bilis estrena en la 41 edición *Lie-*

bestod / El olor a sangre no se me quita de los ojos / Juan Belmonte, en la 39 hizo lo propio con *Terebrante* y en la 38, *Una costilla sobre la mesa: Madre*. Juan Mayorga, a la sazón director del Teatro de la Abadía, reestrena la producción portuguesa de *A língua em pedaços / La lengua en pedazos* de la Companhia de Teatro de Braga en la 41 (Centro de Arte y Turismo de Soto del Real) y a la par estrena *La gran cacería* en el Teatro del Barrio (Sala Cuarta Pared). María Velasco aparece en la 41 con *Amadora* (junto a Tulsa) en producción de Teatro Kamikaze en los espacios de Teatros del Canal y del Real Coliseo de Carlos III en San Lorenzo de El Escorial. En la 39 y en la 38 repitió con *Talaré a los hombres de sobre la faz de la tierra*. Los habituales del festival de París Miet Warlop e Irene Wool aparecen en la 41 con *One Song: Histoire(s) du Théâtre IV* en el Centro de Cultura Contemporánea Conde Duque y en la 39 con *After All Springville*; Luz Arcas / La Phármaco repiten en la 41 y en la 39 con *Bekristen/Cristianos* y *Toná*; Ana Zamora / Nao d'amores aparecen en la 40 con el *Retablillo de Don Cristóbal* de Lorca y con *Nise, la tragedia de Inés de Castro* combinación de las Nises del autor renacentista Jerónimo Bermúdez. Guillermo Calderón aparece en la 41 por partida doble con *Villa* y *Constante* mientras que en la 40 aparecía con *Ana contra la muerte*. A su vez, Dimitris Papaioannou aparece en la 41 con *Ink* y en la 39 con *Transverse Orientation*. En este sentido es interesante el caso de la programación en el año 2022 de *Falaise*, de la compañía francesa Baro d´Evel, destacados representantes de teatro-circo que se puso también en Almada. La obra estaba marcada por una doble particularidad escénica: la combinación de animales y humanos y una espectacular escenografía. La interacción de humanos junto a unas palomas y un caballo, rúbrica de la compañía, desarrollaba dramatúrgicamente la obra

pues la dramaturgia contemplaba los elementos de improvi-
sación y de espontaneidad que los animales imponen a los
actores. El magnífico escenario de Lluc Castells se rompe a
medida que avanza la obra. Los actores entran y salen, caen
y se lanzan por distintas trampillas en un juego diseñado para
asombrar al público. La narratividad es circense y encontramos hilvanados una serie de episodios con muchas acroba-
cias, humor, danza, música, movimiento y escenas de juego
con un caballo blanco[8]. Quizá lo único que puede disgustar
de *Falaise* al público tradicional sea su carencia de hilo narrativo aristotélico (no hay inicio, desarrollo y final), sino que se
desarrolla a partir de la lógica del teatro circo, el «más difícil
todavía». El clímax es emotivo, no intelectual y la catarsis viene por lo externo a la narración, por lo sensorial.

Otro buen ejemplo de cómo se combina el teatro de palabra con el performativo es el de la argentina Marina Otero
(1984-), continuadora de una estética liddelliana. Con mucho,
el mayor éxito de la programación de 2022 fue la aparición
por partida doble de *Fuck Me* y *Love Me*, obras diseñadas
como el haz y el envés del mismo presupuesto autobiográfi-
co (https://www.marinaotero.com.ar/). En sus obras, Andrea,
los dos mencionadas, Otero juega con una corporeidad herida. Tiende a presentarse desnuda o semidesnuda por el escenario con una apariencia frágil. En el caso de *Fuck Me* recita
mientras resuena el *Requiem for a Dream*, de Kronos Quartet
de la película de Darren Aronofsky:

> Tengo el cráneo en las tibias, manchas en la piel, una pierna
> más corta que la otra, las vértebras sin aire, el hígado transpira-

---

[8]   No se puede por menos que pensar en La Cuadra de Salvador Távora y
su *Memorias de un caballo andaluz* (2012).

do, las clavículas asfixiadas, el diafragma disperso […] el hueso temporal ansioso, el cerebelo sumiso, la nuez obscena, el páncreas ermitaño, el oído taciturno, el monte de Venus en otro planeta, el ano autodestructivo, el hueso parietal desorganizado, el occipital angustiado, el glúteo menor perverso, el mayor obsesivo, el corazón escéptico, el esfínter asesino [Caruana, 2022].

La contraposición entre el cuerpo dolorido de la actriz, recién operada, con el de los cinco bailarines presentaba un juego de oscura y tenebrosa belleza cercano al misticismo de las *performers* más reconocibles (Abramovich, Liddell). Esta pieza presenta de manera muy adecuada la pulsión entre el teatro documento, el de palabra y la performatividad que reina en las programaciones de Conejero.

Como vemos, el análisis académico de la programación de los festivales permite diseccionar el discurso que aparece tras estos. En ambos casos se aprovecha un momento y un espacio para la creación de un discurso trascendental. Pavis escribe en *Diccionario del teatro* algunas características de los festivales, que sirven para enmarcar el presente estudio: «tienden a acentuar la ruptura casi esquizofrénica entre el trabajo –extendido durante el año– y el periodo de vacaciones del sujeto, cuando el arte se consume en grandes dosis, como compensación y aprovisionamiento» [1980: 220]. Estas palabras encierran dos perversiones de los festivales: el carácter generalista y la contaminación; y la mercantilización. Como indica José Gabriel López Antuñano en un reciente estudio:

Se aprovecha la concentración de espectadores para extraer rentabilidad económica, social, política o de promoción turística. Esta es una realidad tan palmaria como lo son los múltiples estudios sobre marketing, impacto económico, políticas de públicos o complementos de ocio y turísticos en las sedes de los festivales, que ahogan los escasos libros sobre la relevancia artística y cultural de un evento de estas características [2023: 114].

Todos los festivales tienen como objetivo declarado la activación económica del entorno. Los réditos económicos son importantes (un festival sin público carecería de sentido). En ambos casos se trata de festivales que atraen público a los entornos en los que se desarrollan y sirven para la reactivación económica de la zona. Además, presentan un impulso trascendente, como lo hacen Avignon y Edimburgo, sus modelos. Como indica la *European Festival Association:* «Festivals are a clever mixture of arts, people and stories. Festivals make you discover incredible artists. Festivals connect you to many different people. Festivals are the place to experience particular moments. Festivals create souvenirs you will never forget» [https://www.efa-aef.eu/en/stories/]. Tras esta definición, bastante dominada por el lenguaje empresarial, hay un indudable elemento discursivo en la creación de un espacio de la memoria para el espectador.

Una de las discusiones públicas más interesantes de la sociedad actual es la de los llamados «lugares de memoria», término derivado de Cicerón y de Quintiliano que aconsejaban asociar, para fijar el orden del discurso, una idea a un lugar establecían un *locus memoriæ*. Un lugar de la memoria es un conjunto conformado por una realidad histórica y otra simbólica. Según Pierre Nora, cuando un personaje, un lugar o un hecho es constituido como lugar de la memoria es que se está desentrañando su verdad simbólica más allá de su

realidad histórica. Se trata de constituir un conjunto simbólico y advertir la lógica que las reúne:

> Los lugares de la memoria son ante todo restos, la forma extre-
> ma bajo la cual subsiste una conciencia conmemorativa en una
> historia que la solicita, porque la ignora [...] Los lugares de la
> memoria nacen y viven del sentimiento de que no hay memo-
> ria espontánea de que hay que crear archivos, mantener aniver-
> sarios, organizar celebraciones, pronunciar elogios fúnebres,
> labrar actas, porque esas operaciones no son naturales [2008:
> 25-26].

Para Nora, los «lugares de la memoria» de la nación francesa se plasman en lo inmaterial (la herencia de larga duración), lo material (el territorio con sus fronteras, el patrimonio y los seres humanos) y, finalmente lo ideal (las ideas
fuerza de la nación). El Festival, como celebración de una
ciudad, tiene esas mismas características.

En los casos estudiados de Almada y Madrid, el festival
sirve para representar la imagen de la zona y del ambiente.
Con todo lo internacional que es, el Festival de Almada no
se olvida de las raíces proletarias de su entorno. Su propio
logotipo nos remite a unos referentes comunes en el discurso progresista (el quijotismo, el teatro colectivo y de los oprimidos). El de Madrid, sin embargo, tiene otros parámetros y
ansiedades. El hecho de ser un parangón del Festival d´Au-
tomne à París, proyecto en el que Guy participaba de la voluntad de Georges Pompidou de devolver a París su dimensión de capital cultural, ya incluye su voluntad
internacionalista. Como hemos presentado en varios trabajos, la Comunidad de Madrid compite con las principales
capitales europeas teatrales (París, Berlín, Londres) en el ta-

maño relativo de sus industrias teatrales al respecto de su
Producto Interior Bruto [2018: 9-16; 2019: 9-16 y 2023: 207-
214]. Aunque la «ansiedad de influencia» parisina se ve de
manera bastante clara en la conformación histórica del festival, parece encontrar un hueco de representatividad dentro
del complejo mundo de los festivales internacionales de teatro en cuanto programa, lógicamente por otro lado, muchos
más autores iberoamericanos. Hijos de la industria cultural,
los festivales (y su programación) son también un discurso
artístico analizable más allá de los parámetros comerciales
que, sin duda, presentan. Los festivales teatrales se revelan
como una maquinaría diplomática en la que proyectar una
imagen de la ciudad ante ciudadanos y visitantes. Los directores ejercen un indudable *soft power* sobre la ciudad en esos
limitados días en los que el público contempla lo mejor del
teatro contemporáneo en términos de vanguardia y moder-
nidad. En este sentido los festivales presentan un indudable
interés investigador para el análisis académico, científico si
queremos, de las interacciones entre los campos de poder
(el capital) que deben conseguir para justificar su presencia
y el discurso artístico su «rúbrica» que consigue diferenciarlos
del resto. Y en esto tanto el Festival de Almada de Rodrigo
Francisco como el Festival de Otoño de Alberto Conejero
destacan sobremanera.

Bibliografía

Bonet, Lluís (2009): «Características económicas del sector
del teatro en España», en *La economía del espectáculo:
una comparación internacional*, ed. C. M. M. Elia (Barcelona, Gescenic), 13-29.

BONET, Lluís y VILLARROYA, Anna (2009): «La estructura de mercado del sector de las artes escénicas en España», *Estudios de Economía Aplicada* 27.1, 197-222.

CARUANA, Pablo (2022): «*Fuck Me* y *Love Me*, la tristeza y la rabia del teatro de Marina Otero», *El Periódico*, 9 de noviembre de 2022 https://www.eldiario.es/cultura/teatro/fuck-love-tristeza-rabia-teatro-marina-otero_1_9694129.html [19-09-2023].

CONEJERO, Alberto *et al* (2023): *Dosier del Programa oficial del 41 Festival de Otoño de Madrid*, Madrid, Comunidad de Madrid https://drive.google.com/file/d/1ygtNERWE DXMVq8GofA63r7gkj1udJM3_/view [19-09-2023].

—(2022): *Dosier del Programa oficial del 40 Festival de Otoño de Madrid*, Madrid, Comunidad de Madrid http://www.madrid.org/fo/2022/prensa/PROGRAMA_40FO_2022_web.pdf [19-09-2023].

—(2021): *Dosier del Programa oficial del 39 Festival de Otoño de Madrid*, Madrid, Comunidad de Madrid http://www.madrid.org/fo/2021/prensa/Programa_39_Festival_de_Otono.pdf [19-09-2023].

—(2020): *Dosier del Programa oficial del 39 Festival de Otoño de Madrid*, Madrid, Comunidad de Madrid http://www.madrid.org/fo/2020/pdf/programa_completo.pdf [19-09-2023].

CDAEM, Centro de Documentación de las Artes Escénicas y de la Música (2023): «El teatro independiente en España, 1962-1980» https://cdaem.mcu.es/teatro-independiente/presentacion/ [19-09-2023].

CTA, Companhia de Teatro de Almada (2018): *CTA: 40 anos en Almada (1971-1987)*, Almada, Companhia de Teatro de Almada.

FORCADELL ÁLVAREZ, Carlos (2005): «La historia social, de la "clase" a la "identidad"», en *Sobre la historia actual. Entre política y cultura*, ed. H. Hernández Sandoica (Madrid, Abada Editores), 14-37.

GARCÍA LORENZO, Luciano (2017): «Los clásicos, mis contemporáneos» en *40 ediciones. Festival Internacional del Almagro* (Almagro, Festival de Almagro), 144-145.

GARCÍA LORENZO, Luciano y MUÑOZ CARABANTES, Manuel (1997): *Festival Internacional Teatro Clásico de Almagro. 20 años, 1978-1997*, Almagro, Caja Castilla-La Mancha.

GARCÍA, Ignacio (2018): «Vamos a poner en valor el patrimonio dramático español» en *ADE-Teatro*, 171, 26-35.

GARRIDO, José Manuel (1997): «Festivales, sí. Gracias», en *Festival Internacional Teatro Clásico de Almagro. 20 años, 1978-1997* (Almagro, Caja Castilla-La Mancha), 135-136.

GONZÁLEZ VÁZQUEZ, Carmen (2022): «Teatro y territorio: los festivales de teatro como vertebración colaborativa» en *Nuevos territorios en la escena*, eds. M. L. Álvarez Villamil y J. Ramírez Serrano (Madrid, Ediciones Antígona), 39-63.

GREEN, Stuart (2018): «Promoting a theatre in crisis: poster design and the marketisation of culture on the Madrid stage», *Hispanic Research Journal: Iberian and Latin American Studies*, 19, 2, 176-195.

GUERRERO LLORENTE, Isabel (2018): «En busca del espectador global: Shakespeare en el Festival de Otoño a Primavera», *Cartaphilus*, 15, 25-34.

HERNÁNDEZ, Emilio (2007): «Almagro será la capital europea del teatro clásico». Madrid, *ADE-Teatro*, 115: 97-102.

LÓPEZ ANTUÑANO, José Gabriel (2023): «Los festivales de Teatro Clásico en España, ¿hacia una reformulación?», *Archiletras Científica*, IX, 113-128.

LÓPEZ ANTUÑANO, José Gabriel y GARCÍA, Ignacio (2022): *Teatro Clásico Contemporáneo*, Madrid, Antígona.

Mapa de Festivales, Cartemad-CM: https://teatrero.com/mapadefestivales [19-09-2023].

MARSILLACH, Adolfo (1998): *Tan lejos, tan cerca: Mi vida*, Barcelona, Tusquets.

MARTÍNEZ VALDERAS, Jara, GUERRERO LLORENTE, Isabel y LUQUE, Diana (2023): *Teatro y artes escénicas en el ámbito hispánico: Siglo XXI. Escenas en diálogo*, Madrid, Cátedra.

MIGUEL, Amaya de (2017): «El Festival de Teatro Clásico de Almagro: una ventana al mundo» en *40 ediciones. Festival Internacional del Almagro* (Almagro, Festival de Almagro), 142-143.

MIÑANA, Rogelio (2020): *Living Quixote: Performative Activism In Contemporary Brazil and the Americas*, Nashville, Vanderbilt University Press.

MONCAYOLA, Elena (2023): «Relación de festivales de Teatro Clásico español», *Archiletras Científica*, IX: 215-221.

NORA, Pierre (2008): *Los lugares de la memoria / Les lieux de mémoire*, ed. y trad. José Rilla, Montevideo, Rilce.

OLIVA, César (1997): «Un festival en un lugar de la Mancha» en *Festival Internacional Teatro Clásico de Almagro. 20 años, 1978-1997* (Almagro, Caja Castilla-La Mancha).

— (2017): «Siempre nos quedará Almagro» en *40 ediciones. Festival Internacional del Almagro*, Almagro, Festival de Almagro, 140.

PAVIS, Patrice (1980): *Diccionario del Teatro*, Barcelona, Paidós.

PRADIER SEBASTIÁN, Adrián (2017): «La tarea de describir una poética escénica» en *La escenificación española contemporánea. Una mirada más allá de nuestras fronteras*, ed. M. del Hoyo Ventura (Granada, Editorial Tragacanto), 15-28.

Ruiz Pastor, Alejandro (2022): *Dirección artística: el concepto de festival de artes escénicas*, Madrid, Ediciones clásicas.

Ruiz Pérez, Pedro (2009): *La rúbrica del poeta. La expresión de la autoconciencia poética de Boscán a Góngora*, Valladolid, Universidad de Valladolid.

Silva, Antonio José da (1905): *Vida do grande D. Quixote de la Mancha e do gordo Sancho Pança: opera jocosa, Prefaciada e revista por Mendes dos Remedios*, Coimbra, França Amado.

Vélez-Sainz, Julio (2022): «Hacia una cartografía digital para la conservación y difusión del patrimonio teatral del Madrid contemporáneo», en *Nuevos territorios en la escena*, eds. M. L. Álvarez Villamil y J. Ramírez Serrano (Madrid, Ediciones Antígona), 211-217.

— (2021): «El teatro en los tiempos del corona: utopía, *convivio*, supervivencia e intermedialidad», en *Últimos circuitos teatrales del siglo xxi*, eds. J. Martínez y M. del Hoyo (Madrid, Ediciones Antígona), 421-441.

— (2020): «Las "rúbricas" del programador y del director: tendencias del teatro actual», *Ínsula*, 880, 10-12.

— (2019): «El hecho teatral madrileño en su contexto global», en *Nuevos circuitos teatrales del siglo xxi*, eds. J. Huerta, J. Vélez Sainz y M. Molanes Rial (Madrid, Ediciones Antígona), 9-16.

— (2018): «Cartografía del teatro del siglo xxi» en *Circuitos teatrales del siglo xxi*, dirs. J. Huerta, J. Vélez Sainz, coords. M. Molanes y J. Gaytán (Madrid, Ediciones Antígona), 9-16.

II.

REESCRITURAS EN TIEMPOS DE CAMBIO

ELLES DISENT… L'ODYSSÉE : ULYSSE CONTEMPORAIN DE JEAN-LUC LAGARCE

Alina Kornienko

Université PARIS VIII-Vincennes-Saint-Denis

ELLES DISENT… L'ODYSSÉE ÉCRIT EN 1978 est un des premiers textes dramatiques créés par le dramaturge, metteur en scène, écrivain et acteur Jean-Luc Lagarce. Cette pièce n'était présentée que deux fois avec sa troupe des amateurs à Besançon. Pour toutes ces décennies resté hors de l'intérêt artistique, critique et scientifique et ne publié qu'en 2019, ce texte présente une énorme importance dans le cadre de l'œuvre complet de Lagarce ainsi que dans la perspective d'évolution de l'image d'Ulysse et la transgression du poème d'Homère tout au long des siècles.

> Une légende plus vieille encore dira qu'Ulysse, le vainqueur d'une guerre illustre, arrêta sa course chez une magicienne démente. On dira aussi qu'il y vécut heureux, qu'elle lui donna deux enfants, et qu'ils se quittèrent en se jurant de ne plus s'oublier.
> On dira que les maléfices de la sorcière ne sont plus les mêmes, qu'elle oublie parfois de faire le mal. On dira bien ce que l'on voudra… [Lagarce, 2019: 56].

Contrairement au texte d'origine d'Homère avec ses 24 chants divisés en 3 parties, la pièce de Lagarce comprend

seulement 18 scènes d'une longueur maximale de 5 pages et
d'une longueur moyenne de 2 pages. Chaque scène possède
un titre, une construction dramatique très rare pour le *théâtre
du langage* de Lagarce qui tend au minimalisme didasca-
lique, peut être conçu dans le cas d'*Elles disent... l'Odyssée*
en tant qu'un hommage littéraire au poème épique, un lien
constructif avec cette source antique ainsi qu'une insistance
sur un retravail profond de ce texte d'un point de vue struc-
turel, fictionnel et philosophique. Lagarce, à l'époque un étu-
diant en philosophie, un dramaturge en train d'être né, a su
produire un texte à la fois original, mature, personnel et
dense en thématiques qui croiseraient tous ses écrits.

Elles disent... l'Odyssée met en scène une quintessence,
une densification des aventures d'Ulysse. Ce texte se
concentre sur son retour à la maison et sur l'attente de ses
proches restés en Ithaque : celle de sa femme Pénélope et
celle de son fils Télémaque. Quatre du six personnages de la
pièce sont les femmes, Pénélope, Calypso, Circé et Nausicaa,
avec Télémaque et Ulysse lui-même à la fin de la liste. Les
mêmes personnages féminins forment un chœur qui, dans
certaines scènes, se préoccupe de la narration – soit un résu-
mé des larges fragments de la fable, soit d'une ouverture,
une description du décor, des faits et des personnages eux-
mêmes. Le chœur est un personnage essentiel collectif pour
le théâtre antique où il partage les souffrances du personnage central en dialoguant parfois avec lui et représentant
ainsi le fonctionnement démocratique du et au théâtre. Le
chœur féminin en tant que disposition dramatique et poétique est très présent dans le théâtre de Lagarce et surtout
dans son cycle *du fils prodigue*. Les chœurs féminins mis au
premier plan par Lagarce sont les cœurs même de chaque
pièce et composent le tissu dramatique même. Le chœur fé-

minin typique du théâtre en question ne dialogue pas du personnage central mais en parle sans cesse et le constitue donc par sa parole. Chaque chœur féminin de Lagarce est, par conséquent, une représentation de lamentation, lamentation et tragédie d'attente qui ne proviennent pas du personnage central mais y sont associés car ce personnage absent et reparti est l'origine même de cette attente tragique.

La plupart des fictions dramatiques de Lagarce sont donc fondées sur l'attente vaine d'un changement, sur une attente illusoire qui rompra le statisme des vies des personnages et mettra en question l'action en général. L'attente chez Lagarce est également une des raisons des multiples conflits et paradoxes mis en scène. L'attente est si fortement inconsistante et presque inventée par les personnages dans et par leur discours incessant, autant qu'est forte leur absence de volonté et leur manque de nécessité du changement qui donnera fin au statisme et à l'incertitude qui conditionnent leurs petites existences. Cette dramaturgie accorde, par conséquent, le primat à la parole, aux narrations même fragmentaires des personnages, qui constituent le seul acte possible afin de combler le vide de l'existence. C'est là la seule manière de vivre autorisée par cette attente imprégnée d'irréel qui ne peut se satisfaire que de la prolongation heureuse et improbable d'un passé auquel les personnages sont profondément attachés mais qui est éminemment subjectif. La parole prononcée dans les pièces de Lagarce, vitalement nécessaire, comble l'attente et manifeste le refus de la réalité objective, remplacée par une réalité subjective constituée par l'activité de dire. Malgré le fait que le motif de l'attente soit récurrent au sein de cet univers dramatique, il existe une seule pièce qui l'affiche dès le titre: *J'étais dans ma maison et j'attendais que la pluie vienne*. Dès le titre, le verbe attendre à l'impar-

fait, est mis en relation, par la conjonction de coordination
«et» avec le verbe «être». Il souligne la durée de l'action ou
plutôt de l'état d'attente. Cet état est rattaché à un sujet solitaire je qui est situé dans le milieu clos, intime, de la maison.
Quant à l'objet de l'attente, il est météorologique et ne représente pas l'aspiration des personnages de la pièce. Ce
titre est une partie de la réplique qui ouvre cette fiction dramatique. Il fait allusion au souhait qu'ont les personnages de
voir s'arrêter la période de sécheresse qui n'est qu'une allé-
gorie de la période d'absence du Frère. Cette sécheresse représente une interruption de toute activité. L'attente est, par
conséquent, la seule façon de passer le temps. Elle est, avec
la parole, l'action centrale de cette pièce. L'attente exposée
par Lagarce dans *J'étais dans ma maison et j'attendais que la
pluie vienne* est «durative» (utilisation du verbe à l'imparfait)
et chimérique (attente d'un événement métaphasique) mais
en même temps plus personnalisée pour l'utilisation de la
première personne au singulier au tout début du titre. Lagarce présente l'acte de l'attente sous tous les angles pos-
sibles : chacun des personnages féminins de *J'étais dans ma
maison et j'attendais que la pluie vienne* incarne certaines
modalités de l'attente qui peuvent se croiser et être constituée par plusieurs membres de la fiction dramatique à la fois.
Elles disent... l'Odyssée possède une structure et une concep-
tualisation d'attente identique à celle de *J'étais dans ma maison et j'attendais que la pluie vienne* et par le titre même
souligne le fait que cette réécriture des aventures d'Ulysse
est, d'abord, une vision dire féminine, un récit au féminin et
le récit à l'oral. Pour l'auteur l'importance de compréhension
contemporaine de cette fable antique réside sur les plans
féminins où la figure de Pénélope est, sans doute, centrale.
Pénélope est un personnage idéal pour l'univers dramatique

de Lagarce car dès l'antiquité elle est une incarnation classique d'attente. C'est exactement son attente fidèle qui en fait un des personnages les plus nobles. Pénélope de Lagarce apparaît en même temps en tant qu'une épouse fidèle détruite par l'attente et une mère qui voit son seul fils partir, son fils qu'elle attendrait aussi avec impatience et inquiétude. Son discours est poétiquement et stylistiquement très proche de celui de la Mère de *J'étais dans ma maison et j'attendais que la pluie vienne*:

> Je voudrais aussi te dire que j'ai peur, que tu ne reviendras pas, que personne ne revient jamais, que je reste seul avec ce bruit de métal [Lagarce, 2019: 31].

Contrairement à l'attente figée hors temps mises en scène par Lagarce dans ses pièces plus anciennes, l'attente sur laquelle se concentre *Elles disent… l'Odyssée* est progressive, elle atteint même sa fin logique avec le retour d'Ulysse. Et c'est même ce processus de son retour esquissé par Lagarce à grands coups de pinceau, qui met Ulysse dans le rang des *fils prodigues* travaillés par lui dans son théâtre. Les pièces de Lagarce qui forment le cycle *du fils prodigue* évoquent tout le cours d'une vie, dans ses multiples relations. Cette vie entre alors dans le théâtre et élargit la scène. Cette représentation d'une vie abolit les différences entre le lointain et le proche, créant un nouveau paradigme pour le drame qui en vient à s'identifier à cette vie. Cela redéfinit l'espace dramatique et vital en espace hétérotopique. Ce drame-de-la-vie possède, dans la fiction dramatique, une fonction réparatrice qui permet de donner une dimension surplombante à l'existence du personnage principal lequel donne naissance aux autres personnages qui ne sont que des ombres de sa vie

passée ou actuelle. Ceci apparaît très clairement dans la pièce *J'étais dans ma maison et j'attendais que la pluie vienne*
car toutes les sœurs vivent des souvenirs de leurs frère et
dans l'attente de son retour qui ne viendra jamais. Elles ne
sont que ses reflets car elles ne parlent que de lui. Elles sont
devenues une pure attente ayant perdu leur identité ce qui
donne au texte une dimension épique plutôt que simplement dramatique. Aucun événement ne vient arracher les
cinq femmes à leur position d'attente. Cette pièce est d'em-
blée une pure dissolution de l'action dans l'attente : l'intrigue
disparaît au profit d'une atmosphère figée. Cette absurdité de
l'attente est rompue dans l'avant-dernière scène qui est en
ceci plus classique car elle évoque les projets des femmes
comme les pièces traditionnelles éclairent le destin des personnages vers la fin de l'œuvre dramatique.

Dans *Elles disent... l'Odyssée* Lagarce fait, par conséquent,
l'hommage à l'attente de Pénélope, il accentue l'interpréta-
tion de son image et de son oblativité dans les siècles. Et
pourtant, Pénélope de Lagarce beaucoup plus que la cano-
nique n'a aucun choix, elle doit attendre son mari apriori. Sa
Pénélope est envahie par la fatigue de son attente jusqu'à la
vieillesse, elle est un des rares personnages féminins de Lagarce qui n'est pas contente du retour de son mari prodigue:

> Il faut me laisser m'oublier. Il faut que je perde tous les souve-
> nirs et toutes les joies inutiles. [...] Il faut me laisser comme une
> vieille femme, comme un corps mort trop lourd. [...] Ils diront
> qu'elle est l'Exemple et la Vertu, ils diront que toujours on gar-
> dera son image de femme fidèle [Lagarce, 2019: 70].

C'est donc pour la première et pour la dernière fois dans
la dramaturgie de Jean-Luc Lagarce que l'attente est prise au

sens purement destructif, une attente qui conduit à une déception et qui ne peut être résolue qu'en oubli. L'oubli dont les personnages de Lagarce ont d'habitude peur, l'oubli qui ne peut pas exister au sein de l'univers dramatique de Lagarce car ses personnages sont toujours en train d'accomplir une archéologie des souvenirs, de vivre leur passé qui, comme nous l'avons déjà constaté, conditionne leurs existences. Cela veut dire qu'ils sont toujours en train de le nuancer et réactualiser en se servant de l'acte de parole. Ce processus de réactualisation passe se réalise par l'invention des faits, l'ajout des détails jusqu'à rendre ce passé totalement fictionnel. Il est, par conséquent, évident que paradoxalement l'oubli en tant qu'acte mental et émotionnel est remplacé par cette fictionnalisation procédant de la verbalisation des mêmes faits du passé. La dramaturgie de Lagarce fonctionne donc par le retour du sujet et du discours au point de départ qui est bien sûr au passé ce qui renforce la poétique des plans verbaux du passé et de la rhapsodie des répétitions. Il faut souligner la puissance de l'acte de l'oubli dans le cadre de l'œuvre de Lagarce : dans cette pièce, comme dans tous les autres textes dramatiques de Lagarce, il n'existe qu'un seul personnage vraiment capable de le faire. C'est la déesse Circé qui avoue avoir oublier son mari qu'elle avait et elle n'a *gardé ni le souvenir du nom, ni du visage* ce qui prouve de nouveau que c'est une capacité inhumaine, praticable que par les habitants de l'Olympe. C'est également en révélant les peurs d'Ulysse d'être oublié par sa femme et son fils que Poséidon essaye de déstabiliser Ulysse et l'empêcher son *infini* retour. Il est également significatif que dans ce cas-là chaque fois que le membre de l'univers dramatique proclame ne pas pouvoir se souvenir de quelque chose ou de quelqu'un dont on lui rappelle l'existence, il crée une situation verbale de mensonge. Et c'est pour cela encore plus surprenant d'entendre Pénélope de Lagarce prier Ulysse à son arrivée:

> [...] jet e dis qu'il faut oublier, que c'est possible... [...]
> J'ai épuisé la vie à deviner ton corps et ton retour [Lagarce, 2019: 69].

Il est notoire que Télémaque de Lagarce se comporte parfaitement dans le paradigme typique de ses personnages. Le fils d'Ulysse est très proche de la plus jeune des sœurs dans *J'étais dans ma maison et j'attendais que la pluie vienne* au point où il ne connaît guère son père comme au moment de son départ à la guerre Télémaque n'était qu'un tout bébé. Ainsi Télémaque se souvient de son père uniquement d'après les souvenirs de Pénélope qui ne cesse d'en parler:

> Je serai sa joie, sa consolation, le fils du héros qui a bien grandi, qui est devenu sage et plus ou moins fort, aussi... [Lagarce, 2019: 32].

C'est exactement le contraire de son image antique quand Ulysse était apriori mort pour lui et sa mort résidaient exactement dans cette ignorance du père. Le départ et le voyage de Télémaque, comme le souligne Lagarce dans la scène 5, devient donc un voyage vers sa maturité, un voyage vers la place de père qu'il doit occuper et le voyage vers la vérité, cette vérité de son père qui pourrait être autre que les infinis récits de sa mère obsédée par l'attente et les souvenirs. Cette perception d'Ulysse par son fils est également renforcée par le fait que tout au long de l'action dramatique, à chaque pas de son long voyage à sa patrie Ulysse promet aux différentes femmes de ne pas les oublier –une certaine ruse propre à ce personnage dès l'antiquité se transforme dans d'*Elles disent... l'Odyssée* en une hypocrisie car ce n'est qu'à sa femme et son fils qu'Ulysse se souvient véritablement. Et ce n'est qu'à eux qu'Ulysse de Lagarce ne propose pas de se souvenir, il n'a peur que de tomber dans leur oubli. Dans les coins les plus lointains et perdus Ulysse ne cesse de rêver de son *pays lointain*, comme les autres *fils prodigues* de Lagarce. Ce *pays lointain*, c'est d'abord celui de l'enfance, celui qui est déjà loin lorsque l'on se retourne pour le voir encore. Mais ce pays resté intact en soi-même que la retrouvaille avec les êtres du passé pourrait ressusciter reste malgré tout toujours à distance, ce pays d'origine du personnage principal où il revient après toutes les années d'absence. Contrairement aux autres personnages du dramaturge, Ulysse n'a aucun message particulier à annoncer à sa famille restée dans ce pays, il aspire tout simplement à son retour là où il appartient et où il est le roi.

Le fait que Pénélope est pour Lagarce un personnage aussi ou même plus important qu'Ulysse est également prouvé par le fait que c'est elle qui devient la voix de l'auteur tout en apparaissant dans les scènes où elle devrait être absente et tout en intégrant, par conséquent, le parallélisme des espaces et des plans temporels, la vision de l'auteur de la fable ancienne et reconnu par cœur ainsi que du personnage d'Ulysse dans les didascalies – la forme du texte dramatique entièrement retravaillé par Lagarce dans ses autres écrits. Normalement absentes ou intégrées dans les répliques des personnages, les didascalies sont présentes dans leur forme classique dans chaque scène d'*Elles disent... l'Odyssée*. Il y a même des scènes, comme la toute dernière, qui ne sont composées que d'une didascalie. Il est pourtant notoire que la didascalie initiale est créée totalement à la manière dite typique de Lagarce : ce n'est qu'une énumération des noms des personnages sans aucune spécification. Dans le cas de cette pièce précise, une telle didascalie initiale nous emmène dès le début dans ce jeu d'«on le connaît déjà par cœur». Un jeu qui transforme en une proposition d'une vision nouvelle sur l'admis.

> Je suis mortel et je perds ce qu'il reste de ma vie à revenir dans mon pays [Lagarce, 2019: 59].

Ulysse n'apparaît que dans la scène 4. Il est très souvent accompagné des adjectifs comme « loin », « lointain », « solitaire » (et ce n'est pas uniquement lui, mais aussi son entourage, les endroits où il se refuge ou débarque qui sont décrits ainsi), il est pensé tout au long de la pièce et en tant qu'héros, et en tant que vainqueur. Dans la scène de son affrontement avec Poséidon, Ulysse prend un rôle du guerrier, un type anthropologique très présent dans l'univers dramatique de Lagarce, un personnage appartenant en même temps au plan du *pays lointain* ainsi qu'un mode de vie actif face au monde. Il introduit ainsi la matière fictionnelle et poétique hybride de l'entre-deux, un comportement communicatif. Et pourtant, si dans les pièces de Lagarce ainsi que dans ses écrits romanesques le personnage du guerrier est un alter-égo du personnage central, un alter-égo du protagoniste, dans cette pièce précise il est le tout centre. Sous la plume de Lagarce Ulysse apparaît toujours solitaire : dans le poème antique il a des compagnons qui n'existent pas au sein de la pièce en question, on entend que parler d'eux, ces compagnons passent dans le rang des fantômes. On pourrait dire qu'Ulysse, lui aussi, est un fantôme pour son fils qui ne l'a jamais vu ou bien pour sa femme qui l'attend depuis trop longtemps, ou pour son peuple qui s'en souvient en vieillissant et pourtant il est capable de revenir en vrai. Lagarce renforce en même temps le détour fictionnel d'Homère quand Ulysse doit *aller jusqu'aux Enfers* pour revenir en Ithaque. Ulysse plus que jamais dans l'histoire littéraire prend grâce au dramaturge français une dimension tragique de l'au-delà. Si dans la version antique cette descente dans le pays du non-retour est considérée parmi les exploits, Lagarce s'en utilise pour souligner cette rupture entre Ulysse et ceux qui l'attendent. Car en revenant, Ulysse est *jeune* comme dans les souvenirs qu'on a gardés et partagés de lui sauf que les autres, ceux qui l'attendaient, sont *vieux et fatigués*. Il reste, par conséquent, un personnage du plan épique et en même temps un fantôme revenu du *pays lointain*. Il est notoire dans cette perspective que tout *fils prodigue* au sein du théâtre de Jean-Luc Lagarce reste toujours jeune comme au moment de son départ. Par contre, Pénélope se transforme dans la toute dernière scène en un des personnages les plus réalistes créés par Lagarce : elle subit à toutes les conséquences de l'attente, elle pense à ce que l'attente l'a faite. C'est cette réflexivité en fait un personnage postdramatique car elle est engloutie par l'attente, elle le sent et elle seule en assume les conséquences. Cela souligne de nouveau qu'au sein de l'univers dramatique et littéraire de Lagarce l'attente est toujours un acte dramatique au sens de son caractère purement tragique, au sens où l'attente est le tout centre da sa fiction ainsi qu'au sens constructif quand elle y est incarnée par la parole et devient la seule action possible tout en mettant en scène le *tragique quotidien*. Ce *tragique quotidien* devient ainsi la thématique de recherche artistique de Lagarce d'après le poème épique qui est nommé parmi un

des premiers textes littéraires de l'humanité. C'est exactement grâce à ce *tragique quotidien* d'incompréhension, de
solitude communicative, d'attente récurrente qui envahit les
vies que les personnages antiques deviennent sous sa plume
plus humains que jamais. Et Ulysse, étant un des *fils prodigues* mis en scène par Lagarce, représente, malgé son retour
formel, une errance infinie. Ce fils prodigue devient également la métaphore de la parole dans notre époque qui se
cherche, qui veut être acceptée et répondue et qui s'enfuit
sans finalement jamais réussir. Par son errance, par son image
figé grâce à l'attente des autres, et plus précisément de sa
femme, qu'elle n'entend plus, Ulysse est au degré zéro de
l'existence-un point de départ et de retour à la fois, le non-
lieu, l'état intermédiaire sans repères temporels, géographiques, biologiques et identitaires ce qui l'apparente au
«pays lointain» comme la toute dernière destination de l'infini
retour et de l'infini départ.

L'attente est toujours un conflit tragique fort entre ceux
qui attendent et celui qui est parti en les délaissant. Et c'est
sur ce conflit entre Pénélope et Ulysse que Lagarce se foca-
lise. C'est exactement ce conflit qui dans les dernières scènes
bloque toute tentative du dialogue entre le mari et sa femme
dont toute parole est suspendue en attente, l'attente pénètre
dans le cœur même de sa parole prononcée sur scène. La
poétique de Lagarce, exposant sa compréhension du *tragique quotidien* est dans ce drame du langage quand la parole produite bouscule, en attente d'une réponse. Et c'est
pour cette même raison que la seule initiative plus au moins
réussie entre Ulysse et Pénélope et celle quand les deux personnages s'imaginent et parlent à la troisième personne au
singulier comme s'ils résumaient les répliques des autres et
étant complétement externes. Lagarce, tout en mettant en

scène dans *Elles disent... l'Odyssée* une attente communicative qui émane du désir subconscient du dialogue, d'un
échange fructueux qui est dans les fondements de tout langage humain, démontre comment l'attente, l'image inventée
et reconstruite de celui qu'on atteint peut détruire toute parole. La vie d'Ulysse devient, par conséquent, dans son inter-
prétation de Jean-Luc Lagarce, un drame du (non)retour, un
drame d'incompréhension et de rupture avec ce qu'il a laissé
en partant pour la guerre de Troie. Tout en se servant de sa
poétique unique du *théâtre du langage*, Lagarce a réussi à
proposer une nouvelle vision sur l'image et le caractère
d'Ulysse ainsi que de toute sa fable dans sa progression (a)
temporelle.

Bibliographie

AMBOISE, Bruno (2007): *Qu'est-ce qu'un acte de parole?*, Paris,
Vrin.
— (2008): *Le Récit de soi*, Paris, Presses Universitaires de
France.
— (2009): *Textes clés de philosophie du langage.* Vol. I : *signi-
fication, vérité et réalité*, Paris, Vrin.
— (2011): *Textes clés de philosophie du langage.* Vol. II: *sens,
usage et contextes*, Paris, Vrin.
ARTAUD, Antonin (1985): *Le Théâtre et son double/Le Théâtre
de Séraphin*, Paris, Gallimard.
AUSTIN, John Langshaw (1991): *Quand dire, c'est faire*, Paris,
Seuil.
— (2007): *Le Langage de la perception*, Paris, Vrin.
BARTHES, Roland (1957): *Mythologies*, Paris, Seuil.

Bollack, Jean (1997): *La Grèce en personne, les mots sous le mythe*, Paris, Seuil.

Bouillaguet, Annick (1996): *L'Écriture imitative : pastiche, parodie, collage*, Paris, Nathan.

Bourdieu, Pierre (1982): *Ce que parler veut dire : L'économie des échanges linguistiques*, Paris, Fayard.

Culioli, Antoine (1999): *Pour une linguistique de l'énonciation: Formalisation et opérations de repérage*, Paris, Éditions OPHRYS.

Danan, Joseph (2005): «Monodrame (polyphonique)», en *Lexique du drame moderne et contemporain*, ed. J. P. Sarrazac (Belval, Circé).

— (2016): *Entre théâtre et performance: la question du texte*, Paris, Actes Sud.

Deleuze, Gilles (1968): *Différence et répétition*, Paris, PUF.

Grésillon, Almuth (2016): *Éléments de critique génétique*, Paris, PUF.

Guenova, Vessela (dir.) (2017): *Réécriture et variation*, Sofia, Presses Universitaires.

Lagarce, Jean-Luc (2000): *Théâtre et Pouvoir en Occident*, Les Solitaires Intempestifs, Besançon.

— (2007a): *Journal 1977-1990*, Les Solitaires Intempestifs, Besançon.

— (2007b): *Journal 1990-1995*, Les Solitaires Intempestifs, Besançon.

— (2014): *Mes projets de mises en scène*, Besançon, Les Solitaires Intempestifs.

— (2019): *Elles disent... l'Odyssée*, Les Solitaires Intempestifs, Besançon.

Viprey, Jean Marie y Migeot, François (dirs.) (2000): *Répétition, altération, reformulation dans les textes et discours*, Semen 12.

El *Misterio del Cristo de los Gascones*, de Nao d'amores. Una reescritura contemporánea del teatro religioso prebarroco

Hugo Martín Isabel
Universidad Complutense de Madrid[1]

1. *Misterio del Cristo de los Gascones*. Génesis y concepto de un espectáculo

En 2007, con motivo de los actos para conmemorar el centenario de la Procesión de los Pasos, la Junta de Cofradías, Hermandades y Feligresías de Segovia, encargó a la compañía Nao d'amores –compañía residente en la ciudad hasta 2024 (Premio Nacional de Teatro en 2023)– la creación de un espectáculo inspirado en una de las tallas más emblemáticas de la Semana Santa segoviana: el Cristo de los Gascones. Nace entonces uno de los espectáculos más representativos de la compañía: *Misterio del Cristo de los Gascones*.

El Cristo de los Gascones es una escultura románica en madera policromada, datada entre los siglos XI y XII, con brazos articulados, custodiada y venerada en la Iglesia de los Santos Justo y Pastor de la capital segoviana. Según la leyenda, la escultura llegó a la ciudad a lomos de una mula ciega, seguida por caballeros alemanes y gascones, de donde tomó

---

[1] Este trabajo se integra en el proyecto «Constelaciones y redes digitales como herramientas para la documentación y análisis del patrimonio teatral del Madrid contemporáneo» (CONSTEMAD-CM, ref. PHS-2024/PH-HUM-437).

su nombre. No se tienen más datos sobre la llegada de la escultura y la forma en que era venerada en la ciudad, aunque la articulación de los brazos parece apuntar a que era utilizada para ceremonias paralitúrgicas en las que se representaba la Pasión de Cristo, según el rito de la *Depositio-Elevatio-Visitatio* [Zamora Tardío, 2008: 6-7], testimonio del cual queda en las tradiciones conservadas en municipios castellanoleoneses como Bercianos de Aliste (Zamora) y Villavicencio de los Caballeros (Valladolid).

Estos ritos paralitúrgicos tenían un marcado formato teatral, en los que la ciudadanía se involucraba activamente en la representación de los episodios de la Pasión que tenían como centro la talla escultórica. Partiendo de la teatralidad de estas ceremonias, Ana Zamora, directora de Nao d´amores, se propone elaborar una dramaturgia unitaria que reconstruya, con lenguaje contemporáneo, ese posible teatro religioso medieval, que podría considerarse origen del teatro en lengua española. Para ello, plantea un espectáculo sostenido sobre tres «dramaturgias» o «partituras» que se ensamblan y retroalimentan unas con otras:

a) Una partitura textual: sobre textos poéticos y teatrales que relatan la Pasión de Cristo, datados en los siglos XIV y XV.

b) Una partitura gestual: que ponga en valor la utilización de la talla del Cristo como títere y la integración de actores y músicos en el reparto de los diferentes personajes.

c) Una partitura musical: ideada sobre composiciones de los siglos XV y XVI y perfectamente integrada en la dramaturgia, reconstruyendo el carácter de «teatro musical» de estas primeras representaciones teatrales paralitúrgicas.

El objetivo de este artículo es analizar y comentar cada una de estas partituras, su proceso de elaboración y el modo en que se ensamblan para crear un espectáculo de notable interés, tanto artístico como académico, gracias al intenso trabajo de la compañía por la recuperación de textos prebarrocos para su puesta en escena contemporánea.

2. La partitura textual

Si tenemos en cuenta que la concepción de la *teatralidad* medieval es bastante distinta de nuestra idea literaria de teatro –heredera del Renacimiento– y que en la Edad Media «la pieza dramática era entendida como representación, como *performance*, y no como literatura» [Pérez Priego, 2009: 17], comprendemos enseguida la escasez de textos literarios escritos para una representación dramática como podría ser el rito paralitúrgico de la *Depositio-Elevatio-Visitatio*.

Ante esta escasez de textos teatrales, la dramaturgia de Ana Zamora debe recurrir a textos de diversos autores y fuentes, elaborando con ellos una partitura teatral propia, de estructura contemporánea, que permita al espectador seguir el relato de la vida y Pasión de Cristo, poniendo como centro la figura de la talla románica que da nombre al espectáculo. Se estructura, por tanto, una dramaturgia en tres actos, en la que destacan los personajes de la Virgen María y los apóstoles Juan, Pedro y Judas como recitadores, a los que debe sumarse María Magdalena, cuyo texto es siempre cantado. En el primer acto, se presenta al auditorio la figura del Cristo, que entra en la iglesia/teatro en brazos de Juan, para ser llorado por su madre en una larga lamentación, seguida de la representación del Nacimiento. El segundo acto relata la vida y pasión, a través de las Siete Angustias o Dolores de María, según la advocación popular. Para concluir, el tercer acto se inicia con la crucifixión, recuerda la resurrección y finaliza con una alabanza de Cristo como salvador del mundo.

Con esta estructura, Ana Zamora elabora una dramaturgia ensamblando fragmentos de obras de Gómez Manrique (*Lamentaciones fechas para la Semana Santa* y *Representación del Nascimiento de Nuestro Señor*), Alonso del Campo (*Auto de la Pasión*), Diego de San Pedro (*Pasión trobada* y *Las siete angustias de Nuestra Señora*) y fray Íñigo de Mendoza (*Coplas de la Vita Christi*)[2], a las que se suman también la letra de algunas de las composiciones que constituyen la partitura musical, como tendremos ocasión de ver en el apartado correspondiente.

Un ejemplo de este trabajo dramatúrgico de *recomposición* del texto medieval podemos encontrarlo en la cuarta escena del primer acto: «El Nacimiento». Se integran aquí fragmentos de dos textos: la *Representación del Nascimiento de Nuestro Señor*, de Gómez Manrique y las *Coplas de Vita Christi*, de fray Íñigo de Mendoza [cf. Zamora Tardío 2008: 24-25]. La escena se abre con un parlamento de María, compuesto por dos redondillas del texto de Gómez Manrique [vv. 25-32][3] y una quintilla del texto de Mendoza [estrofa 88][4],

---

[2] La mayoría de estos textos pueden encontrarse en las ediciones de Pérez Priego, Miguel Ángel (2009): *Teatro medieval*, Madrid, Cátedra y Álvarez Pellitero, Ana María (1990): *Teatro medieval*, Madrid, Espasa-Calpe.
[3] Para el texto de Gómez Manrique seguimos la edición de Pérez Priego [2009].
[4] Para el texto de Fray Íñigo de Mendoza seguimos la edición de Rodríguez-Puértolas [1968].

que se integran en una misma musicalidad gracias al común verso octosílabo. Sigue la escena con el texto de Gómez Manrique, repartido entre los diferentes integrantes de la compañía, tanto actores como músicos. Cada uno pronuncia una redondilla, mostrando al niño el elemento de la pasión que describe [vv. 129-160]. Todo ello precedido por otra estrofa introductoria perteneciente al *Magníficat* del texto de Manrique y pronunciada por San Juan [vv. 41-44].

Con este trabajo, Ana Zamora consigue un texto estructurado de forma clara, con un mensaje directo y coherente para el espectador contemporáneo. Logra, además, cierta ironía trágica, al mostrarse ante el niño recién nacido los elementos de su pasión, que será escenificada con posterioridad. Se consigue también un juego numérico con la estructura de la dramaturgia completa, pues se presentan siete elementos ante el niño, con estrofas pronunciadas por siete actores (todos los integrantes de la compañía, a excepción de la actriz que encarna a Santa María), que representan las siete escenas que integrarán el acto segundo, siguiendo los siete Dolores de María.

3.   La partitura gestual

Si tenemos en cuenta que el teatro medieval «oscila descompensadamente entre la palabra y el gesto» [Pérez Priego, 2009: 17], entendemos la necesidad de la compañía de realizar un exhaustivo trabajo de investigación sobre el espacio y el trabajo gestual del actor en la reconstrucción contemporánea de este teatro medieval. En este sentido, en el montaje de Ana Zamora, resulta esencial el trabajo alrededor del títere –que pivota todo el espectáculo– construido a partir de la reproducción de la escultura románica original del Cristo de los Gascones.

Este trabajo de títeres se convierte también en seña de identidad de Nao d'amores, que recurre a él en la mayor parte de sus montajes, tanto previos como posteriores al *Misterio del Cristo de los Gascones*. El gusto por el teatro de títeres, además de por su vinculación con el teatro medieval, viene dado por la estrecha relación de la compañía con el Festival Internacional Titirimundi, celebrado en Segovia. Aquí destaca el trabajo de David Faraco, miembro estable de Nao d'amores, actor y manipulador de títeres, miembro además de la compañía danesa Sofie Krog Teater.

Además de ser uno de sus diseñadores, junto a Miguel Ángel Coso y Sofie Krog, Faraco es el manipulador principal del Cristo/títere en el montaje, donde interpreta el personaje de San Juan. Pero dadas las dimensiones del títere y lo complejo de su movimiento en escena, es necesario que todos los miembros de la compañía se involucren en su manipulación, en especial los actores que encarnan los personajes de San Pedro y María Magdalena. De este modo, el Cristo de los Gascones se convierte en un títere *bunraku* a tamaño natural, con un manipulador para la cabeza y el brazo derecho (San Juan), otro para el torso y el brazo izquierdo (San Pedro) y un último para los pies (María Magdalena). Los movimientos de sus articulaciones se complementan además con un mecanismo facial que le permite abrir y cerrar los ojos, cobrando vida ante los espectadores cada vez que mira al público.

El Cristo es un personaje sin voz, que habla únicamente con su cuerpo de madera y sus ojos, que cobra vida gracias al trabajo de los manipuladores y la gestualidad de los actores que lo acompañan en las escenas que narran los diferentes episodios de su vida. Lo vemos asustarse con el agua cuando va a ser bautizado, disfrutar acompañando con la pandereta a los músicos, entrar a lomos de la burra/actriz en Jerusalén y resistir la tentación ante el cuerpo que danza de María Magdalena.

En palabras de la directora, Ana Zamora [2008: 15], el teatro de títeres se integra idealmente dentro de las reglas del teatro medieval, dado que se trata de «un teatro no regulado por paradigmas realistas rígidos, ni preocupado por anacronismos», por eso deciden elegir «el teatro de títeres como recurso que acumula todas las inverosimilitudes posibles». Sigue, de este modo, una estrategia estético-estilística marcadamente teatral, con tendencia a lo poético –siguiendo la terminología de la profesora Martínez Valderas [2017]– que se mantendrá como seña de identidad de la compañía, empleada de forma muy característica en la mayor parte de sus montajes.

Dentro de esta estética poético-teatral, además del trabajo de títeres, juega un papel fundamental el diseño de escenografía y vestuario. El espacio escénico, concebido por Richard Cenier, divide el escenario en dos secciones, gracias a una gran alfombra circular colocada en el centro de espacio escénico. Esta alfombra, con el diseño impreso de un planeta, un astro, la luna o el propio sol, será el lugar dónde se manipule al Cristo. Espacio reservado para la ritualidad del títere, para la representación de las escenas sagradas, los episodios tomados de las Sagradas Escrituras. Alrededor de este centro «planetario-ritual» se colocan los cuatro músicos, rodeando la escena y acompañándola en todo momento, esperando el momento en que entrarán en el espacio sagrado, se convertirán en personajes e interactuarán con el Cristo. También en los márgenes, en el lugar que queda fuera del centro, pronunciará Santa María los discursos más largos, más reflexivos, más poéticos, lanzados directamente al público, que vive en sus palabras la tragedia.

Así, por ejemplo, en la escena de «El Bautismo» (primera escena del acto segundo [cf. Zamora Tardío, 2008: 25-26]), Santa María pronuncia su lamentación, tomada de la *Invocación a Nuestra Señora,* de Diego de San Pedro, fuera del espacio circular central, en el que tiene lugar, con toda ritualidad, la representación del episodio. El bautismo de Cristo se relata sin texto, únicamente con las acciones del títere y los músicos que lo acompañan, en especial con el sonido de un palo de lluvia que representa el agua. Agua que descubre el Cristo-títere cuando introduce en ella un pie, se sorprende y con su mirada trasmite al público su ingenuidad, su sencillez, su candidez típica de la escultura románica.

El vestuario, diseñado por Débora Macías, enfatiza también la sencillez del montaje y su estética poético-teatral. Tanto actores como músicos visten largas levitas negras y llevan alrededor de la cabeza una cinta, también negra. A lo largo de la función, cada uno de los intérpretes, llegado el momento, descubrirá bajo su chaqueta un reverso rojo, brillante, simbólico color de la pasión, contrastado con el negro que inundaba hasta el momento todo el cromatismo de la puesta en escena. Así, poco a poco, el vestido de los intérpretes se irá tornando de negro a rojo, de luto a sangre, de dolor a pasión[5]. Detrás de la aparente sencillez del vestuario hay una fuerte carga simbólica, igualmente presente en el único vestido distintivo, el que lleva la cantante/actriz que encarna a María Magdalena. Dada la singularidad de su per-

---

[5]   Pueden verse los figurines dibujados por Débora Macías, en la publicación de Zamora Tardío [2008: 14].

sonaje y las connotaciones que tiene en la historia de la Pasión, es la única que lleva un vestido corto, de color rojo, cuyo movimiento será fundamental para simbolizar el pecado en la escena de «Las Tentaciones» (tercera escena del acto segundo [cf. Zamora Tardío, 2008: 26]), mientras danza ante la figura del Cristo.

En el vestuario también es importante la cinta que los actores/manipuladores del Cristo llevan alrededor de la cabeza, pues en los momentos en que deben «desaparecer» para manejar al títere con la técnica del *bunraku,* se convierte en una máscara neutra que cubre su rostro con un riguroso color negro. El sencillo gesto de bajarse la máscara, permite distinguir simbólicamente entre el actor/personaje (San Juan o San Pedro) o el actor/manipulador, que no encarna nada, y está solo al servicio del Cristo como personaje central.

Esta partitura gestual se complementa y retroalimenta con la partitura musical, ya que las escenas sin texto no serían concebibles sin el uso de la música, además de la intervención de los músicos como «personajes figurantes» en las diferentes escenas de las angustias de María: la intérprete de flautas e instrumentos de viento se convierte en la burra que lleva a hombros a Cristo en su entrada en Jerusalén; la intérprete de viola de gamba se convierte en uno de sus apóstoles durante la Última Cena, etc.

Por otro lado, la composición visual de las escenas de la Pasión tiene un marcado carácter pictórico. Se muestran, en muchas ocasiones, como una «foto fija». O más bien, como un cuadro, inspiradas por una de tantas representaciones pictóricas de la Pasión que se conservan en los museos de la ciudad de Segovia y que datan entre los siglos XIV y XV. Así, la escena de la crucifixión parece transmitir la esencia del *Cristo crucificado*, de Pedro Berruguete, conservado en la

Diputación Provincial de Segovia; el llanto de San Pedro sobre el cadáver de Cristo reproduce la disposición de la pequeña escultura de la *Piedad,* de autor desconocido, que custodia el Museo de Segovia, o de la pintura, también anónima, que refleja el *Descendimiento*, expuesta en la misma institución.

Si tenemos en cuenta el amplio trabajo de documentación visual que realiza la compañía y su directora, Ana Zamora, en cada montaje, no podemos dudar de las referencias que se toman de estas obras plásticas para la composición visual de las escenas. Este trabajo plástico, con un amplio poder de la imagen, enfatiza también la sencilla estética poético-teatral de la puesta en escena.

4.   La partitura musical

La dirección musical de Alicia Lázaro es otra de las señas de identidad de Nao d'amores que integra la música en cada uno de sus montajes, con un esmerado trabajo de investigación sobre las piezas musicales más acordes con el texto y la historia que se transmite a los espectadores.

Alicia Lázaro (1952-2022) fue una de las más destacadas musicólogas españolas, experta en la investigación y recuperación de la música medieval y renacentista del ámbito castellano. Fundó y dirigió la Capilla de Música Jerónimo de Carrión, con sede la Catedral de Segovia, de cuyo archivo recuperó importantes piezas musicales (destaca el conocido como Cancionero de Segovia), por lo que fue nombrada directora de la Sección de Investigación de la Fundación Don Juan de Borbón y académica correspondiente de la Real Academia de Historia y Arte de San Quirce.

Según indica la propia Alicia Lázaro [2008: 19] la música que acompaña las representaciones de la Pasión en la Edad Media puede dividirse en «dos estilos, que responden a dos tipos de celebraciones: las litúrgicas, y las paralitúrgicas o teatrales (Autos y Misterios)».

De la música que acompañaba a las celebraciones litúrgicas conservamos testimonios desde el siglo XIII. Se trata de composiciones con texto en latín, basadas en los Evangelios de san Mateo (Domingo de Ramos) y san Juan (Viernes Santo), que se originaron en la monodia del canto gregoriano y fueron incorporando polifonía en algunas partes con el paso del tiempo. De estas *Pasiones* toma Alicia Lázaro algunas piezas para el *Misterio del Cristo de los Gascones*, especialmente de las *Pasiones*, de Juan de Achieta, conservadas en un códice de la Parroquia de Santiago, en Valladolid; y del incunable *Passionarium Toletanum*, impreso en Toledo y con ejemplares conservados en la Biblioteca Nacional de España [cf. Zamora Tardío, 2008: 33].

Por otro lado, la música que acompañaba a las celebraciones paralitúrgicas (Autos y Misterios) ha llegado a nosotros de forma más fragmentaria y dentro de colecciones de músicas sacras y profanas, compiladas en un mismo códice, a las que damos el nombre de cancioneros. En el ámbito hispánico, destacan dos de ellos: el *Cancionero de Palacio* y el *Cancionero de Segovia*, copiado en esta ciudad en época del episcopado de Juan Arias Dávila (1465-1497) [Lázaro Cadena, 2008: 20]. De este *Cancionero de Segovia*, extrae Alicia Lázaro muchas de las composiciones que forman la partitura musical del *Misterio del Cristo de los Gascones*, además de otras piezas tomadas de los *Cancioneros de Palacio, Upsala* y *Montecasino*.

Las piezas musicales seleccionadas, tanto las que tienen texto en latín como en romance, se integran con la dramaturgia textual, supliendo, en ocasiones, lagunas o recortes de los propios textos. Se crea así, una singular dramaturgia que alterna canción y recitado, cercana, de algún modo, a la dramaturgia del teatro musical [cf. Cruz, 2016: 180-181]. A continuación, analizaremos dos escenas en las que el texto de la música se integra con el texto literario recitado: una con texto en latín, procedente de la música litúrgica; otra con texto en romance, procedente de la música popular.

La séptima escena del acto segundo representa «Las negaciones de San Pedro» y supone la última de las angustias de Santa María que estructuran toda la dramaturgia de este segundo acto. Como base textual para la escena, Ana Zamora toma el *Auto de la Pasión,* de Alonso del Campo. Como apunta Miguel Ángel Pérez Priego [2009: 66] este «texto se ha conservado fragmentariamente en un libro de cuentas de la catedral de Toledo. [...] Su autor fue Alonso del Campo, capellán de coro de la catedral, receptor de cuentas de la capilla de San Blas y sacristán de la de Santiago». Del fragmento que conservamos, alrededor de una cuarta parte (unos 141 versos), copia literalmente la *Pasión trobada* y *Las siete angustias de Nuestra Señora*, de Diego de San Pedro. Además, «en opinión muy plausible de Alberto Blecua, el autor refundió también en su texto una antigua *Pasión* toledana, que podría ser del siglo XIII, pero que hoy no conocemos» [Pérez Priego, 2009: 67-68].

Esto indicaría, por tanto, un proceso habitual en la Edad Media, que supondría la refundición de los textos para adecuarlos a los ritos paralitúrgicos en los que eran utilizados. Este proceso de refundición se asemeja a la metodología empleada por Ana Zamora para la creación de su dramaturgia, en la que toma los diferentes textos conservados y los reestructura, junto a las piezas musicales, para generar una nueva pieza acorde a los parámetros del teatro contemporáneo.

La escena de «Las negaciones de San Pedro» se abre con un canto coral de toda la compañía (actores y músicos), con el siguiente verso latino de la *Pasión según San Juan*, de Juan de Achieta:

Numquid et tu ex discipulis es hominis istius?
«¿No eres tú también de los discípulos de ese hombre?».

Este verso está tomado directamente del *Evangelio según San Juan*, en la traducción de la *Vulgata* [Juan 18:17] y corresponde a la pregunta que la portera formula al apóstol cuando este quiere entrar al patio del Sumo Sacerdote. La pregunta cantada en latín en el *Misterio del Cristo de los Gascones*, vuela entre los actores y los espectadores, para introducir el texto en romance tomado del *Auto*, de Alonso del Campo [vv. 181-220], que es modificado puntualmente por Ana Zamora para adecuarlo a los parámetros contemporáneos.

Así, la primera intervención de San Pedro se reduce de ocho a cuatro versos [vv. 181-185] y las intervenciones de la criada (la *ançilla*, según el manuscrito), se reparten entre los personajes de Santa María, María Magdalena y Judas. Toda la escena, sigue con acompañamiento musical, con el bajo de la *Pasión* de Achieta sonando sobre el recitado. Esto permite intercalar el canto latino *«Non sum»* después de cada intervención de San Pedro, funcionando como un eco que resimboliza la negación del apóstol, ya profetizada por Cristo en la Última Cena.

Como podemos ver, la gran carga textual recae aquí en el recitado de los actores, en lengua romance, al que se suma el texto latino de la composición musical como un complemento. La escena, con un montaje sobrio, pues únicamente vemos aquí al personaje de San Pedro en el centro del escenario, con la intervención de los diferentes personajes que lo interpelan, se sustenta básicamente en la imbricación de la música y el recitado, en un sincopado ejercicio de ritmo e interpretación conjunta, marcas de identidad de Nao d'amores.

La escena culmina, como todas las anteriores, con un lamento de Santa María, tomado esta vez de la *Invocación a nuestra señora* del *Tratado de amores de Arnalte y Lucenda,* de Diego de San Pedro [estrofa 28[6]]:

> ¡Oh sagrada hermosura
> que así se pudo perder!
> ¡Oh dolorosa tristura!
> ¡Oh madre tan sin ventura,
> que tal has podido ver!

Para la escena de «La Crucifixión, el Descendimiento y la Piedad» (segunda escena del acto tercero), Ana Zamora toma textos de la *Pasión trobada*, de Diego de San Pedro y la letra de dos composiciones musicales: el romance *Tierra y cielos se quexaban* y la canción *Pues es muerto el Rey del cielo,* ambas del Cancionero Musical de Palacio.

Los textos de la *Pasión trobada* son puestos en boca de Santa María, que relata en ellos los prodigios naturales que acontecieron durante la crucifixión según los Evangelios. Ana

---

[6]   Para el texto de Diego de San Pedro seguimos la edición de Ruiz Casanova [2021].

Zamora, se toma aquí la libertad de modificar el texto en algunas ocasiones, manteniendo la estructura estrófica y el ritmo versal, pero actualizando las imágenes poéticas y el lenguaje, pensando en los espectadores. Así, vemos cómo cambia por completo los cinco versos finales de la estrofa 230:

Diego de San Pedro [ed. Ruiz Casanova]	Ana Zamora [2008]
Entonces escureció toda la lumbre del mundo; el sol claro se eclipsó, toda la tierra tremió fasta el abismo profundo; *las piedras todas se dieron unas con otras (llorad); los monumentos se abrieron; muchos sanctos resurgieron que vieron en la ciudad.*	Entonces escuresció toda la lumbre del mundo; el sol claro se eclipsó; toda la tierra tremió fasta el abismo profundo; *Y todos los elementos curso natural mudaron; las estrellas y los vientos por diversos mudamientos gran sentimiento mostraron*

La nueva estrofa creada por Ana Zamora se integra con la letra de la pieza musical que interpreta María Magdalena justo a continuación y que sigue el tema de los prodigios naturales acontecidos tras la muerte de Cristo:

Tierra y cielos se quexaban
el sol triste s´escondía
y el mar sañoso bramando
sus ondas turbias volvía.

Se trata de un fragmento del romance *Tierra y cielos se quexaban*, como antes comentamos, y que abre la parte musical que continuará con la pieza *Pues es muerto el Rey del cielo*, cuyo estribillo es cantado a coro por todas las músicos, en forma de *leitmotiv* entre las diferentes estrofas que pronuncia Santa María, funcionando como eco a su lamentación [cf. Zamora Tardío, 2008: 30], de un modo similar a cómo veíamos en la escena de las negaciones de San Pedro, con el «*Non sum*» que respondía cantando el coro.

Además de integrarse de este modo en las escenas, la música juega un papel fundamental en el montaje en lo referente a la creación de atmósferas. Dado el carácter de reconstrucción de un teatro paralitúrgico que tiene el espectáculo, es fundamental introducir al espectador en una atmósfera que lo transporte a un espacio sagrado. Ayuda, sin duda, el hecho de que el espectáculo esté concebido para representarse dentro de la iglesia de los Santos Justo y Pastor, en Segovia, cuyas pinturas románicas sirven de escenografía *site specific*. Es importante señalar que, para su estreno en Madrid, se eligió la Sala Juan de la Cruz, del Teatro de la Abadía, una iglesia reconvertida en teatro, facilitando también la generación de esta atmósfera.

Pero la compañía va un paso más allá y juega con todos los sentidos de los espectadores que, según acceden a la sala, notan un característico olor a incienso que remite al interior de un templo o una procesión de Semana Santa. La Semana Santa también está presente en el espacio sonoro del espectáculo, con el uso de grandes carracas, que generan un enorme estruendo al comienzo de la función, sorprendido al espectador y recrean asimismo los temblores de la tierra durante las escenas en las que se relatan los prodigios naturales que antes tuvimos ocasión de analizar. Además, un característico bajo de zanfona acompaña casi toda la función, remitiendo simbólicamente a la tragedia y el dolor de la pasión de Cristo.

5. Un espectáculo para una ciudad. El *Misterio del Cristo de los Gascones* y la Semana Santa segoviana

Como decíamos al inicio, el *Misterio del Cristo de los Gascones* nace como un encargo para conmemorar el Centenario de la Procesión de los Pasos, acontecimiento central de la Semana Santa segoviana. Además, como hemos podido ver, la investigación histórico-artística que realiza Nao d'amores para la creación de su espectáculo está centrada en la ciudad de Segovia, tanto en la búsqueda de referentes visuales (obras de arte conservadas en museos segovianos), de piezas musicales (muchas extraídas del *Cancionero de Segovia*) y el trabajo a partir de la figura articulada del Cristo de los Gascones, que podría tener una funcionalidad paralitúrgica.

Pero, además de todo esto, el *Misterio del Cristo de los Gascones* se ha convertido en una cita fundamental en la Semana Santa segoviana, desde su estreno en 2007, representándose todos los años la semana previa al inicio de las celebraciones litúrgicas. Sigue representándose dentro de la iglesia de los Santos Justo y Pastor, con el excepcional decorado de sus pinturas románicas, la atmósfera litúrgica de una iglesia que aún conserva el culto y la expectación de un público que acude fiel a la cita, a la tradición, a la liturgia del teatro.

La Semana Santa de Segovia ya no puede entenderse sin el *Cristo de los Gascones*, de Nao d'amores, que ha mostrado y divulgado el interés cultural de Segovia y sus tradiciones allá donde ha representado alguna de sus funciones. Pero, además, la creación de Ana Zamora también permeó durante un tiempo en los ritos tradicionales de la ciudad de Segovia y estableció una nueva tradición, cada Jueves Santo, con la intervención de los miembros de la compañía en la procesión de Cofradía Penitencial de Nuestro Señor Jesús con la Cruz a Cuestas y María Santísima de las Angustias de la Asociación de Exalumnos Maristas (A.D.E.MAR).

En esta procesión se conducen dos imágenes: un Jesús Nazareno con la cruz a cuestas, de José de Quixal y una Virgen de las Angustias, de autor anónimo, desde la capilla del Colegio de los Hermanos Maristas (sobre el alto de la Piedad) hasta la Catedral. El recorrido de estas imágenes debe entrar en el recinto amurallado de la ciudad a través del arco de San Andrés (o Arco del Socorro), lugar donde, hasta 2024, tenía su sede Nao d'amores, en una pequeña casa adosada a la muralla. Al paso del Cristo y la Virgen, que deben pararse para pasar despacio por el estrecho hueco del arco, los actores y músicos de Nao d'amores salen a los balcones de su casa, adornados con mantones de manila, y cantan y recitan a las imágenes textos y canciones que componen la dramaturgia del *Misterio del Cristo de los Gascones*.

Abajo, cientos de segovianos y visitantes esperaban durante horas en la pequeña Plaza del Socorro, deseosos de presenciar uno de los momentos más singulares y especiales de la Semana Santa segoviana: escuchar textos y músicas sobre la Pasión de Cristo, datados en el siglo xv y recuperados ahora con plena actualidad, integrados en la ceremonia paralitúrgica de la procesión, como si fueran saetas, lanzadas desde algún balcón en alguna ciudad andaluza, al paso de sus imágenes. La creación de Nao d'amores y Ana Zamora, conseguía así reactivar, revitalizar y reavivar, una tradición antigua, fundamental –y a veces demasiado hosca, sobria– de la Semana Santa segoviana.

Lamentablemente, la decisión política de desvincular a Nao D'Amores de Segovia y romper su acuerdo como compañía residente en la ciudad ha interrumpido esta tradición desde 2024.

6.   Algunas palabras para concluir

El *Misterio del Cristo de los Gascones* es un espectáculo interesante por su peculiaridad, por haber sido una de las pocas aproximaciones contemporáneas al teatro religioso medieval en lengua española y haber logrado consolidarse como una tradición más de la Semana Santa de la ciudad en la que y para la que fue creado: Segovia.

Las tres partituras que se imbrican en este espectáculo: textual, gestual y musical, reconstruyen de forma acertada la esencia y el espíritu del teatro paralitúrgico medieval, tomando los ingredientes necesarios, con sencillez, pero un cuidado esmero y atención por ser fieles a los testimonios históricos, a las noticias conservadas sobre algunas de estas puestas en escena, a los textos y las músicas conservados y, especialmente, a la figura del Cristo de los Gascones, que se presenta como centro del espectáculo, pivotando todas las partituras entorno a él.

Ana Zamora ha investigado en profundidad para este espectáculo y ha sabido elaborar una dramaturgia contemporánea, de acuerdo con los parámetros habituales, que se muestra asimismo fiel al espíritu del teatro medieval, con una teatralidad más basada en las acciones, la música y el recitado que en el desarrollo propio de una historia a través de un texto dialogado. Se trata más de un concepto de «espectáculo» que de «teatro» [Allegri, 1992: 27-28]. Además, la recomposición del texto y la música partiendo de fuentes diversas, con la finalidad de generar una dramaturgia unitaria, queda también acorde con el espíritu de los «dramaturgos» encargados de los dramas paralitúrgicos medievales, como hemos tenido ocasión de señalar al hablar del modo en que se compuso el *Auto de la Pasión*, de Alonso del Campo.

Bibliografía

ALLEGRI, Luigi (1992): «El espectáculo en la Edad Media», en *Teatro y espectáculo en la Edad Media*, ed. L. Quirante Santacruz (Alicante, Instituto de Cultura Juan Gil-Albert), 21-30.

ÁLVAREZ PELLITERO, Ana María (1990): *Teatro medieval*, Madrid, Espasa-Calpe.

CRUZ, José (2016): «Dramaturgia del libreto del teatro musical», en *Manual de dramaturgia*, ed. F. Doménech (Salamanca, Ediciones Universidad de Salamanca), 179-189.

LÁZARO CADENA, Alicia (2008): «Un viaje musical para una imagen viajera», en *Misterio del Cristo de los Gascones*, ed. A. Zamora (Segovia, Nao d'amores), 19-21.

MARTÍNEZ VALDERAS, Jara (2017): *Manual de espacio escénico. Terminología, fundamentos y proceso creativo*, Granada, Ediciones Tragacanto.

PÉREZ PRIEGO, Miguel Ángel (2009): *Teatro medieval*, Madrid, Cátedra.

RODRÍGUEZ-PUÉRTOLAS, Julio (1968): *Cancionero de Fran Íñigo de Mendoza*, Madrid, Espasa Calpe, Colección Austral.

RUIZ CASANOVA, José Francisco (2021): *Diego de San Pedro: poesía completa*, Madrid, Cátedra, Letras Hispánicas.

ZAMORA TARDÍO, Ana (2008): *Misterio del Cristo de los Gascones*, Segovia, Nao d'amores https://www.naodamores.es/wp-content/uploads/2022/04/LibroEspectaculo.pdf [19-06-2023].

Adaptación, traducción y puesta en escena de la pastoral *Mirtilla* (1588), de Isabella Andreini

María del Valle Hidalgo Jiménez
Universidad Complutense de Madrid

Introducción

Abordamos la adaptación para la puesta en escena de la pastoral *Mirtilla* (1588), primera obra de teatro que conservamos firmada por una mujer seglar, publicada en el siglo XVI, cuya autora, Isabella Andreini (Padua, 1562-Lyon, 1604) hizo famoso, como actriz, el personaje de la Enamorada de Commedia dell'Arte, con la prestigiosa compañía Gelosi, en la Europa renacentista[1].

A pesar del renovado interés por Isabella Andreini gracias a investigadoras que ponen de relieve su valor como pionera de la dramaturgia femenina[2], no contamos con ninguna traducción previa de *Mirtilla* al idioma español, por lo que el primer condicionante es la necesidad de traducir la obra desde el original italiano y para ello, he decidido mantener la estructura poética, conservando la métrica original en heptasílabos y endecasílabos.

---

[1]   Para ampliar información sobre Isabella Andreini y su significación histórica, consultar Hidalgo, 2023: 26-33

[2]   Entre las que cabe destacar a María Luisa Doglio, que ha editado una versión comentada en italiano de *Mirtilla* (1996), y las traductoras de esta obra al inglés Julie D. Campbell (2002), Julia Kisacky y la editora Valeria Finucci (2018).

Otra consideración importante es el riesgo de producir un espectáculo de un género que no es habitual en nuestra cartelera actual y de una autora desconocida para el gran público. Esto, unido al carácter de investigación del proyecto, hace que el ámbito universitario sea el elegido para su puesta en escena. Constituimos el grupo de teatro UCM Dulcineandante con alumnos de las Facultades de Filología y Psicología, con el que hemos realizado varias representaciones de la versión titulada *Mirtilla*, un sueño de Isabella Andreini[3] con una hora de duración.

Mirtilla Pastorale de Isabella Andreini

Mirtilla es una de las primeras obras de la dramaturgia femenina seglar y la primera editada en el siglo XVI. Pertenece al género pastoral o fábula de los bosques en italiano, cuyo máximo exponente es *Aminta* (1573), de Torquato Tasso, que fue traducida a otros idiomas, entre los que se incluye la celebrada traducción al español de D. Juan de Jáuregui (1607)[4], reeditada en numerosas ocasiones. En nuestro siglo ha vuelto a traducirse por Fabio Morábito[5]. Es importante destacar la relevancia de estas traducciones, teniendo en cuenta que el teatro italiano de esta época no se ha traducido históricamente al español a excepción de *Aminta* y *El*

---

[3]   Página web del espectáculo *Mirtilla, un sueño de Isabella Andreini*, actualizada con las fechas de las representaciones, reconocimientos, apariciones en medios de comunicación, material gráfico y audiovisual [Hidalgo, s.f., https://www.valle-hidalgo.com/*Mirtilla*-un-sueno-de-isabella-andreini/].

[4]   Tasso y Serassi, 1830.

[5]   Tasso y Morábito, 2001.

pastor Fido, que tradujo doña Isabel Correa[6], como expone García Yebra (1994), «la verdad es que en esta época la traducción, en general, se tuvo en poco. Motivado por la importancia que se daba a las obras originales».

Mirtilla se ajusta a las reglas de este género teatral escrito en verso, cuyas piezas de dividen generalmente en cinco actos, con un número variable de escenas. Mantiene muchos rasgos estilísticos de la época clasicista, como la abundancia de referencias mitológicas, pero es innovadora en otros aspectos, como la comicidad en el tratamiento de temas que habitualmente se exponen en tono dramático en otras pastorales, lo cual puede ser debido a la dedicación de su autora a la Commedia dell'Arte. En la comparación entre *Aminta* y *Mirtilla*, encontramos diferencias narrativas, teniendo esta última una forma más evolucionada de resolver los conflictos y presentar los puntos de giro. Por ejemplo, en *Aminta*, la protagonista femenina Silvia sale extrañamente a salvo de un enfrentamiento con lobos salvajes, y el protagonista masculino Aminta también sale prácticamente ileso después de despeñarse por un acantilado. En *Mirtilla*, en cambio, todo lo que ocurre es verosímil, lo que la acerca más a nuestros criterios actuales. En la obra de Tasso existe la circunstancia previa de la ruptura de la amistad entre los protagonistas tres años antes, mientras que en *Mirtilla* solo hay enamoramiento previo, pero no una relación de ningún tipo entre ninguno de los amantes. En cambio, se deriva de los diálogos que hay una relación previa de amistad entre las ninfas, lo que marca un tratamiento distinto de las relaciones de los personajes femeninos, muy probablemente debido al género de su autora.

---

[6]   Guarini, 1619.

Siendo mujer, imprime a su literatura algunos rasgos distintivos, como es el tratamiento de la amistad, la confianza y el apoyo mutuo entre los personajes femeninos, que está por encima del enamoramiento heterosexual. Incluso cuando las ninfas Mirtilla y Filli entran en pugna por estar enamoradas del mismo pastor, Uranio, desarrollan estrategias conjuntas para superar sus conflictos [Hidalgo, 2023].

Por otro lado, mientras que lo habitual dentro del género pastoral es que las situaciones triangulares estén formadas por una mujer que se encuentra entre dos hombres, en *Mirtilla* es un hombre quien está en el punto de mira de dos mujeres y existe un cuarto miembro del enredo amoroso, que es la mujer a quien ama el hombre que se disputan las otras dos.

María Luisa Doglio habla de *Mirtilla* como «un testo vicino al teatro»[7]. Tiene sentido que no lo considere un texto puramente teatral analizándolo a la luz de los parámetros que regían la escena a finales del siglo xx, cuando publicó su revisión La *Mirtilla*, o en el siglo xxi en el que estamos realizando la versión *Mirtilla*, un sueño de Isabella Andreini. No obstante, según apunta la autora acerca de su obra *Mirtilla*, en el prólogo de Lettere [Andreini, 1612]: «se n'usci per le porte della stampa, e si fece vedere nel Teatro del Mondo»[8], lo cual nos hace entender que, además de publicarse, también se representó.

Es importante señalar que, en nuestra época, la obra canónica del género pastoral, *Aminta*, podría considerarse me-

---

[7] «Un texto cercano al teatro» (Todos los fragmentos traducidos del italiano, tanto en las notas a pie de página como los diálogos que se presentan en el cuerpo del artículo, son de la autora de este artículo).

[8] «Salió por las puertas de la imprenta y se hizo ver en el Teatro del Mundo».

nos dramatizable que el texto que nos ocupa, sobre todo por el hecho de que las acciones ocurren siempre fuera de la escena y solo sabemos de ellas por lo que hablan los personajes. Sin embargo, se sabe que fue representada por la compañía Gelosi, muy probablemente con Isabella Andreini interpretando los personajes protagonistas de Aminta y Silvia, que no aparecen juntos en escena, en ningún momento.

Mirtilla nació para ser representada en un contexto histórico y con unos condicionantes de producción y difusión determinados. En la fecha que consta en la dedicatoria, 24 de febrero de 1588, Isabella llevaba aproximadamente una década trabajando con la compañía Gelosi, por lo que sería muy lógico suponer que los personajes hubieran sido escritos exprofeso para los actores cercanos a la autora, para sacar el mejor partido de ellos en las representaciones.

Mirtilla, un sueño de Isabella Andreini

Con el deseo de ofrecer una versión de *Mirtilla* que sea representable en la actualidad, se ha realizado una adaptación –tomando como base la edición de 1589[9]–, que también ha estado muy marcada por los condicionantes de la producción dentro del ámbito universitario UCM.

Hemos titulado esta versión *Mirtilla*, un sueño de Isabella Andreini, haciendo referencia al título original para favorecer su localización dentro del corpus de estudios sobre esta obra, y añadido «un sueño de Isabella Andreini», para reforzar la referencia a su creadora, además de que, tratándose de

---

[9]   Andreini [1598] reproduce la primera versión editada en 1588 y se encuentra escaneada, en línea, a través del buscador HathiTrust.

una versión reducida, necesitamos diferenciarla de la obra completa. Por otro lado, la introducción de la palabra «sueño» en el sentido de deseo, es un homenaje a la voluntad de Andreini de trascender la vida mortal a través de la literatura, al que nos proponemos contribuir con la puesta en escena y difusión de esta versión de su obra. Recordemos que la primera traducción de *Mirtilla* que se hizo al francés se titula *Amour des Berges*[10] y que las demás traducciones y revisiones mantienen el título original, aunque con ligeras variaciones[11].

Nos enfrentamos a la necesidad de reducir la duración escénica para poder adaptarla a los hábitos de programación actuales y los requerimientos de los eventos en los que se ha representado. Mientras que la obra original podría durar unas cuatro horas[12], nuestra versión dura una hora. Para lograr una reducción tan drástica del tiempo de representación fusionamos escenas modificando entradas y salidas de personajes, suprimimos a los pastores Tirsi, Iglio, Coridone, el cabrero Gorgo y el Sátiro –que no intervienen en la trama principal de esta adaptación, en la que no caben tramas secundarias–. No obstante, en la primera escena de la versión, que se corresponde con la escena primera del primer acto

---

[10]   Andreini y Sieur des Roches, 1599
[11]   La segunda traducción al francés añade el término *Bergerie* detrás de *Myrtille* [Andreini, 1602]. La revisión de Doglio y la traducción de Campbell añaden el artículo «La». Y la edición de Doglio, además, suprime la palabra *«Pastorale»*. El título de la edición de Finucci con traducción de Kisacky añade el artículo indefinido inglés «A», delante de *«Pastoral»*.
[12]   Se han cronometrado varias lecturas con una duración de tres horas. Teniendo en cuenta que el tiempo en escena se dilata por las acciones físicas y, en el caso del teatro del Renacimiento y el Barroco, los intermedios representados y/o cantados y bailados, podemos suponer que la obra completa podría durar en torno a las cuatro horas.

del texto original, hemos rescatado algunos de los parlamentos que corresponden al personaje de Tirsi, que se posiciona en este momento de la obra a favor del libre albedrío y en contra de la tiranía del amor, y los hemos puesto en boca de un coro, por considerar relevante la información que contienen y su función antagónica respecto al personaje de Uranio. En la obra original no existe ningún coro, pero esta decisión es afín con el género pastoral, puesto que aparece en otros títulos, como la ya mencionada *Aminta*, donde tiene cabida en varias escenas. Como también encontramos este recurso en las églogas griegas, que dan origen al género pastoral.

En aras de esta reducción de la duración escénica, se han tenido que hacer modificaciones sustanciales en la estructura. Mientras que el original –siguiendo el patrón del género pastoral– está compuesto de un prólogo y cinco actos, con un número de escenas variable entre ellos, nuestra versión tiene un solo acto con ocho escenas y dos secuencias que aparecen en pantalla, además de un prólogo que ponemos en boca de la propia Isabella Andreini, reproduciendo la dedicatoria a la marquesa Lavinia della Rovere. Traemos a la escena este paratexto pensado para la publicación y no para la representación, para abundar en el objetivo de fomentar el conocimiento de la autora y su significación en la historia de las artes escénicas. Sin embargo, el prólogo de la obra original a cargo de Venus y Amor, lo hemos fragmentado, intercalándolo entre las acciones de las ninfas Mirtilla, Filli y Ardelia y los pastores Uranio y Ópico, conformando las escenas segunda y octava, además de la secuencia primera, lo que potencia la circularidad de la estructura[13]. Con ello conseguimos no solo agilizar el discurso, sino traer sus acciones al tiempo presente –en lugar de los tiempos verbales pasado y futuro que emplean en su discurso original–. Además, se han suprimido los momentos en los que Amor adelanta lo que va a ocurrir, puesto que en el Renacimiento era habitual que las obras de teatro se iniciaran con un prólogo que resumía lo que iba a acontecer en la representación, pero esto es absolutamente inadmisible en el teatro actual, donde el público prefiere ir descubriendo el devenir de los acontecimientos.

Como hemos comentado en la introducción, esta adaptación conlleva una traducción del texto italiano, para la que se ha decidido mantener la estructura poética, que facilita el disfrute de las innumerables figuras retóricas como son las metáforas, las rimas, etc. Se ha buscado sobre todo la coherencia interna del texto en español, manteniendo en lo posible la fidelidad al original. En un primer acercamiento a *Mirtilla*, transformamos los versos heptasílabos y endecasílabos en octosílabos y dodecasílabos respectivamente, por ser métricas más afines al idioma español, realizando presentaciones de uno de los monólogos de Ardelia, con una duración de cuatro minutos[14] y una versión de diez minutos titulada *Mirtilla: El mundo gira*[15] en la que intervienen los persona-

---

[13] Circularidad que alcanza su cénit en la escena tercera del segundo acto de la obra original, de la que hablaremos más adelante.

[14] Se han hecho presentaciones grabadas en video del *Fragmento de Mirtilla: Monólogo de Ardelia* en el V Festival de Poesía y Teatro Clásico de la Universidad de Chile y en la VII Jornada Internacional sobre Traducción Letra Incógnita [Hidalgo, 2021 https://www.youtube.com/watch?v=vFy4BkqzizQ]

[15] Se han hecho representaciones de *Mirtilla: el mundo gira* en el I Laboratorio de Talentos de Castilla-La Mancha y en la XIV Muestra de Teatro Mínimo Y Monólogos UCM 2021. [Hidalgo, 2021 https://www.youtube.com/watch?v=32OGd-YmgiXg].

jes: Ardelia, Mirtilla, Uranio y Tirsi. Pero finalmente decidimos mantener la métrica italiana en heptasílabos y endecasílabos, que aporta mayor agilidad al texto en escena[16]. Respecto a la traducción, cabe mencionar también que en varias ocasiones hemos añadido perífrasis explicativas para facilitar la comprensión de la identidad de los innumerables personajes mitológicos a los que se alude en la obra, con los que el público actual no está tan familiarizado como la élite culta del Renacimiento.

Tanto la pieza original como la versión comienzan *in medias res* –los acontecimientos empiezan a contarse con la acción ya iniciada–, con Uranio perdidamente enamorado de Ardelia, siendo el único personaje que no cambia su afecto[17] y consigue su deseo inicial, que es el amor, o al menos la aceptación, de su amada Ardelia. En cambio, las ninfas van modificando sus sentimientos durante la obra; mientras que Mirtilla y Filli comienzan sufriendo por el rechazo de su amado Uranio y por la enemistad que ha nacido entre ellas a causa de esta pasión hacia el mismo pastor, Ardelia vive feliz rechazando a sus amantes y disfrutando de su libertad hasta que se enamora de sí misma y también prueba los rigores de la pasión amorosa. Al final, las tres ninfas acaban adaptando sus sentimientos para evitar el sufrimiento.

Para seleccionar los fragmentos que forman parte de esta adaptación, hemos puesto el foco en los aspectos más innovadores de Mirtilla respecto a otras pastorales, que pueden

---

[16] Previamente, las dos traducciones de *Mirtilla* al francés optaron por trasladarla a prosa, mientras que las traducciones al inglés respetan el número de versos, pero no su métrica. No tenemos referencias de la representación escénica de ninguna de ellas.

[17] En la obra original hay otros personajes que tampoco cambian sus inclinaciones, pero Uranio es el único en esta versión.

ser debidos al género de la autora y su dedicación a la Commedia dell'Arte. No obstante, las condiciones de la producción nos han obligado a renunciar a algunas subtramas relevantes como es la relación entre el Sátiro y la ninfa Filli[18].

> Respecto al motivo del rapto, habitual en las pastorales, donde los sátiros ejercen violencia sexual hacia ninfas y pastoras, la diferencia en *Mirtilla* es que el Sátiro se transforma de agresor en víctima únicamente debido al ingenio de la propia ninfa acosada, sin la intervención del personaje masculino que la pretende [Hidalgo, 2023].

Nos hemos centrado sobre todo en la presentación de los personajes y sus interacciones de los primeros actos, más que en la resolución que plantea el quinto acto, marcado por la aceptación –a veces apresurada y débilmente motivada– de la norma social de la época y las reglas dramatúrgicas del género, con el triunfo del amor conyugal heterosexual, en el que todos los personajes femeninos acaban renunciando a sus pretensiones iniciales y cediendo a los requerimientos amorosos de los personajes masculinos. Un «final feliz» según el gusto de aquel momento. En nuestro caso, aunque el conflicto principal –el amor no correspondido– no se resuelve al final de la obra con la formación de las tres parejas bien avenidas como en el original, también termina de forma favorable para los personajes, manteniendo el tono de comedia.

La escena más significativa de *Mirtilla* es la tercera del segundo acto y la conservamos casi íntegra, como escena cuarta, en nuestra versión. En ella, la ninfa Mirtilla quiere

---

[18] Este aspecto se trata en el guion para largometraje de ficción *La burla del Sátiro* [Hidalgo, 2021].

conseguir el amor del pastor Uranio y él la rechaza porque está enamorado de la ninfa Ardelia que, a su vez, lo rechaza a él. Toda la información se presenta de forma directa desde el principio, los personajes entran sabiendo cuál es el estado de la cuestión y también lo sabe el público, por lo dicho y ocurrido en las escenas anteriores. No hay ningún atisbo de suspense ni de sorpresa, sino que la atención se mantiene únicamente en base a algunos mecanismos que garantizan los efectos cómicos, por ejemplo, la alternancia dentro de un mismo parlamento de versos cortos y largos, que produce un efecto divertido al tratar temas de amor elevado y hasta dramático, con métricas propias de asuntos más cotidianos. Se aborda en tono de comedia el tema de la mujer rechazada, que habitualmente da origen al drama. Por ejemplo, en la misma escena tercera del acto segundo de *El pastor Fido*, también un hombre desprecia a una mujer; Silvio sigue a su perro y Dorinda le reprocha que sigue a un perro que le huye, mientras que ella le sigue y él, que la rechaza. En *Mirtilla*, Ardelia ocupa la misma posición que el perro huidizo en la pastoral de Guarini; la vemos en escena rechazando descaradamente a Uranio ante sus reiterados intentos de agradarla y a él, rechazando con la misma vehemencia a Mirtilla, quien le requiere con igual insistencia, lo que produce un marcado efecto cómico debido, entre otros elementos, a los cambios rápidos de Uranio entre el desprecio y la devoción. Este recurso lo encontramos también en *El sueño de una noche de verano*[19] cuando Herminia persigue a Lisandro quien a su vez –bajo

---

[19]   En la reseña «Vigilia de un día de primavera» se plantea la posible influencia de *Mirtilla* en la obra posterior de Shakespeare *El sueño de una noche de verano* [Hidalgo, 2020]

el efecto de un encantamiento–, requiere el amor de Elena, quien corre tras Demetrio, que la rechaza para ir detrás de Herminia. En esta escena, Andreini introduce diálogos inusualmente ágiles para el género, repitiendo hasta el paroxismo hilarante esta estructura circular en la que Mirtilla persigue a Uranio, que persigue a Ardelia, quien rechaza a Uranio, que rechaza a Mirtilla. Esta circularidad se concreta en los reiterados juegos verbales de diálogos entrelazados, en los que cada personaje copia parte de los versos del anterior, lo que nos remite al motivo del espejo, presente en otras escenas de la obra[20]:

Mirtilla:	Uranio, escúchame, que te amo tanto
	como las olas y algas a los peces
Uranio:	Ardelia, escúchame, que te amo tanto
	como laboriosa abeja a las flores
Ardelia:	¡Pastor, déjame ya! que te odio tanto
	como odia el lobo la oveja que bala
Uranio:	¡Ninfa, déjame ya! que te odio tanto
	como un ave a las engañosas redes
Mirtilla:	Menos color tiene la primavera,
	que amargo sufrimiento
	atormenta mi pobre alma, por ti
Uranio:	Menos estrellas brillan en el Cielo
	de la noche, que son
	las desdichas que me angustian, por ti.
Ardelia:	Menos pájaros se elevan al aire,
	que son las molestias
	que me afligen cuando te veo y te oigo

---

[20] La más significativa sería la escena cuarta del cuarto acto, en la que la ninfa Ardelia se enamora de su imagen reflejada en el agua, que también forma parte de la versión *Mirtilla, un sueño de Isabella Andreini* y sobre la que trataremos más adelante.

Uranio: Menos estragos hace el crudo Amor
            que ocasiona tormentos
            tu odiada presencia ante mi visión.

Otra peculiaridad que comparte esta escena de *Mirtilla* con *El pastor Fido*, es que se ofrecen regalos y no en el modo habitual en que los ofrecen los/as enamorados para cortejar a sus amados/as. En la obra de Guarini, el pastor Silvio ofrece dos manzanas que le dio su madre a la ninfa que le ama y a quien él rechaza, pero antes advierte al público que lo hace para engañarla, para que crea que sí la quiere. Andreini despliega originalidad y comicidad ofreciendo regalos a los amantes despreciados para que cesen en sus requerimientos amorosos. Así, Ardelia promete a Uranio entregarle a su mejor perro si deja de molestarla, y Uranio ofrece a Mirtilla un jarrón decorado con episodios mitológicos de Leda y el Cisne, Diana y Calisto, Ganímedes, y Dánae, si le deja en paz.

Como ya hemos visto, la amistad entre los personajes femeninos es uno de los motivos presentes en *Mirtilla* y también es el desencadenante de la situación con la que arranca esta escena, consecuencia de la anterior en que Mirtilla le ha pedido ayuda a Ardelia para conseguir el amor de Uranio, pensando que el pastor, rechazado en sus pretensiones hacia Ardelia, volvería su mirada hacia ella. Y así comienza este juego circular que sirve para acentuar la percepción de los sentimientos circulares de los personajes, que no cambian por más que la realidad les muestre una evidencia distinta. Los tres comienzan teniendo un objetivo y ninguno de ellos lo consigue. No evolucionan, sino que repiten el mismo mecanismo dentro de la estructura interna de la escena, de la que todos salen reforzados en sus convicciones. Aunque uno

de los aspectos de *Mirtilla* que menos nos ha interesado es
la descripción de las figuras amadas con los rasgos estereo-
tipados que provienen de la tradición petrarquista –y que
hoy en día no producen la admiración que pudieran despertar en aquel tiempo, sino más bien el rechazo de una imagen
de belleza normalizada impuesta, sobre todo, a la mujer[21]–,
hemos conservado la descripción que hace Uranio de su
amada Ardelia al comienzo de esta escena porque dramatúrgicamente nos interesa el hecho de que la escuche *Mirtilla*
y, a pesar del dolor que le produce, decida sobreponerse y
abordarle con sus requerimientos amorosos:

Uranio: Y sé que la belleza de mi diosa
es tal, que Amor ha puesto en ella el nido
y con su mano teje
los adorados nudos de sus trenzas,
con las que ata el corazón a mil amantes.
Son los ojos y cejas,
su arco y sus flechas, las que
jamás dispara en vano.
Su frente despejada,
la angostura donde atrapa a sus presas,
sus labios rojos son las llamaradas
con las que siempre enciende
al corazón más frío.
El ebúrneo pecho y los senos son

---

[21] En la obra de teatro *Dulcinea toma la palabra,* a la descripción que Don
Quijote hace de su amada: «sus cabellos son oro, su frente campos elíseos, sus
cejas arcos de cielo, sus ojos soles, sus mejillas rosas, sus labios corales, perlas
sus dientes, alabastro su cuello, mármol su pecho, marfil sus manos...» ella responde: «Estoy harta de tener que ser guapa, distinguida, hermosa, famosa, humilde, casta, rubia, blanca, morena, delgada... diríase, Don Miguel de Cervantes y
Saavedra, que os patrocinó la inmortal novela, alguna clínica de estética.» [Hidal-
go, 2018].

> prisión perenne del Amor y él mismo,
> en su satisfacción,
> de mi bella Ardelia
> es prisionero. Como ella le ha vencido,
> el propio dios Amor
> no tiene, contra ella, poder alguno.
> Así, vive feliz asesinando
> y de sus víctimas, se carcajea.

Mirtilla: Ay, Mirtilla doliente,
> que has oído de nuevo
> la causa de tus males.
> Ruego a mi congoja que, en esta guerra,
> me conceda una tregua. Que la paz,
> no la puede pedir
> una mísera amante.
> Resuelvo ser audaz
> para sobreponerme.
> El Cielo te bendiga,
> pedazo más preciado de mi alma.

La escena termina igual que comenzó, con una intervención del pastor Uranio reafirmándose en su amor hacia Ardelia –que ha roto el círculo vicioso con su mutis–, insistiendo, en ausencia de la amada, en el mismo discurso que previamente no había funcionado en su presencia. Y Mirtilla sufre nuevamente por la obstinación de Uranio e intenta nuevamente que la quiera. Tanto Uranio como Mirtilla, lejos de ceder en sus sentimientos no correspondidos, salen reforzados por el desprecio de sus amados, con argumentos más poderosos y parlamentos más extensos de los que exhibieron al comienzo. De esta forma, se refuerza el conflicto, lo que es muy conveniente para mantener la atención del espectador en esta posición central de la obra.

Otro fragmento de *Mirtilla* que ofrece gran interés es la escena cuarta del cuarto acto de la versión original, que constituye la séptima en nuestra adaptación. Momento en el que Andreini traslada al género femenino el mito de Narciso, haciendo que la ninfa Ardelia se enamore de su reflejo en una fuente y al que imprime, en algunos momentos, tintes de comedia que no están presentes en el texto de Ovidio (8 d. C.), donde aparece este relato por primera vez, en el Libro III de las *Metamorfosis* [22]. Aunque las pastorales suelen presentar muchas alusiones a otros motivos mitológicos, esta referencia intertextual al mito de Narciso es insólita hasta el momento en el género y queda implícito en el propio monólogo de la ninfa, cuando verbaliza:

> Ardelia: Mares, montañas, bosques, selvas y valles,
> ¿oísteis o visteis que alguna ninfa
> haya tenido jamás, peor destino?

A través de esta escena, Ardelia experimenta una importante transformación desde la felicidad y alegría de vivir que la caracteriza en las escenas anteriores, libre de las exigencias del amor y entregada a los placeres de la caza [23], hasta el sufrimiento producido por el enamoramiento. Podríamos decir que este movimiento psicológico está ya mucho más cerca de la construcción moderna de los personajes que de las máscaras rígidas de la Commedia dell' Arte. Con toda naturalidad, antes de darse cuenta de que es ella misma, dedica una entusiasta declaración de amor lésbico a la ninfa que está viendo y expresa sin ningún pudor sus sentimientos con

---

[22]   Ovidio Nasón, 1982.
[23]   En este punto, Ardelia coincide con la protagonista de *Aminta,* Silvia, ambas son cazadoras siervas de la diosa Diana y rechazan el amor.

vivas imágenes potenciadas por figuras retóricas como el oxímoron «tu, che in mezzo à l'acqua accendi il foco»[24]. Lo que resulta sorprendente durante la Contrarreforma, época en la que esta orientación sexual está perseguida y, no obstante, extendida entre artistas de la talla de Miguel Ángel, por ejemplo.

En la versión nos hemos permitido modificar ligeramente la estructura del monólogo, dilatando durante unos versos más el momento en el que Ardelia reconoce que se ha enamorado de ella misma, para favorecer la lógica de la progresión del personaje. En el siguiente fragmento de este monólogo se explicitan los aspectos señalados:

> Ardelia: pero ¿qué veo en ella? (en la fuente)
> el agua cristalina
> muestra una bella ninfa, una deidad.
> ¡Que el cielo –de donde creo que vienes–
> guarde tanta hermosura! a ti me inclino,
> de todo corazón,
> te acepto por mi diosa.
> [...]
> Mitiga, con tu frescura, el calor
> de mis sedientos labios,
> ya que, en mi corazón,
> la sed, has despertado.
> Tú, que en medio del agua enciendes fuego,
> no desprecies la leal admiración
> de este amor que a ti te dedico, mientras
> miles de amantes lloran por tenerlo.
> Ya que no quiere la naturaleza
> que yo pueda vivir dentro del agua,

---

[24] «Tú, que en medio del agua enciendes fuego».

> ven tú conmigo a tierra, vida mía,
> dame tu mano, uniéndola a la mía
> te ayudaré a salir, para que tú
> me ayudes, corazón.
> Ella extiende la mano ¡soy feliz!
> Ahora sí estoy contenta
> e ilusionada, ven, ven.
> ¡Ay! ya estoy sintiendo en mi alma, encendido,
> un ardiente deseo de poseer
> la belleza celestial que estoy viendo.
> ¡Ay, fuente pura y clara!
> ¿quién es la que en tu seno se recrea?

En la segunda parte del monólogo, cuando ya sabe que la imagen reflejada en el agua es la suya, encontramos razonamientos lógicos propios del estilo de la autora, que nos presentan lo absurdo como verosímil, en una reflexión sobre las dificultades de amarse a sí misma, que van desde la imposibilidad de acercar su boca a la boca de la persona amada, hasta el fastidio de no poder separarse de la pareja en ningún momento, o incluso, el tener que ser cruel consigo misma si quiere vengarse de los desdenes de la amada. En la tercera parte, el tono vira hacia la tragedia hasta el final en que, aludiendo directamente a Narciso, la ninfa no ve otra salida que seguir su suerte y morir también.

Aunque *Mirtilla* está escrita en verso, igual que casi todo el teatro de la época[25] y tiene un marcado ritmo interno, no presenta una rima definida en la mayor parte del texto, aunque sí aparece en algunos fragmentos en los que se especifica a través de los diálogos que están destinados a ser can-

---

[25] La comedia *Mandragola* de 1518 fue escrita en prosa, excepto el prólogo [Machiavelli, 1896].

tados. Este es el caso de las *canzonette* presentes en la escena quinta del tercer acto de la obra original, la mayoría de las cuales adoptamos en la escena sexta de nuestra versión con el mismo esquema de la rima, aunque cambiando los morfemas rimados. En ella, el anciano pastor Opico propone a Mirtilla y Filli que expresen de este modo su amor por Uranio, de modo que haya una vencedora, siguiendo una tradición que se extiende desde la antigüedad hasta nuestros días.

> El canto Amobeo es un modo de competencia o desafío de canto, que tenía origen en la Grecia Antigua. En él, una primera parte cantaba según una temática, y una estructura de versos. Un segundo cantante entonces responde con la misma estructura de verso y sobre el tema relacionado. Esto se repite hasta que un lado concede ganador al otro, o un tercero puede determinar el ganador. Esta tradición de desafíos continúa hoy en día bajo otros nombres y de diversas formas, se puede encontrar en las payadas de América de Sur, y los desafíos en el rap[26].

Generalmente, se han mantenido enteros los parlamentos de las escenas seleccionadas, pero a veces se han omitido parte de los diálogos cuando ralentizan la acción sin añadir información nueva. Se suprimen largas disquisiciones sobre temas que se apartan del núcleo central y los dilatados monólogos en los que se exponen los motivos que han llevado a las conclusiones que ya se han visto en escena. También desaparecen las explicaciones que dan los personajes en la obra original cuando vuelven a escena después de un tiem-

---

[26] Wikipedia, s. f. https://es.wikipedia.org/wiki/Canto_amobeo

po, resituando al espectador en su conflicto, «en el Siglo de Oro las tres jornadas de la comedia quedaban separadas por piezas breves a modo de intermedios, así que los sucesos de escenas anteriores debían refrescarse al público con una frecuencia hoy innecesaria» [Alonso de Santos y Tato, 2018]. Esta apreciación del dramaturgo Álvaro Tato referida al teatro del Barroco español, podemos extrapolarla a la obra que estamos analizando y añadir que, en la época en la que se estrena *Mirtilla*, la atención de los espectadores podría distraerse a menudo en otros asuntos que no son la propia representación, como la comida y bebida o la observación y comunicación con otros espectadores, favorecido por el poco contraste que existía entre la iluminación de la escena y la del público en estas representaciones que solían realizarse con luz diurna. Actualmente, por el contrario, las obras se representan habitualmente con una diferencia lumínica muy marcada entre el espacio que ocupan los actores y los espectadores, que ya no comen ni beben en el teatro como antaño, ni entran y salen una vez comenzada la función. Todo ello puede incidir en la falta de tolerancia hacia los diálogos redundantes, en nuestra sociedad caracterizada por una economía de la atención debida al exceso de estímulos y de información.

La puesta en escena

Para poner en escena *Mirtilla*, un sueño de Isabella Andreini, se ha creado un grupo de teatro universitario que ha empezado a tomar contacto con la obra en febrero de 2022 y ha realizado varias funciones a partir del día 22 de abril del mismo año. Todo un reto para unos actores sin ninguna experiencia previa, que solo pueden dedicar a los ensayos parte del poco tiempo libre que dejan los estudios y en el que, además, se ha tenido que formar y cohesionar el grupo, estructurar la versión, traducirla, llevar a cabo los ensayos y la producción, con unos recursos muy limitados. El hecho de realizar los ensayos prácticamente a la vez que se traducía y se componía la versión, ha conllevado ventajas e inconvenientes. Lo mejor ha sido compartir el proceso con unos jóvenes entusiasmados con la obra y dispuestos a entregar su tiempo para sacar lo mejor de ella[27]. Ha sido muy útil poder probar en escena la traducción con actores y rectificar los diálogos que no funcionaban bien al ser dichos.

Como ya hemos comentado, el texto está plagado de alusiones a la mitología. Junto a algunos personajes que pertenecen aún al imaginario popular y pueden reconocer la gran mayoría de los espectadores, por ejemplo, a Venus como diosa del amor, aparecen otros mucho menos conocidos en nuestros días, lo que ha obligado a buscar información específica –sin haber tenido formación previa en literatura Clásica–. En este sentido, la primera prueba ha sido el desconocimiento de los jóvenes actores, que son un buen referente del público universitario al que nos dirigimos, lo que ha sido decisivo para la escritura de las perífrasis explicativas presentes en la versión. En el lado de las ventajas también está el acercamiento al objetivo de dar difusión a la producción literaria de Isabella Andreini dentro del ámbito académico.

La principal desventaja es que los actores, una vez que memorizan el texto, tienen mucha dificultad para integran

---

[27] El elenco con el que se estrenó *Mirtilla, un sueño de Isabella Andreini* estuvo formado por Alicia Rubio, Cristina González, María González, Christian Gálvez y Valle Hidalgo.

cambios sustanciales, lo que ha limitado el proceso de re-flexión y crecimiento de la traducción, en aras de cumplir con los compromisos adquiridos para representar la obra[28].

En cuanto a la metodología para la dirección de actores, se ha basado en lecturas pormenorizadas para entender bien este texto complejo, e improvisaciones para crear las relaciones entre los personajes, de modo que las emociones muevan las acciones, sin dejarse arrastrar por el peso de la poesía que compone los diálogos. Como no existe en la obra original ninguna acotación sobre la descripción del espacio, los personajes, el vestuario, etc., todas las indicaciones de dirección e interpretación se tienen que extraer de los diálogos y combinarlas con otros elementos visuales y auditivos que nos permitan situar las acciones para hacérselas comprensibles y amenas al público.

Nos apoyamos en unos pocos elementos escenográficos para emular la naturaleza en la que están inmersos los personajes y a la que aluden continuamente, como un suelo de césped artificial, brezo y cañizo para simular los árboles, telas que reproducen la fuente, una escalera para recrear una montaña, etc., siempre teniendo en cuenta las limitaciones de presupuesto y transporte, que en ocasiones obliga a prescindir de algunos elementos, sobre todo en gira internacional. La propuesta visual se complementa con proyecciones, no solo de las secuencias cinematográficas, sino también de

---

[28] Hasta la fecha, se han realizado las siguientes representaciones de *Mirtilla, un sueño de Isabella Andreini:* 22/04/2022 Semana de la Participación de la Facultad de Psicología UCM, 26/04/2022 XXIV Certamen de Teatro de la Universidad Complutense de Madrid, 29/04/2022 VII Festival Nacional de Teatro Universitario en Toledo, 27/07/2022 Programación Cultural 35 Cursos de Verano Complutense de San Lorenzo de El Escorial, 23/02/2023 25 Festival Internacional de Teatro Universitario de Agadir (Marruecos) y 20.º Encuentro Internacional de Teatro Universitario de Granada el 23/03/2023.

paisajes que ayudan a situar las acciones. El diseño de iluminación, además de delimitar espacios, varía en intensidad desde la noche –en la que comienza la acción–, hasta el pleno día.

Para crear el universo sonoro, hemos contado con la música original de Carolina Hengstenberg, creada expresamente para los proyectos en torno a Isabella Andreini[29], y los arreglos de una de las jóvenes componentes del grupo, María González, que además interpreta varios instrumentos, entre ellos el oboe, y Cristina González, el piano. Para el momento en el que se cantan las *canzonette* de las que hemos hablado, hemos elegido una base musical de rap, que contribuye a acercar el mensaje al público joven, al que nos estamos dirigiendo con este montaje.

La utilización de recursos audiovisuales nos ofrece la posibilidad de presentar simultáneamente la intervención de los dioses sobre los mortales. Los primeros planos de Venus y Amor en la pantalla muestran su preocupación por lo que ocurre en escena, toman decisiones e inician acciones para intervenir en el conflicto entre Filli y Mirtilla. A nivel de producción, este recurso permite que, en la escena sexta, en la que se intercala la secuencia primera, las actrices que representan en escena a Filli y Mirtilla sean las mismas que representan en pantalla a Venus y Amor, en aras de reducir el número de actores para simplificar y abaratar la gira del espectáculo. Otro guiño al séptimo arte es la forma en la que se presentan las tres ninfas, en una escena que se construye fragmentando largos monólogos de la obra original protago-

---

[29] Además de la versión escénica y la investigación académica, la misma autora está desarrollando los proyectos cinematográficos de ficción *La burla del Sátiro* (Hidalgo, s. f.) y documental *Isabella Andreini, primera estrella internacional* (Hidalgo, s. f.).

nizados por las ninfas Filli, Ardelia y Mirtilla. En nuestra versión, se intercalan sus parlamentos sin que ellas se relacionen entre sí, protagonizando lo que en cine se llaman «secuencias paralelas», para resaltar las diferencias de su carácter y amenizar el espectáculo, por la variación de presencias actorales, voces y campos de iluminación. Para concluir las intervenciones de las ninfas y el pastor se ha introducido una secuencia audiovisual en la que juegan felices en un entorno natural y donde nos hemos permitido añadir el texto «ámate a ti mismo/a» que, si bien no aparece en el original, resume la filosofía subyacente en la obra.

Conclusiones

La obra de Isabella Andreini –como pionera de la dramaturgia femenina– está despertando interés en el ámbito académico, no solo a través de la participación en congresos, jornadas, conferencias y talleres[30], sino que también se están recibiendo invitaciones para representar la versión *Mirtilla, un sueño de Isabella Andreini* en festivales y certámenes de teatro universitario. No obstante, es difícil atender a todas las propuestas para participar en los eventos escénicos, por el elevado coste de realizar actuaciones en vivo debido a la carencia de ayudas económicas para el teatro universitario.

Sería deseable traducir la obra *Mirtilla* completa para seguir favoreciendo la investigación sobre el texto y la autora. Así como poner en escena una versión con menos limitacio-

---

[30] Página web actualizada con las participaciones de esta investigación llevada a cabo en el Máster en Traducción Literaria UCM (2021-2022) y el Doctorado en Estudios Literarios UCM iniciado en 2022 [Hidalgo, s. f., https://www.valle-hidal-go.com/isabellaandreini/]

nes de producción, desde el ámbito público o desde el privado, con apoyos públicos.

Bibliografía

ALONSO DE SANTOS, José Luis y TATO, Álvaro (2018): «La encrucijada de la adaptación teatral», *El Español. El Cultural* https://www.elespanol.com/el-cultural/opinion/dardos/20181130/encrucijada-adaptacion-teatral/357217131_0.html [15-01-2023].

ANDREINI, Isabella (1598): *Mirtilla: pastorale / d'Isabella Andreini, comica gelosa*, ed. M. A. Bonibelli, Venecia https://babel.hathitrust.org/cgi/pt?id=gri.ark:/13960/t9k424p47&view=1up&seq=3 [15-01-2023].

— (1612): *Lettere D'Isabella Andreini Padovana, Comica Gelosa, et Academica Intenta, Nominata L'Accesa. Dedicate al Serenissimo Don Carlo Emanuel Duca Di Savoia, &c. Con licentia de Superiori, e Previlegio*, Venecia, Sebastiano Combi.

— (1692): *Myrtille Bergerie*, trad. Adradan, París, Matthieu Guillemot.

— (1996): *La Mirtilla*, ed. M. L. Doglio, *Voci di repertorio, Serie rosa*, 7, Lucca (Italia), Pacini Fazzi.

— (2002): *La Mirtilla: a pastoral*, trad. J. D. Campbell, Arizona (EE.UU.), Arizona Center for Medieval and Renaissance Studies.

— (2018): *Mirtilla, a Pastoral: A Bilingual Edition*, edición e introducción de Valeria Finucci, trad. J. Kisacky, MLA International Bibliography https://search.ebscohost.com/login.aspx?direct=true&db=mzh&AN=2018297027&site=eds-live [15-01-2023].

ANDREINI, Isabella y SIEUR DES ROCHES, R. du J. (1599): *Amour des Berges*, París.

CALVO, Sara (2021): *Mirtilla: El mundo gira*, directora https://www.youtube.com/watch?v=32OGdYmgiXg [15-01-2023].

Fragmento de *Mirtilla* (2021): Monólogo de Ardelia, dir. Hidalgo Valle https://www.youtube.com/watch?v=vFy4Bkq-zizQ [15-01-2023].

GARCÍA YEBRA, Valentín (1994): «La traducción en el Siglo de Oro», en *Traducción, historia y teoría*, Barcelona, Gredos.

GUARINI, Battista (1619): *El Pastor Fido, Poema*, trad. I. Correa, Enrico y Cordelio Verdussen, Amberes.

HIDALGO, Valle (2018): «Dulcinea toma la palabra», en *Monólogos para estar acompañada*, Toledo, Consejería de Cultura de Castilla-La Mancha.

— (2020): «Vigilia de un día de primavera», *Guia Cultural Oretana*: 71 https://issuu.com/navahermosa/docs/oretana_2020_definitiva_a_29_de_noviembre [15-01-2023].

— (2021): «La burla del Sátiro» https://www.valle-hidalgo.com/la-burla-del-satiro/ [15-01-2023].

— (2022a): «Isabella Andreini (1562-1604)» https://www.valle-hidalgo.com/isabellaandreini/ [15-01-2023].

— (2022b): «Isabella Andreini, Primera Estrella Internacional» https://www.valle-hidalgo.com/isabella-andreini-primera-estrella-internacional/ [15-01-2023].

— (2022c): «*Mirtilla*, un sueño de Isabella Andreini» https://www.valle-hidalgo.com/*Mirtilla*-un-sueno-de-isabella-andreini/ [15-01-2023].

— (2023): «Isabella Andreini en el origen de la dramaturgia femenina en del siglo XVI», en *Investigartes, Memorias II Congreso Mundial de Investigación en Artes del Espectáculo*, 9: 26-33.

MACHIAVELLI, Nicolò (1896): *Mandragola*, ed. J. Ulrich, Digital Library Federation, Leipzig.

OVIDIO (1982): *Metamorfosis*, trad. A. Pérez Vega y A. Ruiz de Elvira, Barcelona, Bruguera.

SACCOTELLI, Cinzia (2020): «La *Mirtilla* di Isabella Andreini» https://www.researchgate.net/publication/338886990_La_*Mirtilla*_di_Isabella_Andreini_di_CINZIA_SACCOTELLI [15-01-2023].

SHAKESPEARE, William (1914): *A midsummer night's dream*, Inglaterra, Doubleday.

TASSO, Torquato y MORÁBITO, Fabio (2001): *Aminta*, trad. F. Morábito, Nuestros clásicos, 95, Ciudad de México, Universidad Nacional Autónoma de México.

TASSO, Torquato y SERASSI, Pedro Antonio (1830): *Aminta fábula pastoral*, trad. J. Jáuregui, Madrid, D.M. de Burgos.

Presenza senecana in *Othello* e *Macbeth*, e persistenza sulla scena contemporanea

Federica Boero
Università degli Studi di Trento

La conoscenza del corpus tragico di Seneca da parte di William Shakespeare avvenne principalmente attraverso la lettura delle *Tenne Tragedies*, la prima raccolta di traduzioni in lingua inglese delle tragedie del Cordovano, pubblicata completa nel 1581[1]. Questa tesi è suffragata da rimandi testuali e citazioni, che confermano l'importanza dell'opera come principale mezzo di appropriazione e di riproposizione di elementi tematici, formali e stilistici senecani, rintracciabili specialmente in *Titus Andronicus, Hamlet, Richard III, Othello* e *Macbeth*. Su queste ultime due tragedie, accomunate da protagonisti che il *furor* rende capaci di azioni folli e autodistruttive, si focalizza l'analisi dell'articolo, volta a individuare la presenza senecana nella caratterizzazione dei personaggi e nelle analoghe dinamiche che intercorrono tra di essi,

---

[1] *Seneca His Tenne Tragedies* fu la prima raccolta dell'intero corpus drammatico tradotto in lingua inglese di un autore classico. Edita da Thomas Newton, comprendeva i lavori di cinque traduttori: Jasper Heywood (*Troas, Thyestes* ed *Hercules Furens*), Alexander Nevyle (*Oedipus*), Thomas Nuce (*Octavia*), John Studley (*Agamemnon, Medea, Hercules Oetaeus* e *Hippolytus*) e Thomas Newton (*Thebais*). Sette delle medesime traduzioni erano già state pubblicate singolarmente: *Troas* nel 1559, *Thyestes* nel 1560, *Hercules Furens* nel 1561, *Oedipus* nel 1563, *Octavia, Agamemnon* e *Medea* nel 1566. Cfr. Cunliffe [1893: 3-4]; Spearing [1909: 437]; Lucas [1922: 100-101]; Van Zyl Smit [2012: 99-100].

nella rielaborazione di *topoi* e schemi ricorrenti in Seneca e nelle citazioni *verbatim* dai modelli, al fine di dimostrare una almeno parziale lettura diretta dei testi latini[2]. In particolare, si intende evidenziare l'influsso dell'*Edipo* di Seneca sulla scrittura di *Othello* 3.3, una relazione che non è stata ancora messa in luce da precedenti studi. Si considerano, infine, tre esempi di rappresentazioni teatrali e cinematografiche di *Othello* e *Macbeth* nel XXI secolo –l'*Othello*, di Iqbal Khan (2015) il *Macbeth*, di Eve Best (2013) e il *Macbeth*, di Justin Kurzel (2015)– che dimostrano la persistenza di temi e dinamiche di ispirazione senecana sulla scena contemporanea.

Le tragedie senecane di cui maggiormente si avverte l'eco nell'*Othello* e nel *Macbeth* di William Shakespeare sono *Hercules furens* e *Medea*. Ercole è rivisitato nel personaggio di Otello, descritto come un guerriero al quale sono affidati importanti incarichi in virtù delle sue imprese passate e il cui valore è riconosciuto dagli altri personaggi.[3] Come l'eroe se-

---

[2]   Nel *First Folio* (1623), Ben Johnson scrisse che Shakespeare conosceva poco il Latino e ancora meno il Greco, rimarcando sarcasticamente le –a suo dire– scarse conoscenze classiche del collega. Oggi vi è la tendenza a rivalutare la formazione di Shakespeare in ambito classico, evidenziando che essa doveva essere perlomeno conforme a quanto offerto dall'istruzione liceale di epoca elisabettiana, che prevedeva lo studio della letteratura –principalmente latina– e la lettura di testi tratti da Cicerone, Ovidio, Orazio e Plauto. Cfr. Burrow – Colin [2013: 2-3]. Qualora lo ritenesse opportuno, Shakespeare avrebbe, perciò, potuto leggere i testi latini. Questa ipotesi troverebbe conferma anche nella conoscenza diretta dei *Menaechmi* plautini –al tempo non ancora tradotti– che trapela da *The Comedy of Errors*, approntata per il pubblico altamente istruito delle *Inns of Court*. Cfr. Martindale-Taylor [2004: 1-2]; Riehle [2004: 109].

[3]   L'eroismo di Ercole, le sue virtù e le dinamiche che lo conducono al suo tragico epilogo, influenzano le caratterizzazioni sia di Otello che di Macbeth: «Hercules, both demi-god and mortal man, served the Renaissance as a model of heroic virtu, of manly excellence, possessing moral and physical strength, which Macbeth, like many of Shakespeare's protagonists, attempts to emulate. [...] Shakespeare formed his acquaintance with Hercules from Ovid's *Metamorphoses* IX as well as from other classical writers such as Seneca and from Renaissance

necano ha girato il mondo per portare a termine le sue fatiche, così Otello ha viaggiato in terre lontane, protagonista di avventure che ammaliano Desdemona durante i suoi racconti:

> Wherein I spake of most disastrous chances,
> of moving accidents by flood and field;   135
> of hair-breadth scapes i' th' imminent deadly breach;
> of being taken by the insolent foe;
> and sold to slavery; and my redemption thence,
> and with it all my travels' history;
> wherein of antres vast, and deserts idle,   140
> rough quarries, rocks and hills, whose heads touch heaven,
> it was my hint to speak, such was the process;
> and of the Cannibals, that each other eat;
> the Anthropophagi, and men whose heads
> do grow beneath their shoulders[4].   145

Questa sua disposizione a compiere «fatiche», anche in luoghi esotici, è menzionata più volte dallo stesso Otello[5], che giunge a definirsi «*an erring barbarian*» (1.3.356). Inol-

---

mythologies and emblem books. Hercules' remarkable strength, his quick wit and discerning intelligence, were qualities admired in a Renaissance hero, and the exciting episodes in Hercules' life served as model of valor» [Truax (1989-1990): 361]; cfr. a proposito della fortuna rinascimentale dell'*Hercules furens*: Miola [1990: 50-51].

[4] Shakespeare, *Oth*. 1.3.134-145.

[5] Vd. in particolare le battute pronunciate da Otello: «For since these arms of mine had seven years' pith, / till now some nine moons wasted, they have us'd / their dearest action in the tented field» [1.3.83-85]; «The tyrant custom, most grave senators, / hath made the flinty and steel couch of war / my thrice-driven bed of down: I do agnize / a natural and prompt alacrity / I find in hardness, and would undertake / this present» wars against the Ottomites» [1.3.229-234]; «I have seen the day, / that with this little arm, and this good sword, / I have made my way through more impediments / than twenty times your stop» [5.2.262-265].

tre, sono numerose le allusioni a paesi lontani, evocati tramite oggetti, come «*a sword of Spain*» (5.2.254) e «*the Arabian
trees*» (5.2.351), o personaggi con cui il protagonista ha dovuto confrontarsi, come «*the base Indian*» (5.2.348) e «*a tur-
ban'd Turk*» (5.2.353) incontrato ad Aleppo e nominato appena prima di darsi la morte [Miola, 1992: 127]. Questa
caratterizzazione di viaggiatore non è presente negli *Ecatommiti* di Giovan Battista Giraldi Cinzio, modello della tragedia
shakespeariana[6], ma è, invece, ribadita in più occasioni
nell'*Hercules furens*, dove le fatiche del semidio in terre lontane sono enumerate per voce dello stesso Ercole, di Giunone e di Anfitrione[7]. Inoltre, la coppia Otello/Desdemona, in-
sidiata dal complesso piano di vendetta di Iago, dimostra
manifeste analogie con quella formata da Ercole e Megara,
su cui incombe la vendetta della dea Giunone; si tratta, in
entrambi i casi, di una vendetta giocata sull'autodistruzione,
sulla consapevolezza del nemico di non aver altro mezzo di
annientamento della vittima se non instillare in essa un vele-
no, divino come la follia di Ercole o umano e terribile come
la gelosia scatenata da Iago.

La terza scena del terzo atto, con il dialogo tra Otello e
Iago nel ruolo di confidente, riproduce uno schema tipico
senecano: l'atteggiamento di Iago, che mette in guardia Otello dagli effetti di una gelosia incontrollabile in nome dell'af-
fetto che lo lega a lui, ricalca quello della nutrice che, nella
Medea di Seneca, tenta di persuadere la protagonista a frena-

---

[6]   A ispirare la vicenda di *Othello* è la terza deca della settima novella (Giovan
Battista Giraldi Cinzio, *Gli Ecatommiti ovvero Cento novelle*, Tipografia Borghi e
compagni, Firenze, 1834: 180-185).
[7]   Le imprese del protagonista sono elencate in quattro passi dell'*Hercules furens*, per voce dello stesso Ercole [1169-1171], di Giunone [30-74] e di Anfitrione
[209-248; 480-487].

re la sua ira nei confronti di Giasone.[8] Se l'intento della nutrice è realmente quello di impedire a Medea di abbandonarsi a una furia distruttrice e farla recedere dai suoi propositi, tutt'altra è l'intenzione di Iago, che finge di nutrire un'onesta preoccupazione per Otello («*My lord, you know I love you*»[9]), facendo appello alla calma, mentre invece pianifica una strategia in grado di destare e di moltiplicare esponenzialmente la sua gelosia, in un dialogo in cui dominano la spasmodica ansia di sapere del protagonista e la procrastinazione verbale del confidente. All'esitazione di Iago, che finge di non voler rivelare i propri dubbi in merito alla fedeltà di Desdemona, si oppongono dieci richieste di spiegazioni da parte dell'ingenuo Otello; all'inizio si tratta di semplici domande («*What dost thou say, Iago?*», v. 94; «*Why dost thou ask?*», v. 97; «*Why of thy thought, Iago?*», v. 99), che si fanno più incalzanti («*Indeed? Indeed: discern'st thou aught in that? Is he not honest?*», vv. 103-104; «*What dost thou think?*», v. 108), assumendo

---

[8] Si citano i due passi tratti da *Medea,* che in modo particolare sembrano aver ispirato nel tono e nei contenuti gli inviti alla calma rivolti da Iago a Otello, seguiti dalla traduzione degli stessi –a tratti molto libera– di John Studley: NUTRIX *Sile, obsecro, questusque secreto abditos / manda dolori. Gravia quisquis vulnera / patiente et aequo mutus animo pertulit, / referre potuit: ira quae tegitur nocet; / professa perdunt odia vindictae locum* [Sen. *Med.* 150-154]; «NU. For godsake (Madame) I you pray your tongue to silence frame. / Eke hyde your priuy languishing and greefe in secret vayne: / who with a modest minde abides the Spurs of pricking payne, / and suffereth sorrowes paciently, may it repay agayne. / Who beares a priuy grudge in breast, and keepes his malyce close, / when least suspection is thereof, may most annoy his Foes. / He leeseth oportunity who vengeaunce doth requyre, / that shewes by open sparkes the flame the heate of kindled fyre» (John Studley, *The Seventh Tragedye of L. Annaeus Seneca, entituled* Medea, 2.62-69: 124). NUTRIX *Compesce verba, parce iam, demens, minis / animosque minue: tempori aptari decet.* [Sen. *Med.* 174-175]; «NU. Be still, and now refrayne / O despret dame thy thundring threates, and slake thy raging ire. / Apply, and frame thy froward will as time and tides requyre» [John Studley, *The Seventh Tragedye of L. Annaeus Seneca, entituled* Medea, 2.105-107, p. 124].
[9] Shakespeare, *Oth.* 3.3.121.

in seguito un tono di preghiera («*I prithee, speak to me as to thy thinkings, / as thou dost ruminate, and give the worst of thought / the worst of word*», vv. 135-137) e, infine, di accusa («*Thou dost conspire against thy friend, Iago, / if thou but thinkest him wrong'd, and makest his ear / a stranger to thy thoughts*», vv. 146-148; «*By heaven I'll know thy thought*», v. 166)[10]. Questa ansia conoscitiva presenta forti analogie con la caratterizzazione dell'Edipo senecano e, in particolare, rimanda al terzo atto della tragedia, al dialogo con Creonte, che, come Iago, incorre nelle accuse del re di cospirare contro la patria per la sua riluttanza a riferire ciò che sa («OEDIPUS *Itane et salutis publicae indicium obrues?* [...] *Imperia solvit qui tacet iussus loqui*») [Sen. *Oed.* 516-527]. L'ispirazione diretta all'*Edipo* senecano risalta anche nella ripresa del dialogo tra Otello e Iago (vv. 339-415), in cui il Moro, al culmine del *furor*, richiede in maniera assillante le prove[11] in grado di testimoniare il tradimento di Desdemona e, così come Edipo, minaccia apertamente l'alfiere:

---

[10] Raggiunto il culmine dell'ira del Moro, la climax si conclude con un'esclamazione tramite la quale Iago dà voce ai propri sospetti: «O, beware jealousy; / it is the green-ey'd monster, which doth mock / that meat it feeds on» [3.3.169-171]. Successivamente la strategia persuasiva di Iago si snoda attraverso quattro momenti: la dimostrazione della natura infida di Desdemona, che ha già ingannato il padre sposando il Moro di nascosto [3.3.210-215], la preoccupazione ostentata per lo stato di turbamento di Otello, nonostante egli voglia convincersi del contrario [3.3.218-229], l'allusione alla condotta inadeguata di Desdemona [3.3.232-242] e il consiglio di vigilare sull'atteggiamento di Desdemona nei confronti di Cassio [3.3.250-256].

[11] In questa scena, Otello avanza quattro richieste di prove: «Villain, be sure thou prove my love a whore, / be sure of it, give me the ocular proof, / or by the worth of man's eternal soul, / thou hadst been better have been born a dog, / than answer my wak'd wrath» [3.3.365-369]; «Make me to see't, or at the least so prove it, / that the probation bear no hinge, nor loop, / to hang a doubt on: or woe upon thy life! [3.3.370-372]; «I'll have some proof» [3.3.392]; «Give me a living reason, that she's disloyal» [3.3.415].

Oedipus: *Audita fare, vel malo domitus gravi*
            quid arma possint regis irati scies. [...]
            Mitteris Erebo vile pro cunctis caput,
            arcana sacri voce ni retegis tua.
            [Sen. *Oed*. 518-522]

Othello: If thou dost slander her, and torture me,
            never pray more, abandon all remorse.
            On horror's head horrors accumulate:
            do deeds to make heaven weep, all earth amaz'd,
            for nothing canst thou to damnation add
            greater than that.
            [Shakespeare, *Oth*. 3.3.374-379][12]

Persuaso del tradimento subìto da parte della sposa, infine, Otello erompe nell'invocazione alla «*black vengeance*», che ha per modello il prologo di *Medea*. Ad essa segue un monologo caratterizzato da una *vis* retorica tutta senecana, in cui egli vota se stesso alla vendetta:

Othello: Arise, black vengeance, from thy hollow cell,
            yield up, O love, thy crown, and hearted throne, 455
            to tyrannous hate, swell, bosom, with thy fraught,
            for 'tis of aspics' tongues!
            [...] O; blood, Iago, blood!
            [...] Like to the Pontic sea,   460
            whose icy current, and compulsive course
            ne'er feels retiring ebb, but keeps due on
            to the Propontic and the Hellespont:
            even so my bloody thoughts, with violent pace

---

[12]   Nel dialogo, Otello minaccia Iago almeno in altri due casi ai vv. 367-369 e al v. 372 (vd. nota 13).

shall ne'er look back, ne'er ebb to humble love, 465
till that a capable and wide revenge
swallow them up. Now, by yond marble heaven,
in the due reverence of a sacred vow,
I here engage my words.
[Shakespeare, *Oth.* 3.3.454-469]

L'invocazione assume il carattere di un rituale, consacrato alle entità personificate della vendetta e dell'amore, il cui culmine si concretizza nel «*sacred vow*» (v. 468), con cui Otello, in ginocchio, ribadisce la propria irriducibile volontà di punire Desdemona per il suo tradimento. La citazione del Ponto Eusino (v. 460), presente anche in *Medea* (*quodcumque vidit Pontus aut Phasis nefas, / videbit Isthmos*, vv. 44-45), è inserita nel contesto di una similitudine geografica, che paragona i «*bloody thoughts*» (v. 464) di Otello, ormai rivolti soltanto alla vendetta, agli «*icy current, and compulsive course*» (v. 461) diretti costantemente verso la Propontide e l'Ellesponto. Al di là dell'attenzione per i particolari geografici eruditi, che ricorda lo stile senecano, colpisce l'allusione all'area del mar Nero di cui Medea è originaria, che traccia un'ideale connessione con il modello. Infine, si sottolinea il riferimento in entrambi i testi tragici alle serpi e al sangue, immagini orrorifiche invocate da Otello (vv. 456-458) e citate, in Seneca, a proposito della descrizione delle Erinni[13].

Dal quarto atto, la tragedia shakespeariana è dominata dal *furor* di Otello, agitato da una passione distruttrice e incontrollabile come quella che caratterizza il protagonista dell'*Hercules furens* senecano, capace di scagliarlo contro le persone

---

[13] Le Erinni sono invocate da Medea, affinché diano la morte a Creùsa e a Creonte: *Nunc, nunc adeste, sceleris ultrices deae, /crinem solutis squalidae serpentibus, / atram cruentis manibus amplexae facem* [Sen. *Med.* 13-15].

più care e di provocare nel contempo la sua autodistruzione.[14] Come Ercole, Otello mostra evidenti nel fisico i segni
del mutamento, tanto che Desdemona, dopo aver assistito
alla sua prima manifestazione di violenza, afferma di non ri-
conoscerlo più:

Desdemona: My lord is not my lord, nor should I know him,
            were he in favour as in humour alter'd[15].

Uno dei segni fisici più evidenti dello stato di follia è il
roteare degli occhi all'indietro, citato sia nell'*Hercules furens*
sia nell'*Othello*:

Amphitryon: *Quo, nate, vultus huc et huc acres refers*
             acieque falsum turbida caelum uides?
             [Sen. *HF.* 953-954]

Desdemona: And yet I fear you, for you are fatal then,
             when your eyes roll so.
             [Shakespeare, *Oth.* 5.2.37-38]

Entrambi i protagonisti uccidono le mogli, certi di avere
un nemico di fronte a sé: Ercole pensa di colpire la matrigna
Giunone[16], Otello di punire una traditrice, una persona completamente agli antipodi rispetto alla devota Desdemona. In
entrambi i casi, inoltre, vi è la convinzione dichiarata che il
delitto comporti conseguenze positive per terzi: Ercole crede
di liberare Giove dal giogo di sua moglie [Sen. *HF* 1019],

---

14   Cfr. Miola [1990: 58].
15   Shakespeare, *Oth.* 3.4. 121-122.
16   «Hercules: *Teneo novercam. Sequere, da poenas mihi / iugoque pressum libera*
turpi Iovem» [Sen. *HF* 1018-1019].

mentre Otello intende impedire a Desdemona di prendersi
gioco in futuro di altri uomini [Shakespeare *Oth.* 5.2.6][17]. L'e-
pilogo delle due tragedie conduce alla consapevolezza della
colpa e all'invocazione di infiniti tormenti su di sé, per com-
pensare il male inferto[18]:

Hercules: *Nunc parte ab omni, genitor, iratus tona;*
             oblite nostri, vindica sera manu
             saltem nepotes. Stelliger mundus sonet
             flammasque et hic et ille iaculetur polus   1205
             [...]. Dira Furiarum loca
             et inferorum carcer et sonti plaga
             decreta turbae-si quod exilium latet
             ulterius Erebo, Cerbero ignotum et mihi,
             hoc me abde, Tellus; Tartari ad finem ultimum   1225
             mansurus ibo.
             [Sen. *HF.* 1202-1226]

Othello: Are there no stones in heaven
             but what serves for the thunder?
             [Shakespeare, *Oth.* 5.2.235-236]

Othello: Whip me, you devils,
             from the possession of this heavenly sight,
             blow me about in winds, roast me in sulphur,
             wash me in steep-down gulfs of liquid fire!
             [Shakespeare, *Oth.* 5.2.278-281]

Il lamento di Ercole così come quello di Otello lascia spa-
zio, infine, al desiderio del suicidio e alla richiesta delle armi
per portarlo a compimento. Nell'*Hercules furens*, Anfitrione

---

[17]   Cfr. Miola [1992: 135-136].
[18]   Cfr. Miola [1990: 60-61].

riesce a dissuadere Ercole dal togliersi la vita[19] e ad accettare con stoicismo l'ulteriore «fatica» del vivere. Otello, dopo aver perso per due volte le proprie armi per opera di Montano e degli uomini di Lodovico, degradato anche nell'identità di guerriero, porta a compimento il suo proposito, riconoscendo l'insindacabile potere del fato[20].

Anche nel *Macbeth* numerosi sono i richiami a Seneca tragico, sia a livello testuale –come i versi citati *verbatim* da *Agamennone* 115 e da *Fedra* 607[21]– sia per quanto riguarda l'utilizzo di alcune particolari consuetudini stilistiche –la retorica di gusto senecano e la sticomitia– e la presenza di figure tipiche, ovvero i due messaggeri e il fantasma di Banquo[22]. D'ispirazione senecana è, inoltre, la predilezione per la notte come momento ideale per fare da sfondo alle azioni più terribili e cruente[23]. Nell'*Othello* e nel *Macbeth*, la notte è

---

[19] «Amphytrion: *Nihil rogamus: noster in tuto est dolor. / Natum potes servare tu solus mihi, / eripere nec tu* [Sen. *HF* 1302-1304].

[20] «Othello: But O vain boast, / who can control his fate? 'tis not so now. / Be not afraid, though you do see me weapon'd: / here is my journey's end, here is my butt, / and very sea-mark of my utmost sail» [Shakespeare, *Oth.* 5.2.265-269].

[21] Sen. *Ag.* 115 («Clytemestra: *Per scelera semper sceleribus tutum est iter*») è citato in *Mac.* 3.2.55 («Macbeth: This bad begun make strong themselves by ill»), mentre a Sen. *Phae.* 607 («Phaedra: *Curae leves locuntur, ingentes stupent*») si rifà *Mac.* 5.3.43-45 («Macbeth: And with some sweet oblivious antidote / cleanse the stuffed bosom of that perilous stuff / which weighs upon the heart?»). Cfr. in proposito: Miola [1992: 93-94]; Arkins [1995: 12].

[22] Nelle *Holinshed's Chronicles* (1577), la fonte da cui Shakespeare ha tratto le informazioni essenziali relative al regno di Duncan e alle vicende descritte nel *Macbeth*, non si fa riferimento a fantasmi, la cui presenza rappresenta un'innovazione del poeta. L'apparizione di Banquo durante un banchetto potrebbe alludere al *Tieste* di Seneca e al macabro banchetto offerto da Atreo al fratello [Ferrando, 2021: 138-139].

[23] In Seneca, la notte accoglie scene di particolare orrore, di smarrimento, fa da sfondo ad azioni che la luce del sole si rifiuta di illuminare, provocando sovvertimenti nell'ordine naturale; così accade in *Thy.* 789-793 («Chorus: *Quo terrarum superumque parens, / cuius ad ortus noctis opacae / decus omne fugit, quo vertis*

sede privilegiata per cospirazioni, come quella tra Iago e
Roderigo, in apertura del primo atto, o per assassinii – quel-
li di Desdemona e del re Duncan. La notte e gli spiriti del
Male sono invocati da Lady Macbeth appena messa a parte
dell'arrivo del re presso la sua dimora, pronta a compiere il
delitto che garantirà l'avverarsi della profezia delle tre streghe:

> Lady Macbeth: Come, you spirits
>   that tend on mortal thoughts, unsex me here
>   and fill me from the crown to the toe top-full   40
>   of direst cruelty. [...]
>   Come to my woman's breasts
>   and take my milk for gall, you murdering ministers,
>   wherever, in your sightless substances,
>   you wait on nature's mischief. Come, thick night,
>   and pall thee in the dunnest smoke of hell,
>   that my keen knife see not the wound it makes,   50
>   nor heaven peep through the blanket of the dark
>   to cry, "Hold, hold!'[24]

Come l'invocazione alla «*black vengeance*» di *Othello*
3.3.454-469, il passo è ispirato alla preghiera alla notte e agli
spiriti del male del prologo della *Medea* senecana[25]. La connessione con l'originale classico è rafforzata dal clima «orro-
rifico» e tenebroso dell'intera tragedia e dal fatto che a reci-

---

iter / medioque diem perdis Olympo?»), in *Ag*. 53-55 («Thyestis Umbra: *Sed cur
repente noctis aestivae vices / hiberna longa spatia producunt mora, / aut quid
cadentes detinet stellas polo?*»), in *HF*. 939-943 («Hercules: *Sed quid hoc? medium
die / cinxere tenebrae. Phoebus obscuro meat / sine nube vultu. Quis diem retro
fugat / agitque in ortus? Unde nox atrum caput / ignota profert?*»).
[24] Shakespeare, *Mac*. 1.5.38-52.
[25] Cfr. Peyré [2004: 149]; Lucas [1922: 121-122]; Cunliffe [1893 :46].

tare il monologo sia una donna, che chiede di strappare via il suo sesso femminile («*unsex me here*», v. 39) per darle la forza di portare a compimento un piano sanguinario, e di rendere fiele il suo latte («*take my milk for gall*», v. 46), simbolo di una maternità sterile. Così, nel prologo della *Medea* di Seneca, la protagonista chiede di scacciare le sue paure di donna, per trovare nelle viscere la via della vendetta[26].

Macbeth 1.7 è, come *Othello* 3.3, una scena che rielabora le dinamiche senecane del dialogo *domina/nutrix*, ma, in questo caso, a ruoli invertiti: Lady Macbeth mette in atto la sua opera di persuasione, alimentando le ambizioni dello sposo, che esita di fronte all'assassinio («Macbeth: *We will proceed no further in this business* […] *I dare do all that may become a man; / who dares do more is none*»[27]), e consigliandolo in merito alle azioni da compiere («Lady Macbeth: *We fail! / But screw your courage to the sticking place, / And we'll not fail*»[28]). Il suo ruolo è quello della «controparte diabolica» di Macbeth[29], dominata da una furiosa passione che la rende capace di guidarne la volontà fino agli atti più sanguinari[30]. L'*alter ego* senecano della coppia è rappresentato dagli aman-

---

[26] «Medea: *Per viscera ipsa quaere supplicio viam, / si vivis, anime, si quid antiqui tibi / remanet vigoris; pelle femineos metus / et inhospitalem Caucasum mente indue*» [Sen. *Med.* 40-43].

[27] Shakespeare, *Mac.* 1.7.31-47.

[28] Ivi, 1.7.59-61.

[29] Vd. Miola [1992: 102].

[30] La caratterizzazione di Lady Macbeth come spietata donna di potere rappresenta un'innovazione shakespeariana rispetto alle *Holinshed's Chronicles* [Miola, 1992: 102]. Con il suo comportamento e linguaggio, è in grado di destabilizzare il ruolo di Macbeth e di minare l'ordine gerarchico che, in quanto donna, la porrebbe ai margini dell'azione politica. Secondo Boyle [1997: 171-172], si tratterebbe di una strategia senecana applicata anche nel caso delle tre streghe, donne emarginate e dotate di capacità sovrannaturali, come la protagonista di *Medea* e come Cassandra nell'*Agamennone* di Seneca.

ti Clitennestra ed Egisto, che nell'*Agamennone* cospirano per uccidere il re, dopo averlo accolto trionfalmente al ritorno da Troia[31]. In Seneca, però, è Clitennestra che –come Macbeth– si mostra titubante di fronte all'assassinio[32], mentre Egisto ribadisce l'impossibilità di deviare dai loro propositi omicidi[33]. L'unità della coppia shakespeariana è, inoltre, destinata a infrangersi nel momento apicale del *nefas*, che si raggiunge con l'uccisione dei figli di Macduff, portata a compimento da Macbeth solo e di propria iniziativa, senza che la moglie ne sia messa a parte[34]. Il legame con Lady Macbeth si indeboli-

---

[31]   Anche in *Mac.* 1.6.14-18, il re Duncan è accolto con tutti gli onori da Lady Macbeth al suo ingresso presso il castello di Glamis: «Lady: All our service / in every point twice done and then done double / were poor and single business to contend / against those honours deep and broad wherewith / your majesty loads our house».

[32]   «Clytemestra: *Amor iugalis vincit ac flectit retro, / remeemus illuc, unde non decuit prius / abire; sed nunc casta repetatur fides, / nam sera numquam est ad bonos mores via: / quem paenitet peccasse paene est innocens*» [*Ag.* 239-243].

[33]   La lettura di *Agamennone* nella traduzione di Studley potrebbe essere provata anche dalla corrispondenza tra il primo coro della tragedia latina, vv. 60-63 («*Numquam placidam sceptra quietem / certumve sui tenuere diem: / alia ex aliis cura fatigat /vexatque animos nova tempestas*») e vv. 83-86 («*Erinys, / nimias semper comitata domos, / quas in planum quaelibet hora / tulit ex alto*») –versi tradotti liberamente da Studley «No day to Sceptres sure doth shine, that they might say, / to morrow shall wee rule, as wee have done to day, / one clod of croked care another bryngeth in, / one hurly burly done, another doth begin» [John Studley, *The Eyghth Tragedye of L. Annaeus Seneca, entituled* Agamemnon, 2.62-69, London, 1581: 142]– e *Mac.* 5.5.19-23: «To-morrow, and to-morrow, and to-morrow, / creeps in this petty pace from day to day, / to the last syllable of recorded time; / and all our yesterdays have lighted fools / the way to dusty death». Comparando i versi, si individuano alcuni echi lessicali e immagini topiche, come il riferimento ai giorni che si susseguono, al domani e alla ciclicità del tempo, al cadere nella polvere, con cui Studley «traduce» l'espressione senecana *in planum… ex alto*. Vd. in proposito: Miola [1992: 97-98].

[34]   L'infanticidio, tema ricorrente nella *Medea*, nel *Tieste*, nell'*Hercules furens* e nelle *Troiane* senecani, rappresenta il crimine più abietto e il culmine del *furor* del protagonista shakespeariano, in quanto agìto nei confronti degli individui più inermi. Si tratta di un tema ampiamente ripreso nelle tragedie di ispirazione se-

sce e l'isolamento a cui la donna è costretta acuisce il rimorso per l'assassinio di Duncan. In *Macbeth* 5.1, è descritta come sonnambula, perseguitata dalla visione del sangue di cui le sue mani sono intrise («Lady Macbeth: Yet who would have thought the old man / to have had so much blood in him?»)[35], il cui odore non è possibile cancellare («Lady Macbeth: Here's the smell of the blood still. All the perfumes / of Arabia will not sweeten this little hand»)[36].

Più conosciuta e studiata è l'eco dell'*Hercules furens* in *Mac.* 2.2. Il sangue sulle mani è il mezzo che permette a Macbeth il riconoscimento della propria colpa, subito dopo l'assassinio di Duncan:

Macbeth: [looks at his hands] This is a sorry sight[37].   20

Macbeth: How is't with me when every noise appals me?
What hands are here! Ha – they pluck out mine eyes!
Will all great Neptune's ocean wash this blood   60
clean from my hand? No, this my hand will rather
the multitudinous seas incarnadine,
making the green one red[38].

---

necana del XVI secolo, tra le quali: *Orbecche* di Giambattista Giraldi Cinzio, *Canace* di Sperone Speroni, *Dalida* di Luigi Groto, *Gorboduc* di Thomas Norton e Thomas Sackville, *Tamburlaine* e *The Jew of Malta* di Christopher Marlowe. In Shakespeare, ricorre, oltre che nel *Macbeth*, nel *Titus Andronicus* e nel *Richard III*. Cfr. Boyle [1997: 165].

[35] Shakespeare, *Mac.* 5.1.38-39. Cfr. Paduano [2020: 95-96].

[36] Shakespeare, *Mac.* 5.1.48-49. Numerosi sono, sia nell'*Agamennone* che nel *Macbeth*, i riferimenti alle mani (ventisette nell'*Agamennone* e trentuno nel *Macbeth*) e al sangue (dieci nell'*Agamennone* e quarantadue nel *Macbeth*). Cfr. in proposito Miola [1992: 115-116].

[37] Shakespeare, *Mac.* 2.2.20

[38] Ivi, 2.2.58-63.

Analogamente, nell'*Hercules furens*, le mani[39] insanguinate provocano il risveglio della coscienza del protagonista e la
consapevolezza della strage compiuta:

> Hercules: *Quid hoc? manus refugit –hic errat scelus.*
> *Unde hic cruor? Quid illa puerili madens*
> *harundo leto? Tincta Lernaea nece:*   1195
> *iam tela video nostra. Non quaero manum*[40].

Anche la metafora dell'acqua, incapace di lavare via il sangue dalle mani dell'assassino, è un'evidente eco senecana,
che trova corrispondenza in *HF* 1323-1329[41]:

> Hercules: *Quis Tanais aut quis Nilus aut quis Persica*
> *violentus unda Tigris aut Rhenus ferox*
> *Tagusve Hibera turbidus gaza fluens*   1325
> *abluere dextram poterit? Arctoum licet*
> *Maeotis in me gelida transfundat mare*
> *et tota Tethys per meas currat manus,*
> *haerebit altum facinus.*

---

[39] *Manus* è un termine chiave anche nell'*Hercules furens*, in cui ricorre cinquan-
tacinque volte, spesso come metonimia per indicare la forza di Ercole o le sue
imprese. Vd. Miola [1992: 114-115].

[40] Sen. *HF* 1193-1196. Di seguito, la libera traduzione del passo di Jasper Heywood: «Take mercy father, lo I lift to thee my humble hands. / What meaneth this?
My hand fleeth backe, some priuy gylt their standes / whence comes this bloud?
Or what doth mean flowing wt death of child / the shaft imbrewd with slaughter
once of Lerney monster kilde? / I see my weapons now, the hand I seeke no
more to witte» [Jasper Heywood, *The First Tragedie of Seneca entitvled* Hercules
furens, 5.55-59, London, 1581: 18].

[41] Cfr. Lucas [1922: 121-122]. La stessa immagine è presente in Sen. *Phae.* 715-
718: «*Quis eluet me Tanais aut quae barbaris / Maeotis undis Pontico incumbens
mari? / Non ipse toto magnus Oceano pater / tantum expiarit sceleris*». Cfr. Miola
[1992: 113].

Il riconoscimento, che Seneca fa coincidere con le fasi finali della vicenda tragica, in Shakespeare ha luogo durante il secondo atto, permettendo così di rappresentare la reazione dell'ambiente circostante all'omicidio e di riproporre l'immagine delle mani insanguinate nell'ultima apparizione in scena di Lady Macbeth, sconvolta dalla stessa visione cruenta[42].

Un ultimo aspetto che lega *Macbeth* all'*Hercules furens* è l'evoluzione finale del re, che recupera in parte la caratterizzazione di guerriero valoroso, l'onore che lo contraddistingueva prima dello *scelus*, affrontando in battaglia i suoi avversari con la consapevolezza che quello sia il modo migliore di morire. Non si tratta di una riabilitazione morale, ma di una riaffermazione parziale di se stesso e della propria natura. Il *Macbeth* di Shakespeare combatte[43] e sceglie la morte, perché ormai non può sperare di ottenere più nulla dalla vita; il protagonista dell'*Hercules furens*, pur partendo da una riflessione analoga, accetta stoicamente di vivere e di patirne le conseguenze[44].

In conclusione, il confronto attento con le *Tenne Tragedies* e con i modelli classici dimostra che Shakespeare scrisse

---

[42]   Cfr. Miola [1992: 112].

[43]   Si tratta di un'altra innovazione shakespeariana, in quanto, nelle *Holinshed's Chronicles*, si narra che Macbeth tentò vilmente la fuga, accortosi della superiorità numerica dell'esercito nemico. Cfr. Miola [1992: 120].

[44]   In particolare, Miola mette a confronto *Macbeth* 5.3.22-26 («Macbeth: I have liv'd long enough: my way of life / is fall'n into the sear, the yellow leaf, / and that which should accompany old age, / as honor, love, obedience, troops of friends, / I must not look to have») con *HF.* 1258-1261 («Hercules: *Cur animum in ista luce detineam amplius / morerque nihil est: cuncta iam amisi bona, / mentem arma famam coniugem gnatos manus, / etiam furorem*»), evidenziando come entrambi i passi siano caratterizzati «dalla medesima intensità elegiaca» ed esprimano un analogo desiderio di morte, oltre alla consapevolezza della perdita irrimediabile di ciò che di più caro può dare la vita. Cfr. Miola [1992: 118].

Othello e *Macbeth* ispirandosi in più occasioni a Seneca, le cui tragedie aveva avuto modo di conoscere principalmente attraverso la loro traduzione inglese, ma anche tramite una lettura almeno parziale degli originali latini. Prove a favore di questa tesi risultano essere innanzitutto le citazioni testuali che riecheggiano in *Macbeth* 3.2.55 [Sen. *Ag.* 115] e 5.3.43-45 [Sen. *Phae.* 607], ma anche l'accorto utilizzo della sticomitia e dell'antilabé caratteristiche del Cordovano[45], sfruttate soprattutto nei momenti di forte tensione emotiva dei protagonisti, in affannosa ricerca di risposte (si vedano, ad esempio *Oth.* 4.1.29-34[46] e *Mac.* 2.2.14-21[47]). La presenza senecana nelle due tragedie concerne la caratterizzazione dei personaggi (Otello e Macbeth rivisitano entrambi Ercole nell'*Hercules furens*, mentre Lady Macbeth è ispirata alla *Medea* e alla Clitennestra dell'*Agamennone*), determina la riproposizione di dinamiche tipiche (il dialogo *domina/nutrix* di *Oth.* 3.3 e di *Mac.* 1.7) e la citazione di scene emblematiche (ad esempio, l'invocazione agli spiriti del male di *Medea*, riletta in *Oth.* 3.3.454-469 e in *Mac.* 1.5.38-52), si esprime attraverso temi ricorrenti (il *furor* di Othello e di Macbeth, l'infanticidio), personaggi stereotipati (il fantasma di Banquo e i mes-

---

[45] È verosimile pensare che Shakespeare studi la tecnica e lo stile di Seneca sui testi originali e non sulle traduzioni, che dovevano pur sempre adeguare i contenuti alla lingua e alla metrica inglese, dilatando nella maggior parte dei casi i concetti che il latino può esprimere in maniera sintetica.

[46] «Othello: Hath he said anything? Iago: He hath, my lord, but be you well assur'd, / no more than he'll unswear. Iago: What hath he said? Iago: Faith, that he did... I know not what he did. Othello: But what? Iago: Lie. Othello: With her? Iago: With her, on her, what you will».

[47] «Macbeth: I have done the deed. Didst thou not hear a noise? Lady: I heard the owl-scream and the cricket's cry. Did not you speak? Macbeth: When? Lady: Now. Macbeth: As I descended? Lady: Ay. Macbeth: Hark! Who lies i'the second chamber? Lady: Donalbain. Macbeth: [looks at his hands] This is a sorry sight. Lady: A foolish thought, to say a sorry sight».

saggeri nel *Macbeth*) e il riutilizzo di termini-chiave (ad esempio, le frequenti occorrenze della parola «mano» nell'*Hercules furens* e nell'*Agamennone*, così come nel *Macbeth* e nell'*Othello*). Di particolare interesse è, infine, nel dialogo tra Otello e Iago (*Oth.* 3.3), la riproposizione di un clima inquisitorio analogo a quello che caratterizza lo scontro tra Edipo e Creonte nell'*Edipo* senecano, in cui il protagonista ricerca ossessivamente risposte, ribadendo una posizione di superiorità e giungendo a minacciare il proprio interlocutore. Queste caratteristiche, unite alla climax di tensione che anima la scena shakespeariana, sono conferma dell'ispirazione al modello classico. È così che Seneca, letto, imitato, ricontestualizzato da William Shakespeare, contribuisce alla creazione di alcune tra le scene più celebri e citate del teatro europeo rinascimentale, in cui agiscono personaggi animati dalle stesse passioni devastanti e dal medesimo senso di impotenza nei confronti del fato dei protagonisti senecani.

* * *

Di seguito si citano alcuni esempi di rappresentazioni teatrali e cinematografiche di *Othello* e *Macbeth* nel xxi secolo, ponendo attenzione alla riproposizione all'interno di esse di temi e dinamiche di ispirazione senecana, al fine di valutarne la persistenza sulla scena contemporanea[48]. Nel 2015, va in scena l'*Othello* per la regia di Iqbal Khan, prodotto dalla Ro-

---

[48] Sono stati selezionati per l'analisi l'*Othello* di Iqbal Khan, il *Macbeth* di Eve Best e il *Macbeth* di Justin Kurzel, in quanto da essi sono stati tratti alcuni spezzoni a corredo della nostra esposizione, in occasione del Congreso Internacional Reescrituras, Adaptaciones y Públicos de las Artes Escénicas en el siglo xxi.

yal Shakespeare Company[49]. Per la prima volta sul palco di Stratford-upon-Avon, Iago è interpretato da un attore di origini africane[50]. Il legame tra quest'ultimo e Otello viene in tal modo rafforzato, giustificando la fiducia riposta dal Moro nel suo alfiere tramite una maggiore vicinanza culturale e di pensiero. In questa rilettura in abiti da guerra moderna, Otello è il comandante di un'unità multirazziale in cui serpeggiano tensioni irrisolte, sufficienti a motivare l'odio di Iago nei confronti di un Cassio caucasico, che cerca di dimostrare la sua affinità con i commilitoni partecipando a una gara di rap. Otello non è un personaggio che si distingue dagli altri per la sua «nobiltà», ma veste i panni di un comandante pronto a usare la tortura come estrema risorsa[51]. Sin dalle prime fasi della tragedia, è evidenziata in lui una violenza latente, che appiattisce il personaggio impedendo di assistere a un'evoluzione del suo *furor*. In particolare, il regista inserisce dopo la terza scena del secondo atto una sequenza extra-drammatica di tortura, in cui un prigioniero incappucciato viene trascinato per le braccia all'interno di una vasca posta al centro della scena e seviziato da Iago con martello e trapano. Lo scopo è quello di sottolineare la minaccia psicologica di un clima di violenza, che prelude al caos e alla morte de-

---

[49] Lo spettacolo debuttò al Royal Shakespeare Theatre di Stratford-upon-Avon, nel giugno 2015. Due mesi più tardi, una sua registrazione prodotta per la diffusione nelle sale fu trasmessa nei cinema del Regno Unito e in alcuni cinema in giro per il mondo.

[50] Iago fu interpretato da Lucian Msamati, un attore britannico, originario della Tanzania. Tra gli altri interpreti, Hugh Quarshie (Otello) e Joanna Vanderham (Desdemona).

[51] Vd. Billington, Michael (12/06/2015): «Othello review - history is made with RSC's fresh take on the tragedy», *The Guardian*. https://www.theguardian.com/stage/2015/jun/12/othello-rsc-stratford-hugh-quarshie-lucian-msamati-joanna-vanderham [01-03-2023].

ll'epilogo. Otello non partecipa direttamente alle sevizie, ma, restando sullo sfondo, fa segno di procedere e con ciò dimostra di approvare la violenza. Si tratta di una scena preparatoria a *Oth*. 3.3.335-486, in cui Iago, fatto sedere dal suo generale sulla stessa sedia del prigioniero incappucciato, viene anch'egli torturato, affinché riveli ciò che sa su Desdemona e Cassio. Otello e Iago finiscono così per condividere il medesimo impulso di violenza e di crudele prevaricazione, sovrapponendosi nei gesti e nell'odio, una volta che nel Moro anche la luce dell'amore verso Desdemona va a spegnersi[52].

Per quanto riguarda *Macbeth* nel XXI secolo, occorre citare la messinscena al Globe Theatre di Londra firmata nel 2013 da Eve Best, premiata da un grande successo di pubblico[53]. Nonostante si tratti di una messinscena piuttosto fedele al testo tragico, con abiti in stile giacobino e una scenografia costituita da un'unica, alta palizzata di legno, la regista sceglie di introdurre nella rappresentazione inaspettati momenti di umorismo, ad esempio quando le streghe utilizzano come rossetto il pollice del timoniere morto di *Mac*. 1.3.27. Grande risalto è dato alle dinamiche di potere interne alla coppia protagonista: nella scena settima del primo atto, Lady Mac-

---

[52] Come Iqbal Khan, che rilegge la tragedia shakespeariana dando origini africane a Iago, nel 2021 il regista lituano Oskaras Koršunovas scelse per il suo *Otelas* un Otello donna e di colore (interpretata da Oneida Kunsunga-Vildžiūniene). Il regista spiega la scelta come dettata dalla necessità di coinvolgere temi nuovi nella rappresentazione, come la xenofobia, l'emancipazione della donna e le relazioni LGBT: «Othello [...], on par with other tragedies of Shakespeare, is the collision between the traditional and the modern. [...] In these times, the union of Othello and Desdemona, discarding the racial differences, could be called non-traditional. [...] In the Shakespearean times it was normal for men to perform women, today it should be normal for women to perform men» https://www.okt.lt/en/plays/othello/ [01-03-2023].
[53] Tra gli interpreti, Joseph Millson (Macbeth) e Samantha Spiro (Lady Macbeth).

beth è rappresentata come una donna feroce, che urlando si impone su di un marito timoroso ed esitante, ma nella seconda scena del terzo atto, parallelamente al divampare del *furor* in Macbeth –simboleggiato dall'impulso di strangolare la moglie, mentre descrive i *«whiles night's black agents»* che di notte si alzano sulle loro prede [*Mac.* 3.2.50-53]–, la donna perde la propria forza e si piega di fronte alla perdita dell'uomo amato, che ormai non riconosce più. L'evoluzione del rapporto tra Macbeth e la moglie è un aspetto messo in rilievo anche dal *Macbeth* di Justin Kurzel, trasposizione cinematografica della tragedia del 2015, con Michael Fassbender e Marion Cotillard. Il film di Kurzel si apre con il compianto funebre sul cadavere del figlioletto di Macbeth, che getta un'ombra sul passato della coppia, mettendo in rilievo un dolore pregresso, che giustifica l'atteggiamento ossessivo di Lady Macbeth e la sua determinazione a uccidere come un effetto psicologico della perdita subìta. All'apice della follia, il riferimento al lutto ritorna, quando Lady Macbeth con le lacrime agli occhi recita un monologo –ispirato a *Mac.* 5.1– rivolto al fantasma del figlio, che viene infine mostrato fuori campo[54]. In questa prospettiva, acquisisce significato la presenza cospicua di bambini nel film, costantemente legata al tema della morte e dell'infanticidio: oltre al figlio di Macbeth, sono presenti l'inquietante bambina interprete di una delle tre streghe, il figlio di Banquo che assiste all'assassinio del padre e i figli di Macduff, in una tragica scena che li vede legati ai pali insieme alla madre in attesa di essere giustiziati[55].

---

[54] Il monologo si conclude con l'esortazione del v. 64 (*«to bed, to bed, to bed»*), rivolta direttamente al bambino.

[55] Un'ulteriore versione cinematografica della tragedia è il *Macbeth* di Joel Coen (2021), in cui la coppia protagonista è interpretata da Denzel Washington e da

Sia nell'*Othello* prodotto dalla Royal Shakespeare Company sia nelle versioni di *Macbeth* di Eve Best e di Justin Kurzel, è possibile rintracciare la persistenza di alcuni temi che Shakespeare derivò dalla lettura delle tragedie di Seneca.

Bibliografia

Edizioni dei testi classici e moderni

ALEXANDER NEVYLE, Oedipus (1581): «The Fifth Tragedy of Seneca, englished by Alaxander Nevyle», en *Seneca Histenne Tragedis*, Londres, 78-94.

GIRALDI CINZIO, Giovan Battista (1834): *Gli Ecatommiti ovvero Cento novelle*, Tipografia Borghi e compagni, Firenze.

HEYWOOD, JASPER (1581): «The First Tragedie of Seneca entituled Hercules Furens», en *Seneca His Tenne Tragedies*, London, 1-20.

SENECA (1989): *Medea - Fedra*, A. Traina y G. G. Biondi (eds.), Milano, BUR.

— (1991): *Le tragedie*, ed. V. Faggi, Torino, Einaudi editore.

— (1993): *Edipo*, ed. G. Paduano, Milano, BUR.

— (1995): *Agamennone*, ed. G. Paduano, Milano, BUR.

— (1999): *La follia di Ercole*, ed. E. Rossi, Milano, BUR.

— (2002): *Tieste*, ed. F. Nenci, Milano, BUR.

Frances MacDormand. Il film, in un bianco e nero ricco di contrasti, è ambientato in un non-luogo stilizzato, tra le stanze vuote del palazzo e nebbiosi paesaggi esterni, privi di orizzonte. Affidando il ruolo di Macbeth a un attore in età più avanzata, Coen offre una nuova chiave di lettura del personaggio, che sente l'esigenza di conquistare con le proprie mani ciò che la vita, a suo parere, avrebbe dovuto dargli secondo giustizia.

SHAKESPEARE, William (1989): *Macbeth*, ed. N. D'Agostino, Milano, Garzanti.

— (1990): *Otello*, ed. S. Perosa, Milano, Garzanti.

STUDLEY, John (1581): «The Eyghth Tragedye of L. Annaeus Seneca, entituled Agamemnon», translated out of Latin into Englishe by John Stvdley, en *Seneca His Tenne Tragedies*, London, 140-160.

— (1581): «The Seventh Tragedye of L. Annaeus Seneca, entituled Mede»a, translated out of Latin into Englishe by John Stvdley, en *Seneca His Tenne Tragedies*, London, 119-139.

Saggi e articoli

ADAMS, Joseph Q. (1919): «Shakespeare, Heywood, and the Classics», *Modern Language Notes* 34.6, 336-339.

ARKINS, Brian (1995): «Heavy Seneca. His Influence on Shakespeare's Tragedies», *Classics Ireland*, 2, 1-16.

BILLINGTON, Michael (12/06/2015): «Othello review - history is made with RSC's fresh take on the tragedy», *The Guardian* https://www.theguardian.com/stage/2015/jun/12/othello-rsc-stratford-hugh-quarshie-lucian-msamati-joanna-vanderham [21-02-2023].

BOYLE, A. J. (1997): *Tragic Seneca. An Essay in the Theatrical Tradition,* Oxon, Routledge.

BRADEN, Gordon (1984): «Senecan Tragedy and the Renaissance», *Illinois Classical Studies*, 9, 2, 277-292.

BURROW-COLIN (2013): *Shakespeare and Classical Antiquity,* Oxford, Oxford University Press.

CUNLIFFE, John W. (1893): *The Influence of Seneca on Elizabethan Tragedy: An Essay*, Londres-Nueva York, Macmillan.

Ferrando, Carlotta (2021): «Those Who Come back: Ghosts onstage from Aeschylus to Shakespeare», en *Reading Shakespeare and the Classics. A Postgraduate Seminar*, eds. C. Lombardi, L. Marfè y C. Ragni, (Alessandría, Edizioni dell'Orso), 111-151.

Kaufmann, R. J. (1967): «The Seneca Perspective and the Shakespearean Poetic», *Comparative Drama*, 1, 3, 182-198.

Kiefer, Frederick (1978): «Seneca speaks in english: What the Elizabethan translators wrought», *Comparative Literature Studies*, 15, 4, 372-387.

Lucas, Frank L. (1922): *Seneca and the Elizabethan Tragedy*, Cambridge, Cambridge University Press.

Martindale, Charles y Taylor, A. B. (2004): *Shakespeare and the Classics*, Cambridge, Cambridge University Press.

Miola, Robert S. (1990): «*Othello Furens*», *Shakespeare Quarterly*, 41, 1, Oxford University Press, 49-64.

— (1992): *Shakespeare and Classical Tragedy. The Influence of Seneca*, Oxford, Clarendon Press.

Paduano, Guido (2020): *Teatro. Personaggio e condizione umana*, Roma, Carocci Editore.

Peyré, Yves (2004): «"Confusion now hath made his masterpiece": Senecan resonances in *Macbeth*», in *Shakespeare and the Classics*, eds. C. Martindale y A. B. Taylor (Cambridge, Cambridge University Press), 141-155.

Riehle, Wolfgang (2004): «*Shakespeare's reception of Plautus reconsidered*», en *Shakespeare and the Classics*, eds. C. Martindale y A. B. Taylor (Cambridge, Cambridge University Press), 109-121.

Schanzer, Ernest (1960): «Heywood's Ages and Shakespeare», *The Review of English Studies*, 11, 41, 18-28.

Spearing, Evelyn M. (1909): «The Elizabethan *Tenne Tragedies* of Seneca», *The Modern Language Review*, 4, 4, 437-461.

SPEARING, Evelyn M. (1920): «Alexander Nevile's Translation of Seneca's *Oedipus*», *The Modern Language Review*, 15, 4, 359-363.

TRUAX, Elizabeth (1989-1990): «*Macbeth* and Hercules: The Hero Bewitched», *Comparative Drama* 23, 4, 359-376.

VAN ZYL SMIT, Betine (2012): «Jasper Heywood's Translations of Senecan Tragedy», *Acta Classica*, 55, 99-117.

WINSTON, Jessica (2006): «Seneca in Early Elizabethan England», *Renaissance Quarterly*, 59, 1, 29-59.

Marina Carr. El mundo clásico como fundamento de una dramaturgia contemporánea

Diego Gil Zarzo
Universidad Autónoma de Madrid[1]

El estudio de un autor en activo queda obsoleto en cuanto se concluye. Todo lo investigado puede verse revocado por las declaraciones de ese mismo artista tiempo después. Sin embargo, para los que usualmente estudiamos sucesos y vidas que ocurrieron miles de años atrás, la contemporaneidad es un contraste tan abismal que supone un inmenso atractivo. Esa es la misma belleza que posee el teatro, pues su arraigo al tiempo presente lo convierte en algo tan inmortal como efímero. En esta investigación confluyen las dos pasiones que me han acompañado durante mi formación académica y mi trayectoria profesional: las artes escénicas y el mundo antiguo. En lugar de centrarme en el estudio de las tragedias griegas conservadas, ampliamente estudiadas desde el punto de vista filológico y escénico, opté por revertir el proceso, es decir, realizar una labor arqueológica en los sustratos del teatro europeo contemporáneo con el objetivo de investigar los elementos mitológicos y dramáticos de la Antigüedad clásica que pudieran subyacer.

[1] Este trabajo se inserta en el Proyecto de investigación PHS-2024/PH-HUM-437 financiado por la Comunidad de Madrid.

La gran variedad de autores y corrientes teatrales podía convertir en imposible esta tarea, por lo que resolví centrarme en la producción de un único dramaturgo europeo como ejemplo paradigmático. Alejándome de los autores mediterráneos, más obvios en cuanto a su relación con el mundo grecolatino, me topé con la figura de la dramaturga irlandesa Marina Carr, desconocida para mí hasta ese momento. Al sumergirme en sus textos, intuí que en ellos se percibía un acercamiento progresivo a los temas y técnicas propios del relato mítico y de la tragedia griega, por lo que establecí como objetivo principal de esta investigación el análisis de esos elementos en su producción literaria, con la intención de evidenciar la pervivencia de ese sustrato cultural en la dramaturgia europea contemporánea. Esta decisión suscitaba diversas cuestiones. La primera de ellas consistía en descubrir si sus piezas se podían considerar tragedias desde el punto de vista aristotélico. En caso afirmativo, cabía plantearse hasta qué punto respetaban la estructura trazada por Aristóteles y la presencia de recursos dramáticos como la *anagnórisis*, la *hamartía* o la catarsis, entre otros. Otra cuestión era si la autora utilizaba la figura clásica del mensajero o si respetaba el concepto de lo obsceno en sus textos. También me interesaba si en alguno aparecía el uso del coro, o al menos, de personajes corales que asimilaran sus funciones. Otro aspecto a tener en cuenta era la importancia que le pudiera dar en sus creaciones a la música, al canto y a la danza, tan relevantes en la tragedia griega, así como la aplicación dramática que pudiera hacer del binomio filosófico establecido entre el *ethos* y el *pathos*. En resumen, el análisis se debía centrar en el uso que la autora daba a los elementos mitológicos y trágicos grecolatinos en su proceso creativo y cómo los combinaba con el acervo cultural del Occidente actual, y concretamente, con el de su Irlanda natal.

Como objetivo secundario, me interesaba dar difusión a los textos literarios de esta autora, poco conocida en España, así como potenciar de algún modo su presencia en nuestros escenarios. Se trataba de una labor conjunta, puesto que algunos traductores, intérpretes y directores de escena españoles ya han apostado por ello en los últimos años. La única de sus piezas representada hasta la fecha en un escenario español ha sido *Mármol*, dirigida por Antonio Castro Guijosa para el Centro Dramático Nacional a principios del 2016. En el ámbito de la edición, encontramos cuatro traducciones al castellano de textos de Carr: *Junto a la Ciénaga de los Gatos* (2022) corrió a cargo de Melania Terrazas y de Álvaro Martínez de la Puente, mientras que Diana Luque ha publicado *La niña sobre un altar* (2023), *El sueño Cordelia* (2019) y *Mujer y Espantapájaros* (2012), esta última dentro del volumen *Estéticas de la destrucción*. Marina Carr es una autora con presencia en los círculos académicos, tanto por su labor como docente universitaria como por la gran cantidad de investigaciones que se han realizado sobre su obra. Mientras que en España el interés por esta autora ha aumentado en la última década, en el ámbito anglosajón son numerosos los artículos y monografías dedicados al estudio de sus textos dramáticos. Todos ellos, además de las fuentes primarias, han servido de cimentación para construir esta investigación.

En un primer momento, la intención era acotar el estudio a los catorce textos incluidos en los tres primeros volúmenes editados por Faber and Faber, que comprendían el periodo entre 1994 y 2015. Sin embargo, conforme se desarrollaba la investigación, la pertinencia de incluir textos posteriores a esas fechas se hacía más ostensible, puesto que los argumentos sobre los que la autora trabajaba se aproximaban de una forma cada vez más evidente al tema de estudio. Ese fue el motivo por el cual decidí ampliar el periodo de análisis hasta la fecha actual. Esto ha llevado a que en el estudio se analice un total de treinta y ocho obras, dando especial relevancia a siete títulos por su relación con el mundo clásico. El proceso consistió en un análisis comparativo de todas las piezas, para establecer los puntos en común que había entre ellas y la poética de lo clásico. Además, sirvió para trazar las líneas generales de la poética de Carr a lo largo de su producción.

El estudio se plantea en bloques temáticos, organizados cronológicamente. En un primer apartado se ofrece una visión general de la biografía de la autora, tras el cual nos sumergimos en su recorrido profesional por etapas. En *De la mano de Beckett* se realiza un acercamiento a sus inicios como dramaturga y a sus obras de juventud; con *La trilogía de las Midlands* asistimos al momento en el que comenzó a destacar en el ámbito nacional, para presenciar en *De las Midlands al mundo* la expansión internacional de sus horizontes dramáticos; en *El ciclo del sueño* encontramos a la autora asentada en su profesión, lo que le permitió consolidar una poética propia, que ya había ido desarrollando a lo largo de los años y en la que profundizará en el periodo que comprende *Lidiando con los muertos*. Este último bloque continuaría en la actualidad.

Marina Carr ejerce la docencia como miembro del profesorado de la Dublin City University, actividad que compagina con la escritura dramática y otras colaboraciones de índole académica y cultural. Asimismo, figura como escritora asociada dentro de la plantilla del Abbey Theatre, el teatro nacional de Irlanda. Actualmente vive en Dublín con su marido, con el que contrajo matrimonio a principios de los años noventa, y con sus cuatro hijos. Ella nació el 17 de noviembre de 1964 en Dublín. Sus padres vivían a unos cien kilómetros de la capital, en el pequeño municipio de Gortnamona, en el condado de Offaly. Este condado, junto con otros tres, forma la región de las Midlands, que son los territorios geográficamente ubicados en el centro del país. Allí pasaría su infancia con sus padres y sus cinco hermanos. Su padre era funcionario del estado y llegó a obtener cierto prestigio a nivel nacional como dramaturgo; su madre era directora de un colegio público local y escribía poemas en gaélico, aunque nunca llegó a publicarlos. Educada en un hogar lleno de cultura y de literatura, su etapa escolar se inició en el centro donde su madre impartía clases. Carr siempre ha valorado la influencia que tuvo su madre sobre ella y lo unidas que estaban hasta que falleció prematuramente en 1982 [Carr, 2000: 15]. Al año siguiente, Marina se traslada a Dublín para iniciar sus estudios superiores en la University College de Dublín, donde permanece durante tres años estudiando inglés y filosofía. Al acabar la universidad se traslada a Estados Unidos, donde trabaja como profesora de primaria durante un año. A su vuelta a Dublín inicia un posgrado para investigar sobre el dramaturgo Samuel Beckett. Altamente influida por la obra de su compatriota, Carr finalmente opta por abandonar sus estudios y empieza a escribir textos de marcada tendencia beckettiana.

Desde esos inicios fue clasificada como una escritora feminista y ella admite que se siente identificada con este movimiento, pero que cuando escribe su prioridad no es esa, sino contar una historia [Carr, 2020b: 206]. Ve la escritura como una única y larga conversación en la que un escritor contesta a otro, estableciendo una conversación metafórica con los autores del pasado. Considera que todas las historias ya han sido contadas, por lo que la innovación solo puede existir en la forma de transmitirlas [Carr, 2020b: 200]. Para ella, un buen escritor ha de ser un ávido lector, por lo que hablar de su producción dramática es hacerlo de sus referentes. La autora vuelve frecuentemente a la lectura de los clásicos grecolatinos y se sorprende de que no haya disminuido la sed de sangre del mundo en milenios de civilización. Entre sus autores predilectos incluye a Beckett, Tennessee Williams, Strindberg, Ibsen, Wilde, y Chéjov, sin olvidarse de Shakespeare. Afirma que en la escritura dramática se pueden encontrar prosistas o poetas, y que los que le interesan a ella son los poetas del teatro [Carr, 1998: 195].

Como se ha indicado, uno de sus primeros referentes en la profesión fue Samuel Beckett. De su compatriota adquirió la libertad creativa y el carácter experimental, lo que responde a un interés por hallar nuevas perspectivas en cuanto a la forma y el contenido. Los primeros textos de su autoría llevados a escena nos presentan a personajes arquetípicos con una necesidad de comunicarse y ser comprendidos, pero que no desean escuchar lo que los demás quieren decir. Los temas de estas piezas son transgresores, puesto que cuestionan los estereotipos de la tradición occidental. *Low in the Dark* trataba sobre los roles de género en la sociedad, abordando temas como el aborto, la menopausia, la lactancia o el parto desde una perspectiva surrealista. Con *The Deer's Surrender*, Carr dirigía sus críticas directamente hacia la tradición católica irlandesa, satirizando personajes bíblicos. En *This Love Thing* la autora invitaba a reflexionar sobre el amor a través del arte, confrontando a artistas del Renacimiento con sus creaciones e ironizando sobre la posición tradicional de la mujer como objeto de admiración estética. Las tres piezas utilizaban la ironía como principal recurso de crítica social, poniendo el foco en la maternidad y en los roles de género. Con el humor suscitaba el distanciamiento necesario para provocar la reflexión en los espectadores. De este modo, incluía ya en estos textos iniciales la idea de paideia: los personajes eran arquetipos reconocibles con los que el público se podía identificar y así aprender a través de ellos. Pese a que en estas piezas lo clásico parecía no tener cabida, aparecen ciertos rasgos que después serán esenciales en su poética, tales como el uso del relato mítico o del coro clásico. Por su parte, *Ullaloo* supuso un punto de inflexión en la carrera literaria de Carr. Pese a que el cuarto texto de este periodo había sido escrito antes que todos los anteriores, su estreno no se produjo hasta 1991, aprovechando el creciente éxito de las producciones previas. La pieza trataba sobre la búsqueda del significado de la vida y la muerte en el ámbito de una pareja. Sin embargo, resultó excesivamente surrealista para el público y la producción fue retirada poco tiempo después. Este escollo profesional, lejos de acabar con la carrera de Carr, le sirvió para reflexionar sobre sus posibilidades creativas y la llevó a realizar un drástico cambio de rumbo. La autora optó por alejarse de la estética beckettiana y enfocar sus nuevas obras desde una perspectiva más convencional. La inercia fría y desapasionada de sus primeros textos se opone a la búsqueda del pathos que reflejarán sus creaciones posteriores. Fueron dos los elementos sobre los que cimentó esta nueva etapa: el destino trágico, propio de la tradición clásica, y la localización de sus piezas en la región de las Midlands, que fue su aportación original. El primero de ellos suponía la existencia de un camino trazado más allá de los designios humanos, mientras que el segundo implicaba el retorno de la autora a sus orígenes, retratando en algunos de sus textos a los personajes y espacios de su infancia.

Pese a que la denominación de «trilogía» es posterior, la relación entre las tres piezas siguientes es ineludible. Todas ellas suponen perspectivas distintas sobre cómo enfrentarse al dolor y la pérdida, y cada una de las protagonistas está fuertemente vinculada a un elemento acuático. El simbolismo del agua caracteriza el espacio, que es casi un personaje en sí mismo, reflejo de las protagonistas. Las tres coinciden en ser mujeres irlandesas de mediana edad, casadas y con hijos, a las que la ausencia de alguien las aleja de la felicidad que en realidad podrían obtener de los que permanecen a su lado. La forma de lidiar con esa ausencia perfila sus diferencias: en *The Mai* la protagonista es como el lago junto al que construye su casa, aparentemente en calma en la superficie, pero con peligrosas corrientes internas; el río Belmont de *Portia Coughlan* representa el camino inexorable de su protagonista hacia la muerte, la vida que se le escapa y que no le es posible retener; Hester, protagonista de *By the Bog of Cats...*, vive estancada en la ciénaga donde tiene su hogar, esperando algo que nunca llega. Esta espera, llena de incertidumbre, y su deseo de que la situación cambie puede verse como un vestigio de la influencia beckettiana. Las tres son mujeres fuertes que luchan contra una situación impuesta y que finalmente recurren al suicidio. Carr retoma la idea de la muerte como liberación de todos los males, propia de la tragedia griega, y la incorpora a su poética. Otro elemento innovador fue la adaptación del dialecto de las Midlands a su escritura, tratando de imitar las expresiones y sonidos propios de la región de su infancia. De este modo, dotaba a sus palabras del alma de esos territorios a través del lenguaje. El resultado fue una traslación de la oralidad al papel en un juego fonético que caracterizará el trabajo de Carr durante sus próximos textos.

En *The Mai* la autora entreteje una serie de elementos simbólicos y míticos para retratar la historia familiar de cinco generaciones de mujeres, desde la madre de la centenaria abuela Fraochlán hasta su tataranieta Millie, quien cumple la doble función de personaje y narradora. Es un texto que habla del amor y cómo seguir adelante con las convenciones sociales cuando este amor se acaba. También constituye una crítica hacia el concepto de familia como eje vertebrador de la sociedad y garante de la tradición. Se trata de una obra recordada, en la que el relato de Millie muestra las distintas formas en las que las mujeres de su familia se han enfrentado a un destino similar, marcado por el abandono y las ausencias. Mai es una mujer abandonada por su marido que consigue hacerle volver, pero que no logra mantenerle a su lado. Siguiendo el arquetipo mitológico de héroes como Teseo o Ulises, los hombres de la familia de Mai llegan, engendran hijos y se marchan. Mai sigue el referente de la Penélope mítica, esperando pacientemente el próximo retorno. La protagonista presenta un fuerte arraigo hacia el Owl Lake, el lago junto al que construye una casa para hacer volver a su marido y donde finalmente se ahoga. Al suicidarse, Mai pretende romper el ciclo generacional que se perpetúa en las mujeres de su familia. Sin embargo, la vida que lleva su hija Millie de adulta demuestra que ese destino pervive inalterable.

En *The Mai* se respetan las unidades de espacio y acción, pero no la de tiempo. La idea de evocar las escenas a través de la memoria de Millie configura la trama, puesto que la muerte de Mai se sitúa en el final del primer acto, momento en el que el marido aparece portando el cadáver chorreante de agua. La ubicación del suicidio en el centro de la pieza conlleva que la catarsis se produzca en este punto y que los sucesos que se representan posteriormente en el escenario sean presenciados por un público consciente de que no habrá salvación posible para la protagonista. Despojado del proceso catártico, el segundo acto se centra en la reflexión para obtener la *paideia*. La ausencia de la representación explícita de la muerte sobre el escenario alude al concepto trágico de lo obsceno, es decir, «lo que no debe mostrarse en escena». Otro elemento propio de la tragedia clásica que Carr incorpora en este texto es la presencia de la ironía trágica: El marido de Mai vuelve porque ha soñado con la muerte de ella y, efectivamente, su retorno provoca que su temor se cumpla. De este modo, se unifican tres ideas propias de la tragedia griega: la profecía, el destino y los sueños como fuente de conocimiento. En la pieza también encontramos enfrentamientos, a modo de *agones* clásicos, especialmente entre la pareja protagonista. Carr también incluye elementos de su propia poética como la presencia de cisnes, que será un elemento recurrente en sus obras posteriores. En este caso, hay una pareja de estos animales que habita junto a la casa y que supone el reflejo del matrimonio. También son cisnes los que tiran del féretro de Mai en el sueño de su marido. Él es un arquetipo en sí mismo, puesto que representa al hombre que antepone su éxito profesional a su felicidad doméstica. La costura y los hilos se asocian en este texto a lo femenino, así como el color azul, que aparece tanto en el vestido veraniego con el que Mai inicia el segundo acto como en el conjunto con el que visten su cadáver para el funeral.

Tanto el cumpleaños de Mai como el de la protagonista de la siguiente obra, *Portia Coughlan*, se presentan como un momento de tránsito entre la vida y la muerte. Portia es una treintañera con todas las necesidades vitales cubiertas, pero que vive insatisfecha y atormentada por un pacto de suicidio que incumplió con su mellizo quince años atrás. La ruptura de esa promesa la hostiga, lo que se simboliza a través de las melodías que canta en escena el fantasma de su hermano Gabriel. Sin embargo, en ningún momento pronuncia una palabra ni se tiene la certeza de que exista, ya que su hermana es la única que le percibe. Al contrario que para Mai, el dominio de Portia no es la casa, sino el exterior. El espacio doméstico, tradicionalmente concebido como lugar seguro, no lo es para las protagonistas de estos textos. Portia rechaza a sus tres hijos hasta el punto de temer hacerles daño y les niega su cariño. También desprecia a su marido y tiene un amante, pero tampoco se siente plena con él. La familia se entiende como lugar de conflicto. El nombre de Portia es un guiño al personaje de *El mercader de Venecia*, de Shakespeare. Otros nombres significativos son los de Raphael y Gabriel, el marido y el hermano de Portia respectivamente, que hacen referencia a ángeles. En este texto la autora ahonda sobre temas como el amor y el matrimonio, la muerte, la culpa, la dualidad, el incesto, la endogamia y la conciencia trágica de un destino ineludible. Es la primera obra en la que la autora aplicaba el uso del dialecto a todos los personajes. Por otra parte, Carr continúa recurriendo a elementos de la poética clásica para estructurar esta pieza. Al igual que en *The Mai*, utiliza un mito para dotar de una dimensión sobrenatural las acciones de los personajes, como si estuvieran condenados por las acciones de sus antepasados. Vuelven a estar presentes conceptos como la muerte liberadora, tanto para Gabriel como para Portia, y la ironía trágica que supone que Portia cumpla su pacto al morir ahogándose como prometió años atrás, cerrando el ciclo. El distanciamiento, así como el consecuente espacio para la *paideia*, aparece al si-

tuar de nuevo la muerte de la protagonista en el centro de la
pieza. Mientras todavía tiene posibilidades de salvación, Portia desprecia todos los intentos de ayuda por parte de los
demás personajes. Su *hamartía* es desear esa ayuda cuando
ya es demasiado tarde. En cuanto a las unidades, la acción
es única, el tiempo ocupa tres jornadas y los espacios son
tres, que la autora señala como simultáneos en escena. Las
escenas se configuran a modo de *agones*: aproximadamente
dos tercios de las quince escenas que componen la pieza
son enfrentamientos dialécticos entre un personaje y la protagonista. Destaca de nuevo la simbología del agua, representada en este caso con el río Belmont. Portia fantasea con
la idea de retornar como espíritu a ese lugar del que jamás
se ha alejado. Ante esto, su amante dice que esperará las
visitas de su «Ghost Fancier» o «fantasma seductor» [Carr:
1999, Por., III. 2.24-24], término que Carr recuperará para su
siguiente texto, *By the Bog of Cats...* En este caso, esta expresión dará nombre al primer personaje sobrenatural con diálogo en una pieza de Carr. Al comienzo de esta obra, la
protagonista, Hester, arrastra el cuerpo sin vida de un cisne
negro. Su madre había profetizado que moriría el mismo día
que ese cisne. De ese modo, este Ghost Fancier se presenta
ante ella como emisario del más allá, representando al mismo tiempo al mensajero de la tragedia y una alegoría de la
muerte. En un gesto humorístico puramente trágico, el fantasma se percata de que ha confundido el alba y el ocaso,
por lo que anuncia que volverá a por ella al atardecer y se
marcha. Así comienza esta reescritura del mito clásico de
Medea en la Irlanda contemporánea. En ella Carr respeta
escrupulosamente las unidades, puesto que una única acción se desarrolla en prácticamente un mismo espacio durante una sola jornada. De las tres piezas de la trilogía, *By the*

Bog of Cats... es la que posee una trama más lineal, sin narradores, soliloquios ni transgresiones de la línea temporal. Su vinculación con Medea resulta obvia, puesto que la propia Carr llegó a utilizar ese nombre para titular alguno de los borradores de la pieza. Al igual que Medea, Hester es una extranjera temida y repudiada por el resto de la comunidad. Los demás desean que abandone la ciénaga donde vive, pero ella no puede marcharse porque continúa esperando a su madre, quien la abandonó allí muchos años atrás.

Las escenas una vez más se configuran en forma de *agones*, en las que dos personajes confrontan sus distintas perspectivas sobre una misma realidad. Un recurso destacable es el uso de epítetos y de nombres parlantes. La pieza supone la consolidación de ciertos elementos de la poética de Carr, tales como el uso del dialecto, la presencia de fantasmas, las profecías, los sueños, las maldiciones o el destino. El dialecto aparece generalizado en todos los personajes, aunque su transcripción parece más estilizada que en *Portia Coughlan*, lo que facilita su comprensión. Por su parte, la llegada del Ghost Fancier augura que el final será irremediablemente trágico. Hester no puede escapar al destino que proclamó su madre años atrás, ya sea visto como una profecía o como una maldición. El Ghost Fancier no es el único personaje fantasmal que interviene en la pieza, ya que también lo hace el espíritu de Joseph Swane, el hermano de Hester, a quien ella misma había asesinado. Aparte de Hester, solo hay otro personaje que también puede tener contacto con ellos, la Catwoman. Esta insólita mujer, guardiana de la ciénaga, recoge la tradición del anciano adivino ciego cuyo referente es Tiresias. Tiene sueños proféticos y sus vaticinios se cumplen. Advierte a Hester de las desgracias que provocará si no abandona el lugar antes de que llegue la noche, pero ella no acepta su consejo. Hester encarna el pasado tradicional y mítico, arraigado a la tierra y respetuoso con la naturaleza. Su vinculación con la ciénaga va más allá de la propiedad. Frente a Mai, cuyo espacio se centraba en el interior de la casa, Hester es un personaje que habita el exterior. Esa dualidad entre espacios externos, normalmente asociados a lo masculino en la Grecia heroica, y el universo femenino, ubicado en el interior de las viviendas, queda revertido tanto en Medea como en Hester.

Hay tres símbolos que caracterizan este texto: el cisne, el vestido de novia y la ciénaga. El animal está profundamente relacionado con la protagonista. Su propio apellido, Swane, evoca su nombre en inglés. Cuando su vecina describe a la desaparecida madre de Hester, lo hace de tal modo que podría tratarse de una mujer o del cisne negro que ha acompañado a Hester durante toda su vida. Cuando la protagonista se suicida, las palabras que cierran la tragedia son de esa misma vecina, quien comenta que el corazón sobre el pecho de Hester parece un pajarillo de plumas negras. Por otra parte, la imagen tradicional de la novia vestida de blanco para el día de su boda queda subvertida. Durante la boda del que fue el amante de Hester, encontramos a la propia novia vestida de blanco, pero también a la madre de él y a la hija que este había tenido con Hester. La madre lo hace por llamar la atención, mientras que la niña lleva su vestido de comunión porque no tiene otro para la ocasión. En ese momento entra Hester con el vestido de boda que él le había comprado y que nunca llegó a utilizar, lo que provoca, en un juego irónico, la presencia en escena de cuatro mujeres de edades distintas, todas ellas vestidas de novia. El último símbolo, la ciénaga, resulta especialmente significativo. Estos espacios, a la vez acuáticos y terrestres, son ambiguos y difusos, como el límite entre los vivos y los muertos en este texto. Asimismo, son lugares misteriosos que albergan numerosos secretos sumergidos en su fango. La ciénaga simboliza esa vida estancada que conecta a Hester con Beckett y con *Esperando a Godot*. Del mismo modo, Carr también establece un diálogo con Eurípides y Séneca al reinterpretar sus tragedias. La principal divergencia de este texto con el mito de Medea es la motivación que empuja a Hester a asesinar a su hija al final de la obra. Cuando Hester está a punto de suicidarse y la niña la encuentra, comprende que acabar con su vida es un acto de bondad hacia ella. Igual que la muerte supone una liberación para la protagonista, una ruptura del ciclo, siente que no puede condenar a su hija a vivir una vida en espera, estancada y llena de sufrimiento, como la que ha vivido ella. La muerte de ambas se representa explícitamente y con crudeza en escena, en contra del precepto aristotélico. La ubicación de este suceso al final de la pieza contrasta con los otros dos textos de la trilogía y hace que prevalezca la catarsis frente a la reflexión, puesto que no implica distanciamiento. *By the Bog of Cats...* está considerado como el mayor éxito de Marina Carr hasta la fecha, ya que supuso su proyección a nivel internacional y su consolidación en Irlanda.

Tras el respaldo que recibieron estos tres últimos textos por parte de crítica y público, sus cuatro títulos siguientes son el reflejo de cada uno de los distintos recorridos dramáticos que Carr explorará en sus creaciones posteriores. En *On Raftery's Hill* continúa con algunos de los elementos trazados en la trilogía anterior, ya que también se ubica en las Midlands. Los personajes se encuentran anclados a un espacio, la colina Raftery, cuya pestilencia representa la degradación humana que allí se produce. La autora mantiene de nuevo el orden cronológico de la trama y el respeto por las unidades de espacio y acción, aunque el tiempo abarca tres semanas. Los personajes femeninos viven sometidos a la dominación del protagonista, Red Raftery. La única con esperanzas de escapar, su hija Sorrel, es finalmente sometida al ser violada por su padre al final del primer acto. Este suceso respeta el decoro porque no se escenifica, pero con ello también se magnifica en la imaginación del espectador. Las mujeres de este texto viven un destino peor que las de los anteriores, para quienes la muerte suponía una liberación. Ellas sobreviven, pero permanecen sometidas y sin posibilidad de escapar. El ciclo de violencia familiar se perpetúa indefinidamente. La pieza presenta elementos propios de la poética de Carr como la culpa heredada o el dialecto, intensificado por su localización en un ambiente rural. El espacio doméstico, en este caso la cocina de la granja, vuelve a perder su condición de lugar seguro. Lo que les ocurre a los personajes es solo un eslabón más de una larga cadena de acontecimientos familiares recurrentes. Para Carr, esta iteración fue uno de los motivos por los que llegó a considerar esta pieza como su obra más griega.

Paradójicamente, su siguiente texto contaba con todos los elementos para considerarse verdaderamente griego, puesto que en él utilizó tanto los temas como los mecanismos de la tragedia griega. Para el desarrollo de *Ariel*, Carr se inspiró por un lado en *Agamenón* y *Las coéforas*, de Esquilo y por otro en *Ifigenia en Áulide*, de Eurípides. En este texto recupera ideas que ya había tratado en trabajos anteriores, como los cumpleaños como momentos de tránsito, los sueños proféticos, la culpa heredada o la presencia de fantasmas en la vida cotidiana. Por otra parte, también aborda otros nuevos como la política nacional, la idea de Dios en relación con la religión o el límite entre el sacrificio y el asesinato. Como elemento principal prevalece el concepto de destino, que incluso dio nombre a la tragedia en algunos borradores. La pieza escenifica una serie de crímenes dentro de una misma familia. En el primer acto Fermoy Fitzgerald sacrifica a su hija Ariel para que Dios satisfaga sus ambiciones políticas, lo que correspondería con la visión de Esquilo, puesto que se trata de un crimen aparentemente necesario e ineludible, motivado por la divinidad. Este crimen es el único referido, pero no representado explícitamente en escena, por lo que respetaría el decorum. En el segundo acto, diez años más tarde, el propio Fermoy es asesinado por su mujer Frances, cuando ella descubre lo que hizo mientras que él todavía intenta recuperar su amor. Esta ilusión de esperanza de personajes que se creen invencibles antes de su caída es común en los textos de Sófocles. Por último, el asesinato de Frances por parte de su hija Elaine es el más visceral de los tres, puesto que Carr especifica en acotaciones que el personaje trata de seguir hablando mientras se sujeta la herida de la garganta y escupe sangre. Se trata un acto impulsivo que no podría estar más alejado del decorum trágico, tal y como se le reprochaba a Eurípides en su tiempo.

Carr utiliza este texto para saltar de lo local a lo nacional, presentando a su protagonista como candidato a primer ministro de Irlanda. Desde las primeras escenas se comprende que nos encontramos ante un mundo en decadencia, en el que los fundamentos de la sociedad se desmoronan. Fermoy representa el Estado, mientras que su mujer simboliza la familia y su hermano, el monje Boniface, la Iglesia. En un ejercicio de *paideia*, Carr invita a sus conciudadanos a cuestionarse la situación de su país, de su polis. Al contrario que en otros textos, ubica la reflexión en la parte central, permitiendo que la catarsis se produzca a través del *pathos* final. Estructura una vez más los enfrentamientos entre personajes a modo de *agones* clásicos y recurre a la *anagnórisis* en el momento en el que Frances reconoce a su esposo como el causante de la muerte de Ariel. Por su parte, la *hamartía* de Fermoy es aceptar el precio desmedido que cree que se le exige, el asesinato de su propia hija. Es el primer texto en el que aparece la idea de muerte ritual o sacrificio, que volverá en textos posteriores y que entronca con el *topos* del sacrificio de la vida personal a cambio del éxito profesional, llevado al extremo. Otros elementos propios de la poética de Carr en esta pieza son la maternidad y los ciclos generacionales de violencia familiar. El agua vuelve a tener relevancia con el Cuura Lake, el lago donde tanto Fermoy como su padre ocultaron los cadáveres de sus víctimas.

Ariel supuso un punto de inflexión en la producción de Carr respecto al uso del microcosmos de las Midlands, pero también de la mitología y de la violencia explícita. Pretendió crear una tragedia griega actual, pero el anacronismo impidió que las piezas encajaran con fluidez. A partir de ese momento, las referencias mitológicas se volvieron más sutiles, el acento de las Midlands quedó relegado y Carr optó por una estandarización del inglés, lo que hizo que sus textos se volvieran más accesibles internacionalmente. La violencia, que desde *The Mai* se había incrementado hasta llegar a su culmen en este texto, perdió relevancia. Su siguiente obra, *Woman and Scarecrow*, implica un retorno a sus orígenes beckettianos, pero integrando todos aquellos elementos con los que había estado construyendo su poética. Con un riguroso respeto de las unidades, la pieza muestra a una mujer que se lamenta por la proximidad de su muerte y hace balance de su recorrido vital con la única compañía de Espantapájaros, un personaje alegórico que simboliza a la vez su conciencia y la muerte implacable. Postrada en su cama, lo único que le queda es enfrentarse al capítulo final de su historia, que ella misma escribe con su sangre.

Sus tres obras posteriores, comprendidas dentro del ciclo del sueño, dejaban patente ese interés por independizarse de la poética clásica y consolidar un estilo propio. *The Cordelia Dream* es una declaración de amor por parte de Carr hacia el *Rey Lear*. Con esta pieza la autora despojaba la tragedia de Shakespeare de todo artificio para centrarse en el núcleo de la historia: el conflicto generacional entre un padre y una hija. Sin embargo, tanto los recursos expresivos y artísticos de la autora como el universo shakespeariano al que homenajea están tan impregnados de la cultura clásica que su presencia, aunque mitigada, resulta ineludible. Con *The Giant Blue Hand* Carr volvía a poner en relevancia el color azul en su poética, en este caso en una obra dirigida al público infantil inspirada por sus propios hijos. Con ella, la autora se servía de nuevo de los más jóvenes para expandir los límites de su imaginación. Por su parte, con *Marble* demostraba que la vida en la ciudad podía ser tan hostil como el ambiente rural retratado en sus textos previos. Los dos matrimonios que intervienen en esta pieza padecen una infelicidad crónica basada en la cotidianidad de haber logrado en apariencia todos sus objetivos vitales. Cuando una de ellos parece despertar a la realidad, tanto su vida como las de los demás quedan irrevocablemente trastocadas. Este texto aborda elementos que ya eran propios de Carr, como los sueños y su incidencia en la realidad, la poetización de la muerte o el uso de un elemento simbólico que atraviese toda la obra, como hace en esta ocasión con el mármol.

Como se ha podido comprobar, en cada una de sus obras anteriores Marina Carr se había embebido de una gran variedad de fuentes de inspiración, estableciendo relaciones temáticas y rindiendo homenaje a los que consideraba los grandes escritores del pasado. Sin embargo, en el periodo que se abrió a partir de 2010, estos homenajes evolucionaron hasta establecer un diálogo literario con esos escritores a través del tiempo. Títulos como *Rigoletto*, *Anna Karenina*, *Bodas de Sangre* o *Gilgamesh* son buenos ejemplos del interés de la autora por dar nueva voz a la literatura universal desde su propia perspectiva. Dentro de las obras en las que, en palabras de la autora, «lidiaba con los muertos» [Carr, 1998: 191], cabe distinguir ciertos títulos en los que se podría especificar que lidiaba específicamente con los tres trágicos griegos. Estas piezas son *Phaedra Backwards, Hecuba* y *Girl on an Altar*. Tras haber utilizado lo clásico para establecer una poética propia, se hace con los grandes temas de los ciclos trágicos para desarrollar sus propias reflexiones.

Pese a ser puramente mitológica, Carr en su momento consideró *Phaedra Backwards* como una de sus propuestas más innovadoras [Carr, 2011: 6]. En parte, esto se debe al uso del soporte audiovisual. La autora ya había especificado la música y sonidos en creaciones previas, pero aquí las proyecciones resultan esenciales para evocar imágenes sugerentes y configurar una estética que conecte la realidad con la ficción, aproximándose en ocasiones a lo onírico. Del mismo modo, Carr aúna la presencia del mito con la de elementos actuales, como teléfonos móviles, en un deliberado uso del anacronismo. Estos contrastes provocan distanciamiento y, a su vez, sitúan la trama en un tiempo mítico difuso. La propuesta responde a la fascinación de la autora por la figura del Minotauro y al interés por indagar en la psicología de

Fedra: una mujer que se casa con el causante de las desgracias de su familia.

En esta propuesta, la *hibris* de Fedra no es amar a su hijastro Hipólito, sino haber fallado a los fantasmas de su pasado, a sus padres y hermanos. Su condena es, por lo tanto, vivir con esa culpa. Al contrario que en otras versiones, los dioses no participan en el desarrollo de los acontecimientos, lo que impide a los mortales eludir la responsabilidad de sus actos, dentro del recorrido que les pauta el destino. La autora modela el mito según sus propios intereses, a partir de *Hipólito Coronado*, de Eurípides, *Fedra*, de Séneca y la tragedia homónima de Jean Racine. Esta forma de proceder recuerda a la técnica latina de la *contaminatio*. Como el propio título indica, Carr juega con el tiempo, haciendo que el pasado y el futuro, herencia y destino, se confundan. El retrato que ofrece de la heroína es similar al de sus anteriores protagonistas: no es una mujer desbordada que reprime sus sentimientos de amor prohibido, sino una mujer fuerte que busca vivir intensamente y aportar todo el sentido posible a su vida, siguiendo en este caso los pasos de su madre.

En esta pieza el símbolo central es el toro, que lleva a reflexionar sobre la humanidad de las bestias y la bestialidad de los humanos. El Minotauro, monstruo mítico por antonomasia, demuestra más humanidad que su verdugo Teseo, paradigma del héroe en decadencia. Carr utiliza la relación entre Teseo y Fedra para examinar los límites entre el matrimonio y la pasión, entre el amor y la pareja. Por su parte, Hipólito representa el enfrentamiento generacional, en el que Teseo no puede soportar que su hijo no esté a la altura de su fama. Cierra la imagen familiar la hija de Teseo y Fedra. Carr no especifica el nombre de esta niña, que representa la culpa heredada más allá de los propios actos, y que debe morir para saldar las deudas morales contraídas por sus padres a modo de sacrificio ritual. Los espíritus están más presentes en este texto que en todos los anteriores. Minos, Pasifae, Ariadna y el Minotauro interactúan con los demás personajes, aunque estos no puedan verlos. En su encuentro con Fedra la hieren y se alimentan de su sangre, lo que implica que su presencia es más que una alegoría de la culpa. Una vez más, la familia no es un lugar seguro y, en este caso, el peligro va más allá de la muerte. Al final de la pieza, masacran a la niña y a Hipólito, consumando su venganza y cerrando el ciclo de violencia. Aunque la maternidad no sea prioritaria para Fedra, intenta defender la vida de su hija, pero sabe que no podrá evitar que se cumpla su destino. Ella, en cambio, prefiere morir por su propia mano, volviendo al *topos* de la muerte liberadora. Fedra tampoco puede escapar de su herencia: aunque no comete *hamartía*, está condenada desde el principio, incluso antes de elegir a Teseo.

El interés por conocer mejor las motivaciones de los personajes en las tragedias clásicas reaparece en *Hecuba*. Con este texto, la autora buscaba mostrar a la reina troyana desde otra perspectiva, para comprender así sus sentimientos y reacciones ante el sufrimiento. Pese a que Carr ha declarado su aprecio por la tragedia homónima de Eurípides, siempre ha mostrado su descuerdo con el final que el dramaturgo planteó para este personaje, por lo que sentía la necesidad de redimirlo [Carr, 2015b: 5]. Carr no solo utiliza como punto de partida la propia *Hécuba*, de Eurípides, sino que también extrae elementos de otra tragedia de este autor, *Las troyanas*, en la que se escenifica el reparto de las esclavas de guerra entre los soldados griegos. El sufrimiento de las víctimas inocentes de una guerra es un tema universal, que lleva

a vincular la idea de rescribir Hecuba con un momento en el
que grandes cantidades de migrantes llegaban masivamente
hasta las costas europeas desde Oriente Medio y África a
través del mar Mediterráneo. Como ella misma indica, la
principal divergencia con el mito es la relación entre Hécuba
y su yerno Poliméstor. En su versión, ni a ella la mueve la
venganza ni a él la avaricia, sino que ambos son víctimas de
las atrocidades de la guerra y por ello se muestran misericor-
dia mutua. A diferencia de otras obras anteriores, las escenas
están organizadas siguiendo el orden de los acontecimientos, por lo que en este aspecto el acercamiento al mito es
más tradicional. En cambio, no se respetan las unidades de
tiempo ni de espacio. El texto está formado por seis escenas
sin división por actos. Tampoco incluye una acotación inicial
para situar el drama. Las pocas que aparecen en el texto lo
hacen al principio o al final de las escenas, aportando some-
ras pinceladas sobre la ubicación. Son los propios personajes
quienes configuran el espacio a través de los diálogos y las
descripciones. Con una técnica que Carr ya había ensayado
en *Indigo*, una obra previa, combina en la misma intervención la narración en primera persona del hilo de pensamiento de un personaje con el relato en estilo indirecto de lo
ocurrido desde su perspectiva. De este modo, cada personaje se convierte en corifeo de los demás. En un primer momento, Carr pretendía evitar la presencia del coro, pero con
este método propone una fórmula alternativa que se ha llegado a vincular con el distanciamiento brechtiano, la vida
interior de los personajes de *Extraño interludio*, de Eugene
O'Neill o la narraturgia de Sanchís Sinisterra. Esta opción
reduce la distancia entre épica y tragedia. Aparte de facilitar
el acercamiento del público a la psicología de los personajes,
también permite la intervención indirecta de otros muchos a

través del relato, sin necesidad de integrarlos en el elenco. Por otra parte, el uso de este método llega acompañado de la elaboración de un lenguaje propio que evoca la forma de expresarse de la época isabelina, acrecentando la atmósfera mítica y literaria [Carr, 2015e]. La catarsis queda diluida por el distanciamiento que provoca la técnica del relato, equiparando su importancia a la de la *paideia* que implica el paralelismo con las guerras actuales. En esta pieza todos los personajes se articulan en torno a la figura de Hécuba y de los temas centrales que atraviesan su mito: el dolor, la injusticia y los costes físicos y emocionales de la violencia extrema. La dignidad de la reina se va quebrando con un sufrimiento tras otro hasta perder su propia esencia. La dicotomía entre maternidad y pasión también está presente. Hécuba es, en esencia, el paradigma de la maternidad. Sin embargo, cuando sus hijos van cayendo, la reina pierde su condición de madre, y en parte, se siente liberada. Uno de los elementos que suele aparecer en los textos de Carr se encuentra paradójicamente ausente en este. Ni fantasmas, ni dioses ni otros seres sobrenaturales tienen presencia en esta tragedia, convirtiendo a los mortales en los únicos responsables de sus actos y de sus consecuencias. En la poética de Carr, los personajes más cercanos al mito clásico son los más escépticos, despreciando las creencias y costumbres de los pueblos sobre los que gobiernan. La ausencia de dioses pone al ser humano en el centro. Más allá del mito, Carr trata de comprender a las personas que representaron, escribieron y presenciaron como público estas historias, que ya eran antiguas en aquel tiempo, para desentrañar los motivos por los cuales eran importantes para ellos como sociedad y, en cierto modo, lo siguen siendo para nosotros [Carr, 2016b]. Para ella, los griegos utilizaban la tragedia como un espacio donde contemplar las ideas masivas que nos afectan a todos, donde confrontar la memoria individual con la colectiva en la construcción de un relato histórico [Carr, 2015b: 5].

Ese fue el mismo motivo que llevó a Carr a acercarse a la figura de Clitemnestra con *Girl on an Altar*. En ella retoma algunos de los personajes de *Hecuba* y nos invita a acompañarlos en su llegada a Micenas, como si se tratase de una continuación o una especie de acercamiento a las trilogías trágicas de los dramaturgos clásicos. Carr asegura que siempre le ha gustado el momento del Agamenón de Esquilo en el que el rey desciende del carro de guerra y se enfrenta a su esposa, pero que en la tragedia clásica ocurre todo demasiado deprisa [Carr, 2022c]. Por esta razón, decidió plantear la posibilidad de que, en lugar de suceder todo en un día, los eventos se desarrollaran a lo largo de un año. Este deseo de extender en el tiempo los sucesos de la tragedia es lo que hace que Carr rechace considerar este texto como una adaptación, además de que también utilizó como inspiración por un lado la *Electra*, de Sófocles, y por otro *Electra, Ifigenia en Áulide* y *Orestes*, de Eurípides [Carr, 2023a]. La autora recurre de nuevo a la técnica del relato, aplicándola del mismo modo que en *Hecuba* y utilizando un lenguaje similar. La pieza se estructura en dieciséis escenas, distribuidas en dos actos. El primer acto, de dos escenas, se centra en el momento en el que Agamenón sacrifica a su hija Ifigenia para obtener vientos propicios; las catorce escenas restantes representan lo ocurrido diez años más tarde. El texto explora diferentes ideas sobre la culpabilidad y la interpretación de la justicia, en relación con la confrontación entre las leyes humanas y las divinas, y la incógnita de si es posible perdonar lo aparentemente imperdonable. Carr no considera que Clitemnestra sea una heroína, sino una madre y esposa afligida que desea perdonar, pero que no es capaz [Carr, 2023a]. En esta versión intenta todo lo posible antes de cometer el inevitable crimen contra Agamenón. En un conflicto entre el *ethos* y el *pathos*, la reina se debate entre la pasión que continúa sintiendo por su marido y el dolor que le ha causado. Tanto en la tragedia de Esquilo como en la de Carr, el crimen de Clitemnestra se equipara a un ritual mediante elementos como la alfombra roja, la bañera de plata a modo de altar o el hacha lidia de doble filo. Clitemnestra sacrifica a Agamenón tal y como había hecho él con su hija. Paradójicamente, es posible que Agamenón sea uno de los personajes masculinos que muestre una mayor consideración hacia su mujer de los que Carr ha escrito. Incluso en su final, lo único que le interesa es el perdón de Clitemnestra. Su muerte es una liberación en el sentido de que es la única absolución posible. Este concepto de sacrificio es uno de los ejes centrales de la obra junto con el del destino irrevocable, que establece la vida de los protagonistas como un camino ya delimitado y poco margen para actuar. Al igual que en *Hecuba*, lo sobrenatural queda fuera de este universo mítico y los personajes se muestran críticos con las creencias y la fe. En esta versión hay lugar para la catarsis al final, pero limitada por la *paideia*, cuya reflexión se acentúa por el distanciamiento que provoca el relato indirecto. Sin embargo, no hay *anagnórisis*, *hamartía* ni ironía trágica. Los *agones* se ven reflejados en las escenas de conflicto, pero no están tan definidos como en textos anteriores. Pese a su proximidad con el mito, para Carr esta tragedia trata sobre una historia bastante íntima de un matrimonio, lo que a su modo de ver la convierte en la menos griega de todas.

Como se ha visto, en este periodo de más de tres décadas, Carr utiliza los mitos griegos como cimiento de sus tramas para vincularse con esa tradición y a la vez lograr un espacio de libertad para la innovación. Este uso de elementos mitológicos y trágicos ofrece dos ventajas a la autora: por un lado, aprovecha el conocimiento relativamente generalizado del mito para indagar en los temas sobre los que le interesa reflexionar; por otro, le permite depurar sus personajes hasta el punto de convertirlos en arquetipos. Esto hace que el público se pueda identificar con ellos sin la necesidad de conocimientos previos sobre mitología, tragedia o el mundo antiguo. Las obras se convierten en una creación artística nueva y autónoma, aunque hayan sido construidas utilizando materiales de miles de años de antigüedad. De este modo, se han visto ejemplos en los que la autora rompía con el orden cronológico de los sucesos con resultados efectistas que, por otra parte, alejaban al público del proceso catártico para situarlo en una posición más reflexiva. Es posible que Carr quisiera privar deliberadamente de la catarsis a los espectadores. Gran parte de su teatro habla de la frustración y esa sería una forma más de transmitírselo a la audiencia. Por otra parte, existe la posibilidad de que la autora nos hiciera partícipes de lo que iba a ocurrir para acercarnos a una idea del destino, tan propia de la tragedia. Al dar a conocer previamente el desenlace, todo lo que se representa después conduce a él sin que los esfuerzos de los personajes, ignorantes de lo que va a ocurrir, puedan evitarlo. La catarsis, por lo tanto, pervive en las tragedias de Carr en una forma evolucionada que permite que el público acceda a ella a través de nuevos medios. Con su dramaturgia, ofrece dos posibles visiones del concepto actual de tragedia, complementarias entre sí. Por un lado, convierte a personajes corrientes en héroes épicos; y por otro, libera a los grandes nombres de la literatura clásica de su pátina dorada para indagar en su humanidad, sin aderezos. Carr considera que su trabajo como dramaturga se limita, en esencia, a dar voz y vida a todos aquellos que no la han tenido previamente en la literatura [Carr, 2021a].

En su poética se pueden destacar numerosos símbolos, pero hay tres cuya presencia sobresale en toda su producción: el agua, el cisne y el color índigo. Los espacios dominados por el agua, ya sea en forma de mar, lago, río o ciénaga, son comunes en gran parte de sus textos como símbolo de transformación y espacio de tránsito para los personajes femeninos. El cisne también puede simbolizar transformación, pero además fidelidad, delicadeza, agresividad, territorialidad y, a su vez, nomadismo, al tratarse de aves migratorias. También se asocia con la muerte: en el *Agamenón*, de Esquilo, Clitemnestra compara la muerte de Casandra con un cisne que ha cantado su lamento final. Por último, el índigo es un color que Carr menciona recurrentemente, llegando incluso a dar título a una de sus piezas. Esta variedad del azul, también conocida como añil, evoca lugares exóticos y míticos tanto en su aspecto como en su etimología, puesto que proviene del latín *indĭcus*, es decir, «originario de la India». En la poética que ha desarrollado a lo largo de los años, Carr da tanta importancia a estos símbolos como a la recurrencia de ciertos temas. En numerosas ocasiones ha señalado que las dos cuestiones que más le interesan a la hora de escribir son el amor y la muerte. Ambas son incógnitas que condicionan la experiencia humana y sobre las cuales toda persona se interroga a lo largo de su vida. A partir de ellas configura una serie de temas secundarios, muchos de los cuales establecen una constante temática que vincula las diversas obras. Aparte de la antítesis entre muerte y vida, encontramos la establecida entre tierra y agua, logos y silencio o esperanza y pérdida. Otros elementos recurrentes son el destino, la familia, la maternidad, los fantasmas y la violencia. Muchos de los personajes de Carr son luchadores, inconformistas y fuertes de carácter. Son pasionales en el sentido etimológico de la palabra, puesto que viven intensamente y sufren con la misma intensidad. El *pathos* configura en gran medida el *ethos* de estos personajes, cuyo carácter y comportamiento les individualiza del resto de la comunidad. Ese enfrentamiento es el elemento fundamental que provoca la tragedia.

El teatro de Marina Carr se sostiene sobre cuatro elementos que constituyen los pilares de su poética: personas, espacio, tiempo y conversación [Carr, 2009a]. Las personas son los personajes, configurados a partir de arquetipos y caracterizados con elementos épicos para dotarles de un aura que transcienda de lo cotidiano. El espacio establece la atmósfera y dota de realidad los conflictos que se presentan, convirtiéndose en un símbolo en sí mismo con significado propio. El tiempo puede tener diversas interpretaciones: por un lado, al ubicar muchas de sus piezas en un pasado mítico, más literario que histórico, crea un mundo en el que la *paideia* es posible; por otro, las diversas opciones a la hora de ordenar la trama le permiten emocionar y hacer reflexionar al público en momentos distintos. Relacionado con ello, el logos es esencial en su teatro. Desde su punto de vista, lo más esencial es la palabra, con la que pretende elaborar una melodía que refuerce el sentido de la historia que está contando. Por ello, la conversación es el arma de estos personajes para definir su mundo y defender sus creencias. Del mismo modo, el lenguaje ambienta el universo de la obra, llevándonos a las Midlands con el acento o mitificando a los personajes con un inglés más clásico. También utiliza ciertos términos y expresiones que conectan un texto con otros, creando un recorrido.

Su trayectoria evoluciona desde utilizar la poética de lo clásico para construir su voz dramática hasta revertir el juego y poner la poética clásica al servicio de la suya propia, cerrando así el ciclo. Utiliza mitos para reflejar, de forma arquetípica, comportamientos humanos que siguen vigentes. Para Marina Carr, hay que escribir sobre lo que te mantiene despierto [Carr, 2012: 44]. Su recorrido en treinta y cinco años de profesión nos habla de la búsqueda de una escritura con voz propia. Desde sus primeros pasos en teatros universitarios a finales de los años ochenta hasta su vinculación con los principales centros irlandeses de creación escénica, la autora ha desarrollado un estilo en el que convergen una serie de elementos que permiten hablar de una poética genuina. No podemos saber qué nos deparará su escritura, pero algunos de sus textos que se han programado más recientemente auguran que la autora continuará indagando sobre los temas que la mantienen despierta, como el amor o la pérdida y la muerte. Es muy probable que siga utilizando los mitos como escenario para unos personajes que, pese a la distancia en el espacio y el tiempo, nos resultan terriblemente cercanos como personas. La escritura de Marina Carr es el reflejo de un periodo histórico de cambios en su país. Los temas que trata demuestran su preocupación por la sociedad de la que forma parte, mientras que el uso de símbolos propios del mito y del folclore deja patente su intención de evolucionar sin olvidar la tradición y de avanzar sin perder la identidad por el camino, siguiendo la máxima de que entender el pasado nos puede ayudar a comprender el presente. Hay temas que transcienden épocas y fronteras, que aluden a lo más profundo de la existencia y del ser humano. Son aquellos que habitan en la tragedia y que mantienen vivos a los textos clásicos, más allá de su innegable valor como patrimonio cultural. La vigencia de la tragedia reside en que, en esencia, todavía nos interpela. Como suele citar la propia autora [Carr, 2014a: 257], en los mitos –y podríamos decir que en el teatro también– estas cosas no sucedieron jamás, pero son siempre.

Bibliografía

Obras literarias de Marina Carr

Carr, Marina y Mann, Emily (2007): «Phaedra Backwards: Excerpts from a New Play by Marina Carr», en *The Princeton University Library Chronicle*, 68 (1-2): 720-728 https://doi.org/10.25290/prinunivlibrchro.68.1-2.0720 [11-03-2026].

Carr, Marina (1999): *Plays One*, Faber & Faber.

— (2009c): *Plays Two*, Faber & Faber.

— (2012): *Mujer y Espantapájaros*, D. Luque, *Estéticas de la destrucción: el teatro irlandés en la era del Celtic Tiger*, Fundamentos.

— (2015d): *Plays Three*, Faber & Faber.

— (2019d): *El sueño Cordelia*, Antígona.

— (2020c, 24 de septiembre): «New Irish Writing: "Grow a Mermaid" by Marina Carr», en *Irish Independent* https://bit.ly/3SkIxl5 [11-03-2026].

— (2022b): *Junto a la Ciénaga de los Gatos...* Universidad de La Rioja.

— (2023b): *La niña sobre un altar*, Antígona.

Artículos e intervenciones de Marina Carr

CARR, Marina (1998): «Dealing with the Dead», *Irish University Review*, 28.1: 190-196.

— (2004): «Talk of the Town: Why I Write - Childhood regained», *The Independent on Sunday*, (28-XI): 3-4.

— (2015a): *Theatre of War Symposium Day Three – Concluding talk: Marina Carr* [vídeo] (24-III), https://bit.ly/306T-8tL [25-06-2025].

— (2015e): *Beautiful Lofty Things*. [Programa de mano de *Hecuba*]. Royal Shakespeare Company, (18-IX).

— (2016c): *That Trojan Queen* | Marina Carr | TEDxDCU [vídeo], (10-XI) https://bit.ly/3lM9oYS [25-06-2025].

— (2018): *Plenary. Literary Reading by Irish Playwright Marina Carr, Followed by Discussion* [archivo de vídeo], (15-II). Documento cedido por el Departamento de Filologías Inglesa y Alemana de la Facultad de Filosofía y Letras de la Universidad de Granada.

Entrevistas a Marina Carr

CARR, M. (1994): «A Playwright's Post-Beckett Period», *New York Times*, Secc. C, (3-XI): 23 https://nyti.ms/3ywMaep [25-06-2025].

— (2000): «Marina of the Midlands», en *The Irish Times*, (4-V): 15 https://bit.ly/31W0Ury / https://bit.ly/3JMUk9j [25-06-2025].

— (2001a): «Tang of the tongue. Irish playwright Marina Carr puts her poetic vigor into "Portia Coughlan"», en *Pittsburgh Post-Gazette*, (22-III): 12.

— (2001b): «Marina Carr in Conversation with Melissa Sihra», en *Theatre Talk: Voices of Irish Theatre Practitioners*, eds.

L. Chambers, G. Fitzgibbon y E. Jordan (Carysfort Press): 55-63.

— (2002): «Greek tragedy, midlands-style», en *The Irish Times*, (20-IX) https://bit.ly/33fI8f3 [25-06-2025].

— (2009a, 7 de febrero): «A double take of savage realism», en *The Irish Times*, (7-II) https://bit.ly/3dwjFnx [25-06-2025].

— (2009b): «The Theatre of Marina Carr: A Latin American Reading, Interview, and Translation», en *Irish Migration Studies in Latin America*, 7(2): 145-154 https://bit.ly/3P98stw [25-06-2025].

— (2011, 18 de octubre): «Backwards and Forwards with Marina Carr» [Programa de mano de Phaedra Backwards], McCarter Theatre Center, (18-X) https://bit.ly/3E4mqXM [25-06-2025].

— (2012): «Theater in Eleven Dimensions: A Conversation with Marina Carr», en *World Literature Today*, 86.4: 42-46 https://doi.org/10.7588/worllitetoda.86.4.0042 [25-06-2025].

— (2014a): «Chasing the Intangible: A Conversation on Theatre, Language, and Artistic Migrations with Irish Playwright Marina Carr», en *Studi irlandesi. A Journal of Irish Studies*, 4: 247-257.

— (2014b): «Entrevista a Marina Carr: El teatro tiene que estar por encima del género», en *Revista Acotaciones*, 32: 135-141 https://bit.ly/3s8ypS0 [25-06-2025].

— (2014c): *Rage And Reason: Women Playwrights on Playwriting*, Bloomsbury.

— (2015b): «Hecuba by Marina Carr», en *Radical Mischief*, (19-XIII), 4: 4-5.

— (2015c): «Marina Carr: How wonderful to burn down the whole world», en *The Irish Times*, (22-XIII) https://bit.ly/3DBHyVk [25-06-2025].

— (2015f): *By the Bog of Cats Resource*, Pack 2015, Abbey Theatre https://bit.ly/3dEA2OF [25-06-2025].

— (2015g): «The RSC's new "Hecuba': A vengeful queen with a difference», en *Independent*, (23-IX) https://bit.ly/3q1RFxP [25-06-2025].

— (2016a): «Entrevista Mármol» [vídeo], (7-IV) https://bit.ly/3oy2nwn [25-06-2025].

— (2016b): Marina Carr in conversation with Fiona Macintosh [Podcast], University of Oxford, (9-IX) https://bit.ly/3E1e4R0 [25-06-2025].

— (2016d): «Marina Carr Interview: There Is an Affinity between the Russian Soul and the Irish Soul», en *Irish Times*, (6-XII) https://bit.ly/3F6sNeO [25-06-2025].

— (2016e): «Theatre: Only a 19-year-old would talk about originality...», en *Irish Independent*, (18-XII) https://bit.ly/3UAaPIs [25-06-2025].

— (2017): «Marina Carr in Conversation: 50 Years of Anglo-Irish Literature in UCD» [vídeo], (19-XII) https://bit.ly/3lLc3C3 [25-06-2025].

— (2018): *Marina Carr. Pastures of the Unknown*, Palgrave Macmillan.

— (2019a): «"Writing is essentially a very, very innocent thing", Conversation with Marina Carr», en *Estudios Irlandeses*, 14: 190-197.

— (2019b): «Marina Carr, descendant of Lady Gregory», en *The Irish Times* https://bit.ly/3Hxgzww [25-06-2025].

— (2019c): «Who was Hecuba?» [vídeo], (5-IX) https://bit.ly/3dw5L4J [25-06-2025].

— (2020a): «The Boy | Writer and Director Interview» [vídeo], (21-I) https://bit.ly/3z3dFNk [25-06-2025].

— (2020b): «"If art has a kind of function at all, it is to help us to understand what we are doing here": An Interview with Marina Carr», en *Raudem*, 7: 193-207 https://doi.org/10.25115/raudem.v7i0.2586 [25-06-2025].

— (2020d): «ClassicsNow: Marina Carr and Caitriona McLaughlin» [vídeo], (15-XI) https://bit.ly/3HTbrpE [25-06-2025].

— (2021a): «Marina Carr and Patrick O'Kane in conversation» [vídeo], (15-III) https://bit.ly/3zoOMLD [25-06-2025].

— (2021b): «Marina Carr: "I want to forget about the pandemic and all topical relevance"», en *Irish Examiner*, (3-VI) https://bit.ly/3PU0Z2e [25-06-2025].

— (2021c): «Jessica Traynor in conversation with Marina Carr, Olwen Fouéré and Caitríona McLaughlin» [audio], (27-IX) https://bit.ly/3cJGdnp [25-06-2025].

— (2021d, 9 de octubre): «Like String Theory» [Programa de mano de iGirl], Abbey Theatre https://bit.ly/3vg48l5 [25-06-2025].

— (2022a): «Girl on an Altar. A Resource Pack», Kiln Theatre https://bit.ly/3aYekYi [25-06-2025].

— (2022c): Marina Carr, Irish playwright, to read at Canisius College [vídeo], (2-X) https://bit.ly/3W2ZbHw [25-06-2025].

— (2023a, 3 de julio): «Arena» [Emisión de radio], RTÉ - Radio 1 (3-VII) https://bit.ly/49vFzmA [25-06-2025].

Diálogo entre la creadora y su «monstruo» en *El último vals de Mary Shelley*, de Vanessa Montfort

Samuel Rodríguez
Instituto del Teatro de Madrid,
Universidad Complutense de Madrid

El último vals de Mary Shelley, de Vanessa Montfort se estrenó en el Centro Dramático Nacional, en la Sala de la Princesa, el 21 de septiembre de 2016 en un programa compuesto por tres breves obras: *Abril en Estambul*, de Espido Freire (interpretada por la propia autora), a continuación *Doctor Darwin y Mr. Hyde* (interpretada por Miguel Ángel Muñoz), también de Montfort y, finalmente, la obra que aquí nos ocupa (interpretada por Ruth González y Enrique Sánchez-Ramos, con música de Luis Antonio Muñoz). Las tres piezas, dirigidas por Monfort, constituyen un tríptico titulado *El hogar del monstruo*[1]. Cada obra está enlazada mediante unos monólogos entre la fantasía y lo siniestro por parte del maestro de ceremonias, Fernando Marías. Es él quien, en una atmósfera «cordial pero teñid[a] de cierto extrañamiento» [Montfort, 2016: 16][2], entre incienso y música misteriosa, nos da la bienveni-

---

[1] En realidad se trata de un programa doble, interpretado en días distintos. El segundo programa se compone de las siguientes obras: *El espectro de la estación de Atocha*, de Fernando Marías, *La criatura o ¿sabe el pez lo que es el agua?*, de José Sanchís Sinisterra y *Sirena negra*, de Vanessa Monfort.

[2] Esta será la edición empleada para todas las citas de la obra.

da: «Bienvenidos, todos vosotros, al hogar del monstruo. Todos vosotros... y en especial tú. Suponiendo que estés ahí,
sentando entre el resto del público, como uno más. Si es así,
bienvenido a tu hogar» [Montfort, 2016: 17]. Y es que, al igual
que la autora de Frankenstein dio vida a su célebre monstruo a partir de la tormenta en plena Villa Diodati, en Suiza,
Hijos de Mary Shelley –la compañía teatral que componen
los autores y actores de *El hogar del* monstruo– pretende
seguir su estela «para inventar a las nuevas criaturas que po-
blarían nuestra era o para recrear a monstruos antiguos con
el fin de descubrir qué tenían que contarnos si llegaban a
nuestros días» [Montfort, 2016: 11], según explica Vanessa
Montfort en el prólogo del libro.

El último vals de Mary Shelley se ambienta, del mismo
modo que el nacimiento de la novela *Frankenstein o el moderno Prometeo*, en una «tormentosa noche», en este caso la
del 1 de febrero de 1851, en Londres, cuando muere la escritora, y sucede dentro de su propio dormitorio. Los personajes son dos: la creadora, Mary Shelley, y su criatura, el Monstruo. Dividida en nueve secciones numeradas pero sin título,
cada una muestra la evolución de una trama que parte de la
realidad hasta alcanzar la fantasía. La primera es una obertura pianística en re menor, que comienza en compás de cuatro por cuatro, con una larga pedal en la mano izquierda
sobre la tónica (re), mientras la mano derecha juega con
acordes oscilantes entre la tónica y la séptima disminuida y
la dominante de la dominante. La segunda sección da voz a
Mary Shelley, quien recuerda con melancolía el nacimiento
del ser del que reniega en su novela. La tercera sección
(«Canción de Mary Shelley»), cantada con acompañamiento
de piano, rememora a sus hijos muertos prematuramente
mediante dos temas contrastantes. En la cuarta sección Mary

Shelley se reencuentra, presa del pánico, con su criatura, el Monstruo. El Monstruo se convierte en protagonista de la quinta sección, mostrándose como visionario de la miseria del mundo y de su infinita soledad. En la sexta sección, en contraposición a la «Canción de Mary Shelley», escuchamos la «Canción del monstruo», en fa mayor, en donde la criatura despreciada revela sus sentimientos más profundos que conmueven a su creadora, según vemos en la emoción expresada por Mary Shelley en la séptima sección, hasta el punto de llamarlo, al fin, hijo. La octava sección ofrece el «Dúo» en donde ambos se unen, por fin, creadora y criatura, madre e hijo, en un vals que asume la melodía y la armonía de la «Canción de Mary Shelley», pero conjugando la letra de su canción y la del Monstruo, en esta ocasión en compás de tres por cuatro. La música sigue sonando frenética en la novena sección, cuando Mary Shelley, agotada, pide descansar, pero el Monstruo, suplicante, la sostiene como una muñeca de trapo, muerta, entre sus brazos, mientras bailan el último vals de Mary Shelley.

La obra se articula en torno a varios aspectos. Aquí destacaré tres de ellos: la sutil línea que separa la melancolía lúcida de la enfermedad de la creadora, la presencia de un monstruo como alter ego de su autora y, finalmente la fusión de creadora y criatura en un único «monstruo» lúcido, un visionario. En torno a estos aspectos podríamos plantearnos varias cuestiones: ¿la acción de la obra se desarrolla como resultado de la enfermedad mortal que sufre la escritora, o como última y reveladora experiencia melancólica de la creadora frente a su criatura? Y esa criatura, ¿es realmente un monstruo, o no es acaso más bien un alter ego en el que su autora proyecta sus más viles sentimientos?, ¿no es ese monstruo un ser mucho más sensible, empático y bondadoso que

el ser humano que lo ha creado? Su análisis sobre la podre-
dumbre del mundo y su terrible soledad, ¿no muestran una
lucidez superior? Y, sobre su angustia, ¿cómo se articula y
cuál es la implicación con su creadora? Desarrollaré estas
cuestiones en este mismo orden mediante la filosofía, la psiquiatría y el psicoanálisis, principalmente.

I)   ¿Melancolía lúcida o enfermedad?

En las didascalias iniciales, se nos pone en antecedentes del
grave estado de salud en el que se encuentra Mary Shelley:
«Tiene cincuenta y tres años pero parece algo mayor y lleva
tiempo enferma. Lo que antes eran dolores de cabeza se ha
transformado en sueños lúcidos, visiones, problemas en el
habla e, incluso, al escribir. Le han diagnosticado un tumor
cerebral» [Montfort, 2016: 68]. Tras interpretar su canción, en
re menor, todos los indicios de algo sobrenatural bajo los
aullidos del viento en la tormenta se concretizan en una voz
en off: «Madre...» [Montfort, 2016: 76]. Y ella, sobresaltada,
afirma: «Ahora sí. Ahora sí lo escuché. ¿Es mi enfermedad
capaz de hacer vivir esa voz en mis oídos?» [Montfort, 2016:
76]. Sigue dudando si es el viento, e incluso llega a pensar
que son sus hijos muertos. Aparece entonces el Monstruo,
como resultado, cree ella, de la enfermedad:

Mary: Siempre supe que te traería una tormenta.

Monstruo: En este caso es a vos a quien ha traído.

Mary: ¿A mí? ¿Dónde? ¿Dónde estoy?

Monstruo: En una frontera. [...] En la única en la que
             podríamos encontrarnos por fin.

Mary: ¿Entre la vida y la muerte?

Monstruo: Entre la vida y la muerte, entre la ficción
                  y la realidad.
                  [Montfort, 2016: 77-78]

Tal y como afirma Fernando Marías durante su monólogo previo a la obra, mientras comienza a sonar la introducción al piano, «las tormentas... qué adecuadas para hablar de las oscuridades del alma» [Montfort, 2016: 58]. Por ello, no podía ser más que una tormenta la que trajera al «Monstruo». Y es que, «¿sabéis que cada una de ellas [las tormentas] es única e irrepetible? Como los monstruos. Cada tormenta tiene una identidad que podría tener nombre y apellido. Esta podría ser la tormenta Espido Freire o la tormenta Vanessa Montfort... [...] o la de cada uno de vosotros. *(Pausa)* O la tuya, querido monstruo agazapado...» [Montfort, 2016: 58]. Ahora emerge ese monstruo «agazapado» de la melancolía. No es casualidad que el reencuentro se produzca en el tiempo y el espacio «entre la vida y la muerte, entre la ficción y la realidad» [Montfort, 2016: 78]. Ese es precisamente el espacio de la melancolía –la *melas kholé* o bilis negra de los griegos–, considerada como enfermedad que imposibilita el pensamiento y la acción –la llamada «depresión» desde época reciente[3]–, pero también como espíritu crítico acerca del mundo y, sobre todo, acerca de uno mismo, siendo así un motor para la creación y la genialidad, según el propio Aristóteles. Es esta visión de la melancolía la que me interesa en este

---

[3]   En inglés comenzó a utilizarse en el siglo XVII, pero no se asentó hasta el siglo XVIII, del latín *de* y *premere* (apretar, oprimir) y *deprimere* (empujar hacia abajo). Hasta el siglo XIX el término diagnóstico básico siguió siendo *melancholy* o *melancholia*, si bien ya empezó a usarse el concepto de depresión [Jackson, 1986].

caso, pues el melancólico, como los personajes de esta obra, es «con frecuencia más inteligente de lo común, más lúcido y por ello más triste, con más capacidad de mirar atrás y adelante y a la profundidad, y por ello ver más y acabar descubriendo lo turbio, lo inconsistente, lo falso» [Freud, 1992: 284]. En el melancólico, a diferencia del que no lo es, «podría casi destacarse [...] una acuciante franqueza que se complace en el desnudamiento de sí mismo» [Freud, 1992: 245]. Como señala Földényi, «el melancólico considera el mundo malo y absurdo, cosa que todos perciben, pero que nadie admite; es él quien dice que el rey está desnudo» [2008: 210]. La psiquiatría actual retoma estas ideas: «recent research has shown that observations and beliefs produced during mildly depressed states are actually closer to "reality" than are normal mood states, underscoring the pervasiveness of denial in everyday life» [Redfield Jamison, 1994: 119].

Precisamente vamos a ver a continuación cómo se refleja esto claramente en la construcción que Mary Shelley hace de ella misma en su Monstruo. Se trata en realidad de un último reencuentro con ella misma, su criatura, su alter ego.

II)   El monstruo proyectado en el espejo

Al inicio de la obra, Shelley rememora a su hijo, Percy Florence: «Qué alivio ha sido que crecieras, hijo mío... mi único hijo... (*Pausa*) ¿el único? ¿El único he dicho? (*Pausa. Se mira en un espejo.* [...])» [Montfort, 2016: 68]. Y es que, antes del nacimiento de Percy, tras mudarse de Gran Bretaña a Italia, perdió a otros dos hijos. ¿Por eso duda de que Percy sea su único hijo?, ¿o acaso piensa en ese monstruo que ella misma creó tiempo atrás?

Al igual que Victor Frakenstein jugó a científico creador de vida, ella, su autora, jugó doblemente a crear en la ficción una vida creadora a su vez de otra vida, juzgada como monstruosa. Al igual que Frankenstein, huye de su monstruo, sobre el que proyecta las desgracias de su vida. El monstruo se convierte así en su chivo expiatorio. Así se refleja en la «Canción de Mary Shelley»: «Os dejé marchar / os dejé partir / cabalgando en la tormenta. / Cómo iba a saber / que lo que escribí / os alejaría de mí» [Montfort, 2016: 73]. La canción, en re menor, recoge el tema inicial de la obertura, pero ahora no en forma de vals sino de compás binario, en cuatro por cuatro, y en registro agudo, también con una pedal en la mano izquierda sobre la nota re.

El Monstruo le recuerda, a propósito de su canción: «Si el hombre está hecho a imagen de Dios yo debería estar hecho a imagen de Victor, o de la creadora de mi creador: de vos» [Montfort, 2016: 78]. Le recita sus propias palabras en *Frankenstein*: «Pensé en el ser a quien había arrojado en medio de la humanidad y a quien había dotado de voluntad y de poder para ejecutar sus horrorosos proyectos, casi como si fuera mi propio vampiro, mi propio espíritu liberado de la tumba…» [Montfort, 2016: 78]. Como en *Doctor Darwin y Mr. Hyde*, de Montfort, la criatura creada sirve para proyectar la propia inmundicia del creador. Esto nos lleva al motivo del doble[4].

Desde el Ka de los egipcios, el eidolon de los griegos o el alma cristiana, el doble se ofrece como una posibilidad de perpetuarse en el tiempo tras la muerte. Jean-Paul Richter,

---

[4] Para un estudio en profundidad del motivo del doble en la literatura véase Rebeca Martín López [2006].

bajo la influencia de la filosofía idealista de Fichte, desarrolló el concepto de Doppelgänger:

> Se trata de una imagen desdoblada del yo en un individuo externo, en un yo-otro. El sujeto se ve a sí mismo (autoescopia) en alguien que se presenta al mismo tiempo como un doble autónomo, o un doble "fantástico" que produce angustia y desasosiego porque esa figura viene a perturbar el orden normal y natural de las cosas [...]. El Yo Absoluto es el yo deseado por el yo relativo que se encuentra escindido y debe afirmarse enfrentándose a la sensación de vacío y a la nada. Para eso tiene que convertirse en "otro", identificarse con un "doble" que sea el reflejo o la imagen en negativo de alguna de sus múltiples aspiraciones [Herrero Cecilia, 2011: 22].

Con relación a esas «aspiraciones», para Otto Rank el doble forma parte del fenómeno de la proyección, pero no solo del mal, sino también «de todas las posibilidades incumplidas de plasmación del destino, a que la fantasía sigue aferrada, y todas las aspiraciones del yo que no pudieron realizarse a consecuencia de unas circunstancias externas desfavorables, así como todas las decisiones voluntarias sofocadas que han producido la ilusión del libre albedrío» [cit. en Freud, 1992: 236].

En el siglo xix la creación del doble perverso adquiere gran protagonismo, como en el caso de Dostoievsky en *El doble* o el de Wilde en *El retrato de Dorian Grey*. No es coincidencia que en esta época se produzca el auge de la psicología de manos de Wilhelm Wundt y William James –hermano de Henry James–, entre otros. El estudio de la psique humana, unido a las teorías en torno al evolucionismo de

Darwin, darán lugar a múltiples controversias y serán también inspiración para artistas:

> Al descubrir los esbozos de un posible mapa de la mente humana surgen de pronto toda clase de posibilidades en la mente de los artistas, filósofos y científicos; una de ellas es la reflexión especular del alma que nos reflejará a la derecha lo que solía estar a la izquierda y que tergiversa los valores cambiando arriba por abajo y bueno por malo; otra es la vivisección moral del hombre, de su alma, separando lo bueno de lo malo [Stevendson, 2002: 17].

Dr. Jekyll y Mr. Hyde se circunscribiría claramente a esta última posibilidad, tal y como se infiere en el propio texto de Stevendson: «Fue en el ámbito moral y en mi propia persona donde aprendí a conocer la cabal y primitiva dualidad humana; y vi que las dos naturalezas que contendían en el campo podrían ser por separado yo, solamente porque yo era radicalmente ambas» [2002: 92]. También *Frankenstein o el moderno Prometeo* se construye en torno a esta dualidad, desarrollada en *El último vals de Mary Shelley*. La represora moral victoriana, en la que vive también la autora, unida a esta dualidad del bien y el mal, serán el motor de la búsqueda de Victor Frankenstein y de Jekyll en su alter ego perverso, como una «completa antítesis no tanto de la personalidad natural de Jekyll sino como oposición a su máscara social» [Stevendson, 2002: 18]. En las novelas, estas dos caras de la misma moneda llevarán a un enfrentamiento a muerte donde, finalmente, triunfará el bien[5].

---

[5] Conviene ahora evocar a Kant y su «mal radical» dentro de un ser que es bueno *y* malo, de manera innata, y no como resultado de la (mala)

El monstruo de Victor Frankenstein es no solo la proyección malvada de su creador, sino su deseo egoísta de trascender más allá de su vida, como ya sucediera con el doctor
Jekyll. Frankenstein reconoce: «What glor would attend the
discovery» [Shelley, 1999: 13]. Es él, el pseudocientífico, el
respetable caballero garante de la moralidad, al igual que el
doctor Jekyll, el auténtico monstruo, incapaz de amar a su
propia criatura, convertida en «bouc émissaire, cet innocent
qui polarise sur lui la haine universelle» [Girard, 1985: 13].
Esto mismo le sucede inicialmente a Mary Shelley en la obra
de Montfort. No obstante, Shelley reconoce aquí que es ella
misma el monstruo, sobre el que ha proyectado lo peor de
ella:

> ¡Maldito sea el día en que viste la luz! ¡Y malditas sean estas
> manos que te crearon y este cerebro que quizás siempre estuvo
> enfermo! Sospecho que fui yo, ¿entiendes?, yo en forma de
> monstruo quien atrajo la muerte hacia mis dos primeros hijos,
> hacia la niña de mi hermana, hacia Percy... y hacia todo aquello
> que representaba lo mejor de mí misma. *(Va hacia él.)* ¿Tú? ¿A
> mi imagen y semejanza? Puede ser... si representas lo que me
> aterra de mí [2016: 79-82].

En *Doctor Darwin y Mr. Hyde* esta idea se lleva al extremo. Edward Hyde nos da la espalda inicialmente, mientras
se observa en un espejo. El espejo se convierte así en el
símbolo, tantas veces empleado, para aludir al –temido– alter
ego. Como en el caso de Espido Freire [cfr. Rodríguez, 2019:
48], el espejo actúa como metáfora visual de la multiplicidad
de voces escondidas tras ellos. Virginia Woolf consideró que

---

educación recibida por el buen salvaje rousseauniano [Rodríguez, 2019:
92].

«los espejos son imprescindibles para toda acción violenta o heroica» [Woolf, 1984: 51]. Ella se refería a la proyección misógina del mal del hombre sobre la mujer, pero podríamos aplicarlo a cualquier tipo de proyección de mal propio sobre los demás.

No obstante, en *El último vals de Mary Shelley* la protagonista está reconociendo que es ella misma el monstruo, pero proyecta en su criatura su propia maldad como si de otro ser se tratara. Ella termina llamándolo hijo y pidiéndole perdón. Se reconcilia así no solo con su criatura, sino con ella misma. La criatura se apiada de su creadora, en una muestra de empatía más allá de la humanidad de su «madre». Pero, además de empatía, el monstruo posee una lúcida capacidad para escrutar al ser humano en toda su crueldad.

III)   El monstruo lúcido

Nacemos solos y morimos solos, Madre. Pero vos, además, me echasteis al mundo obligándome a vivir también en la más profunda soledad [Montfort, 2016: 82].

El Monstruo, el repudiado, es consciente de la miseria del ser humano, de su infinita soledad, y lamenta estar capacitado para aprender:

¿Por qué no me dejasteis ser una masa de carne muerta vuelta a la vida y sin conocimiento? [...] Sin conocimiento, no habría necesitado amar. Ni siquiera habría odiado. [...]. Página a página, escondido de todos, me obligasteis a descubrir las infinitas relaciones que unen a los seres humanos: a todos menos a mí.

Yo no tendría amigos, ni hermanos, ni sobrinos, ni hijos, ni padre, ni madre... ni madre [Montfort, 2016: 83].

La fuente de sufrimiento, origen de la melancolía, es precisamente la consciencia del sinsentido de la vida, de la soledad profunda del ser humano en un teatro cruel: «El mundo me parece lo que es: un teatro, en que cada uno hace un papel», afirma Shakespeare en *El mercader de Venecia* [1967: 251]. Por tanto, «dado que la vida es una comedia en que cada actor lleva su máscara propia, al que arranca las máscaras se le echa de ella» [Rotterdam, 1974: 61-62]. Aquel que osa no adaptarse, se somete al juicio implacable de la sociedad y se le expulsa bajo la etiqueta de loco o de monstruo. Pero el loco cuerdo, el monstruo lúcido, es en realidad el visionario capaz de levantar su máscara y revelarse tal cual es en una sociedad hipócrita que lo considera un bufón. La criatura de Mary Shelley es también un lúcido melancólico por su angustia ante la eternidad: «Mi querida madre, os iréis, y quizás yo me apague también con vos para siempre, pero... Hay algo que me aterra aún más: ¿Y si no es así? Y si sigo vagando tan solo como hasta ahora por la mente de los vivos, quién sabe por cuánto tiempo» [Montfort, 2016: 84]. Y la mayor angustia es, de hecho, vivir eternamente angustiado. Para Kierkegaard, «el tormento de la desesperación consiste exactamente en no poder morirse [...], ya que la desesperación es la total ausencia de esperanzas, sin que le quede a uno ni siquiera la última esperanza, la esperanza de morir» [1984: 43]. Ese es precisamente el motivo que le lleva a la criatura a querer encontrarse con su creadora.

En el texto de Vanessa Montfort, la soledad se manifiesta desde el prólogo a la edición de *El hogar del monstruo*, en donde la autora se pregunta por los monstruos que nos traerá el siglo XXI. El gran monstruo, el monstruo contemporáneo, es la soledad. Y, tal y como reconoce aquí Montfort, la soledad del monstruo es «la enfermedad más grave de cualquier ser vivo» [Montfort, 2016: 12]. El monstruo de la novela llega a pensar incluso en el suicidio. Y es que la muerte es la exaltación de la soledad eterna. De hecho, para los antiguos, *mors* tenía un doble sentido: cadáver y estar solo [Andrés, 2015: 46]. El ser humano es un cadáver solitario, pero solo el bufón, el monstruo lúcido, lo sabe y lo acepta. Y, a pesar de ello, «lo más terrible de la soledad es que no podemos erradicar el deseo de ser amados. Queremos estar solos pero necesitamos ser amados. Odiamos a la humanidad, pero necesitamos ser amados» [Liddell, 2014: 128]. El monstruo lúcido, repudiado por el mundo, es un «monstruo de amor» insaciable, resultado, según Angélica Liddell, del frustrado primer amor –el materno–:

> Mi madre nunca me ha querido. Y por eso me convirtió en un monstruo de amor. Siempre he deseado más amor del que me podían ofrecer. Siempre he deseado el amor que no encontré en mi madre. Y por eso le pedí a los hombres un amor gigantesco, sin condiciones, sin límites, sin final, como supongo que debe ser el amor de una madre. Los monstruos de amor deseamos ser amados sin pausa, sin descensos. Los monstruos de amor somos increíblemente ingenuos. Creemos en las cimas y en la vida en las cimas. Y eso es imposible. […] He llegado a la conclusión de que toda mi vida he buscado el amor de una madre. Y yo he amado con la bestialidad de una madre, de una novia, de una hermana, de la patria y de los ahogados del Sena, todo junto [2011: 11-12].

El Monstruo sufre también la falta de amor de su madre, Mary Shelley, y eso lo convierte en un melancólico infinito, pero a su vez refleja la propia melancolía y lucidez de su creadora.

La lucidez del melancólico es la herida que lo aproxima a la cegadora luz de una verdad insoportable que, como a Ícaro, puede conducir a la destrucción. Así, «las obras maestras hacen al hombre casi tan desdichado como el amor: […] Prometen, pero al final no dan nada. Desearíamos fundirnos con ellas, incorporarlas a nosotros, pero nos rechazan y generan un anhelo que, carente de meta, no puede satisfacerse» [Földényi, 2008: 156]. La Literatura materializa la nostalgie d'unité, el «appétit d'absolu et d'unité et l'irréductibilité de ce monde à un principe rationnel et raisonnable» [Camus, 2016: 75-56]. Y es que:

> Je peux tout nier de cette partie de moi qui vit de nostalgies incertaines, sauf ce désir d'unité, cet appétit de résoudre, cette exigence de clarté et de cohésion. Je peux tout réfuter dans ce monde qui m'entoure, me heurte ou me transporte, sauf ce chaos, ce hasard roi et cette divine équivalence qui naît de l'anarchie. Je ne sais pas si ce monde a un sens qui le dépasse. Mais je sais que je ne connais pas ce sens qu'il m'est impossible pour le moment de le connaître [Camus, 2016: 75].

El Monstruo ansía desesperado la respuesta de su madre. Por eso baila con ella frenéticamente el último vals de Mary Shelley, a la espera de un consuelo in extremis incluso tras su muerte. Pero no hay consuelo, no lo hay.

«La vida es tragedia, y la tragedia es perpetua lucha, sin victoria ni esperanza de ella; es contradicción» [Unamuno, 1976: 58]. La Literatura mueve nuestras pasiones porque no pretende dar respuestas sino exponer la duda, el abismo en el que la contradicción –finitud e infinitud, sentimiento y racionalidad– se une en un abrazo trágico.

* * * *

En definitiva, *El último vals de Mary Shelley* –al igual que, en su conjunto, *El hogar del monstruo*– es, ante todo, una propuesta escénica sobre los monstruos del pasado que persisten en el tiempo. Entre la realidad y la fantasía, Vanessa Montfort nos sumerge en la angustia de la creadora próxima a su muerte y su relación conflictiva con su criatura literaria –en realidad su alter ego–, a la que cual se verá expuesta, inicialmente con rechazo y, finalmente, tras conocer la profundidad de sus sentimientos y su infinita soledad y sed de amor, lo aceptará como lo que es: su hijo, una parte de ella misma, en realidad ella misma. De hecho, esta obra, junto con las otras que componen *El hogar del monstruo*, son una invitación a ver nuestro propio monstruo reflejado en el espejo. Los monstruos no están fuera, en lugares recónditos, sino aquí y ahora. El monstruo anida en nosotros. Somos nosotros.

Bibliografía

ANDRÉS, Ramón (2015): *Semper dolens. Historia del suicidio en occidente*, Barcelona, Acantilado.

ARISTÓTELES (1996): El *hombre de genio y la melancolía. Problema XXX*, J. Pigeaud (ed.), Barcelona, Quaderns Crema.

Camus, Albert (2016): *Le mythe de Sisyphe. Essai sur l'absurde*, París, Gallimard.

Földényi, Lászlo (2008): *Melancolía*, Barcelona, Galaxia Gutenberg.

Freud, Sigmund (1992): *Obras completas*, vols. IX y XXI, Buenos Aires, Amorrortu.

Girard, René (1985): *La Route antique des hommes pervers*, París, Grasset & Fasquelle.

Herrero Cecilia, Juan (2011): «Figuras y significaciones del mito del doble en la literatura: teorías explicativas», *Cédille. Revista de estudios franceses*, II: 17-48.

Jackson, Stanley (1986): *Historia de la melancolía y la depresión desde los tiempos hipocráticos a la época moderna*, Madrid, Turner.

Kierkegaard, Sören (1984): *La enfermedad mortal*, Madrid, Sarpe.

Liddell, Angélica (2011): *La casa de la fuerza. Te haré invencible con mi derrota. Anfaegtelse*, Segovia, La uÑa RoTa.

— (2015): *El sacrificio como acto poético*, prólogo de C. Vasserot, Madrid, Continta Me Tienes.

Martín López, Rebeca (2006): *Las manifestaciones del doble en la narrativa breve contemporánea*, tesis doctoral dirigida por F. Valls Guzmán, Universidad Autónoma de Barcelona http://www.tdx.cat/bitstream/handle/10803/4876/rml-1de1.pdf [26-06-2025].

Redfield Jamison, Kay (1994): *Touched with Fire. Manic-Depressive Illness and the Artistic Temperament*, Nueva York, Free Press Paperbacks.

Rodríguez, Samuel (2019): *Universo femenino y mal. Estudio crítico de la narrativa de Espido Freire*, Madrid, Universidad Autónoma.

ROTTERDAM, Erasmo de (1974): *Elogio de la locura*, Barcelona, Bruguera.

SHAKESPEARE, William (1967): *Dramas. Comedias*, C. Pujol (Ed.), Barcelona, Nauta.

SHELLEY, Mary (1999): *Frankenstein*, ed. S. Jansson, Londres, Wordsworth.

STEVENSON, Robert Louis (2002): *Dr. Jekyll y Mr. Hyde*, Madrid, Edimat.

UNAMUNO, Miguel de (1976): *Del sentimiento trágico de la vida*, P. Cerezo-Galán (ed.), Madrid, Espasa Calpe.

WOOLF, Virginia (1984): *Una habitación propia*, Barcelona, Seix Barral.

EL TIEMPO ENTRE COSTURAS: REESCRITURA DE UNA NOVELA EN TEATRO MUSICAL

Manuel Lagos Gismero
Instituto Complutense de Ciencias Musicales

A mi hermana Mayte

EL TEATRO MUSICAL OFRECE UN AMPLIO PARAJE DE NOVELAS que han sido reescritas como libretos, como obras dramáticas, que dotan de un argumento y de unas posibilidades estilísticas que sirven al compositor para engarzar sus inspiraciones y crear una nueva obra de arte. La poética que rige todo teatro musical obliga a un nuevo encaje de la obra original en el nuevo molde para el que se trabaja. Podemos asegurar con certeza que tanto el autor dramático como el compositor refunden la obra original, la reescriben, y generan un nuevo producto literario, a veces semejante y a veces muy distinto al original y pasan el tiempo de creación entre refundiciones y costuras; aunque pesa siempre el carácter conservador y la circunstancia habitual de lograr un producto pensado para el gran público que habitualmente sigue el teatro musical; estas características marcan, casi siempre, una traslación respetuosa con el aroma de la obra literaria elegida.

En el ámbito de la literatura escénica parecería más discreta la reescritura de la obra original en obra musical, pero no es así tampoco y el peso de la reescritura consigue una nueva obra teatral con mayor o menor fortuna. Claros y muy estudiados son los ejemplos que ofrece nuestro teatro romántico al convertirse en libreto de ópera, y así, en ocasiones, el resultado puede mejorar su comprensión, como en el caso de *Don Álvaro*, y en otros convertirla en una obra ininteligible, como en el caso de *El trovador*. Lo que es evidente es que autores literarios escénicos que forman parte del firmamento de las letras hispánicas, como Ángel de Saavedra o Antonio García Gutiérrez, son absolutamente desconocidos para el gran público y sus obras más significativas no ocupan su merecido puesto en el repertorio ni en las temporadas de teatros públicos o privados de ningún lugar del mundo, mientras que sus reescrituras en teatro musical siguen abarrotando teatros y ofreciéndose en singulares propuestas y lecturas con una frecuencia inaudita, logrando así que estos autores y sus obras hayan trascendido su origen y olvido posterior para convertirse en hitos indiscutibles del teatro musical universal[1].

A. La novela en la creación de teatro musical

Dentro del teatro musical la ópera ha ofrecido célebres adaptaciones de novelas como *La novia de Lammermoor*, de Walter Scott, *La dama de las camelias*, de Alejandro Dumas, *Escenas de la vida bohemia*, de Henri Murguer o *Madame Crysanthème*, de Pierre Loti, son algunos de los ejemplos de novelas que hoy son revisitadas continuamente a través de

---

[1]   Nos referimos a *Il trovatore*, ópera en cuatro actos de Salvatore Cammarano y a *La forza del destino*, ópera en cuatro actos de Francesco María Piave, ambas con música de Giuseppe Verdi.

las óperas *Lucía di Lammermoor, La traviata, La boheme* o *Madama Butterfly*[2] con procesos de reescritura tan sabrosos como el de *Traviata* que procede de una novela que pasa a obra de teatro y se consuma en ópera, al igual que ocurre con *Madama Butterfly* que transita de la novela a la obra teatral escrita por David Belasco para Broadway y después regresa a Europa para convertirse en ópera y volver de nuevo a Broadway transformada en el musical *Miss Saigon*[3]. Por su relevancia para el devenir de la ópera contemporánea aporto dos ejemplos más de novela que muta en ópera: *Die tote stadt* (*La ciudad muerta*), ópera en tres actos con música de Erich Korngold y libreto en alemán de Paul Schott, seudónimo del padre del compositor, Julius Korngold, basado en la novela corta *Bruges-la-Morte*, de Georges Rodenbach y *Bomarzo,* ópera de Alberto Ginastera basada en la novela homónima de Manuel Mujica Lainez.

También el musical anglosajón nos ofrece hermosos ejemplos de reescritura de novela con *Showboat, Oliver, Les miserables* o *The Phantom of the opera*[4], línea estilística a la que viene a sumarse la célebre novela de María Dueñas, compartiendo cartelera con Edna Ferber, Charles Dickens, Victor Hugo o Gastón Leroux. Si en el ámbito de la ópera veíamos cómo las novelas pasaban a obra de teatro y luego termina-

---

[2] *Lucía di Lammermoor,* ópera en tres actos de Salvatore Cammarano con música de Gaetano Donizetti, *La traviata,* ópera en tres actos de Franco María Piave con música de Giuseppe Verdi, *La boheme,* ópera en cuatro actos y *Madama Butterfly,* tragedia japonesa en tres actos ambas de Luigi Illica y Giuseppe Giacosa con música de Giacomo Puccini.

[3] *Miss Saigón,* musical de Richard Maltby, Claude-Michel Schönberg y Alain Boublil, estrenado en el teatro Drury Lane de Londres en 1989.

[4] *Showboat musical,* de Oscar Hammerstein II y Jerome Kern, *Oliver,* de Lionel Bart, *Les miserables,* de Alain Boublil y Claude-Michel Schönberg y *The Phantom of the opera,* de Charles Hart, Richard Stilgoe y Andrew Lloyd Webber.

ban en libreto, en el caso de los musicales es frecuente observar cómo tras la novela viene la versión cinematográfica y esta ayuda a la construcción del libreto. Así ocurre con *El tiempo entre costuras* en su proceso de reescritura donde la novela primero pasa a guion de serie de televisión y desemboca después en texto teatral para musical.

El teatro musical español también ofrece un panorama rico en ejemplos de adaptación de novelas. El éxito de la novela realista en la literatura española fue paralelo a la recuperación del teatro musical que bajo la denominación de zarzuela ofreció grandes éxitos a partir de la segunda mitad del siglo XIX; rápidamente Galdós se convirtió en fuente de inspiración y *Trafalgar* se estrena como ópera en 1890. Las novelas de don Benito provocan más de cuarenta títulos de teatro musical tal y como recoge el CDAEM, entre estos títulos destacan *Marianela*[5] y *Cádiz*[6], cuya marcha ha quedado en los repertorios de banda de todo el país. La presencia de la obra en prosa de Galdós en la vida teatral de entre siglos queda patente en las parodias musicales, género célebre en esa época, que reciben sus novelas; así cabe recordar *La de don sin din*[7] sobre *La de San Quintín*, o *El camelo*[8] sobre *El abuelo*. La zarzuela grande también adaptó novelas a lo largo de su prolífica existencia, así ocurrió con *El niño de la bola*, de Pedro Antonio de Alarcón convirtiéndolo en el famoso título *Curro Vargas*, texto de Joaquín Dicenta y Ma-

---

[5] Jaime Pahissa le pone música en 1923 al texto teatral de los hermanos Álvarez Quintero sobre la novela.

[6] Federico Chueca y Joaquín Valverde ponen música al texto teatral de Javier de Burgos basado en el citado *Episodio Nacional*.

[7] Salvador María Granés pone música a la parodia lírica escrita por Enrique Ayuso Miguel en 1894.

[8] Rafael Calleja Gómez pone música a la humorada escrita por Gabriel Merino en 1904.

nuel Paso y música de Ruperto Chapí. Pero nuestros compositores no solamente se fijaban en novelas españolas también volvieron la mirada a escritores como Víctor Hugo y así nace *Quasimodo*, de José Barret y música de Felipe Pedrell. Como reflejo, en la zarzuela hispanoamericana sucede lo propio y en Cuba la novela *Cecilia Valdés*, de Cirilo Villaverde se convierte en zarzuela de la mano de Agustín Rodríguez y Sánchez Arcilla, música de Gonzalo Roig, estrenada en La Habana en 1932. En la segunda mitad del siglo xx destacan en Madrid los estrenos de *La venta de los gatos*, según la leyenda de Bécquer, con música de José Serrano y texto teatral de los hermanos Álvarez Quintero y *Black el payaso*, opereta con música de Pablo Sorozábal y libreto de Serrano Anguita, basada en la novela *La princesse aux clowns*, de Jean-José Frappa. En las dos primeras décadas del siglo xxi el escritor Félix Amador y el compositor Iván Macías se han acercado en 2016 a la novela *Germinal*, de Zola, en 2018 a *El médico*, de Noah Gordon, y en 2021 a *El tiempo entre costuras*, de María Dueñas.

B.   Periplo del éxito de la novela *El tiempo entre costuras*

El libro *El tiempo entre costuras* ha sido la primera novela publicada por María Dueñas[9] y uno de los grandes éxitos editoriales de los últimos años consiguiendo en España diez

---

[9]   María Dueñas (Puertollano, Ciudad Real, 1964) es doctora en Filología Inglesa, irrumpe en el mundo de la literatura en 2009 con *El tiempo entre costuras*, traducida a más de treinta y cinco lenguas y con millones de ejemplares vendidos en todo el mundo. Sus obras posteriores son *Misión Olvido* (2012), *La Templanza* (2015), *Las hijas del Capitán* (2018) y *Sira* (2021), continuación de la novela que nos ocupa.

millones de libros vendidos a fecha de 2021. Doctora en Filología Inglesa, y con un notable recorrido en el mundo académico, no es hasta 2009, fecha en que vio la luz esta su primera novela, cuando la escritora alcanza un éxito imparable, así como la proyección internacional a través de las traducciones a diversos idiomas. La trama nos cuenta la vida de una joven modista madrileña llamada Sira Quiroga, de origen humilde, que en el Madrid previo a la Guerra Civil española cambia el rumbo de su vida tradicional al conocer el amor con un hombre con el que emprenderá un viaje a Marruecos, y donde acabará involucrada en el mundo del espionaje. La obra reúne así la poética romántica, la de contexto político y la atmósfera de intriga y espionaje que la aproximan a la novela histórica y a la novela negra, sin olvidar el exotismo propio de la novela de viajes, con ciudades como Tánger o Tetuán; destacando su revisión al pasado colonial de España en África, lugar poco transitado y que hasta 2012 no fue retomado por otra autora, Luz Gabás, para acercarnos a Guinea Ecuatorial en *Palmeras en la nieve*. Lo cierto es que nos acerca a la historia no demasiado divulgada de la vida en las posesiones coloniales de España, mientras que en otras literaturas y lenguas abundan obras dedicadas al pasado colonial, como Kipling en Gran Bretaña o André Malraux en Francia.

La autora, como buena filóloga, es conocedora de los entresijos de la creación en autores como Pérez Galdós o en novelas donde el eje argumental recae en un personaje femenino. Es indudable su conocimiento de la simbología de los nombres y así no se nos escapa su vinculación entre los nombres de Sira o de Fortunata, al igual ocurre con Dolores y Candelaria, pero no son los únicos personajes ficticios de la novela que llevan en el nombre una clara carga simbólica.

Además de Galdós nos resuenan en la cabeza protagonistas femeninas que pudieran estar en la cabeza de la autora al crear a Sira, como *Pequeñeces*, de Luis Coloma o *Nada*, de Carmen Laforet, novelas que además tienen una clara concomitancia con las ciudades en posguerra por las que transita Sira. Influencias lógicas que redundan en la sobresaliente preparación y conocimientos de María Dueñas, no olvidemos que es de las pocas novelas convertidas en número uno de ventas que incluyen un reconocimiento a las fuentes bibliográficas y una lista con las referencias oportunas [Dueñas, 2009: 633-638]; algo que se agradece y respira en la construcción de los personajes históricos que han existido[10].

El gran éxito de la novela primeramente convierte su historia en una serie de televisión, por lo que su primera adaptación se vuelca al lenguaje cinematográfico; y posteriormente la versión que es objeto de nuestro estudio: su transformación en teatro musical. La reescritura de la novela mantiene en ambos formatos sus lugares de acción, sus coordenadas temporales, refleja la vida femenina en la Segunda República, durante la Guerra Civil y en la inmediata posguerra, ofreciendo un friso histórico de indudable valía para el conocimiento de la época tratada. Socialmente aporta mucho la radiografía sobre la situación de la mujer y su tránsito por esos delicados años en el ambiente del Protectorado español en Tetuán y en la ciudad de Madrid, su paralelismo y su divergente aceptación en tan distintas sociedades del papel que la mujer tiene durante los años escogidos por la autora para desarrollar la acción.

---

[10] Como Rosalinda Powell Fox, Juan Luis Beigbeder, Ramón Serrano Suñer o Alan Hug Hillgart.

El primer paso, tras el éxito editorial, para la proyección y difusión de la novela sucede cuando se emite la serie de televisión, esta ofrece la primera reescritura de la novela a cargo de los guionistas Susana López, Alberto Grondona y Carlos Montero. La serie es una producción de Boomerang Televisión para Antena 3 y se inicia con una prolepsis[11] para después retornar al momento presente de la narración, actuando como recurso de anticipación y generar intriga en el espectador hasta volver al momento planteado. La serie obtiene un gran éxito desde la emisión del primer capítulo y se amplía a once capítulos de más de una hora de duración cada uno, luego no recorta las acciones planteadas en la novela[12] sino que las amplía, manteniendo en todo momento un claro respeto al espíritu de la novela. No podemos olvidar que los guionistas cuentan con el asesoramiento de María Dueñas, tal y como se explicita en los créditos de la serie. No sabemos hasta qué punto interfiere la autora en la creación de nuevos personajes para la serie con acciones secundarias que no interfieren en el desarrollo de la acción planteada en la novela, como por ejemplo Paquita, ni en la ampliación con tramas diversas de personajes que sí aparecen en la novela como ocurre con acciones paralelas creadas para personajes históricos como a Juan Luis Beigbeder o a los ficticios Manuel da Silva, Ramiro Arribas cuya muerte no se relata en el libro, Ignacio el primer novio de Sira Quiroga y la vida de las clientas del taller de costura.

La novela plantea una serie de finales abiertos que no recogen ni la serie de televisión ni el musical, ambos forma-

---

[11] Prolepsis o flashforward en inglés, consiste en un salto narrativo hacia adelante en el tiempo.
[12] Frente a lo que suele suceder en las adaptaciones cinematográficas.

tos optan por un final cerrado y feliz, que la autora plantea también pero junto a otros posibles finales. Esta rica opción de la novela parece no casar con el final feliz que se plantea en la serie y en el musical, donde se sigue la poética de la novela romántica. Esta duda se ha disipado con la publicación de *Sira* –esperada continuación de la novela, publicada en fechas coincidentes con el estreno del musical–, que narra las vicisitudes de la protagonista dentro del mundo del espionaje más que en el de la alta costura, convirtiendo claramente el personaje en una aventurera romántica y no en una simple mujer enamorada. La serie obtuvo un 25'5 % de audiencia[13] y Divisa Home Video ha distribuido en formato DVD y Blu-ray un pack de cinco discos con unos cuatrocientos minutos de emisión entre capítulos y contenidos extras. Hay que destacar, por la proximidad al ámbito musical en el que nos centramos, la banda sonora original de la serie, compuesta por César Benito y que obtuvo diversos reconocimientos y premios, esta partitura se ha convertido en un hito de la música incidental como en su momento ocurrió con la partitura compuesta por Antón García Abril para la serie *Fortunata y Jacinta*.

C. Reescritura de la novela en libreto de teatro musical

La obra dramático-musical llega en 2021 contando con la autora dentro del equipo creativo como asesora, bajo la producción de Beon Entertainment. Con motivo del estreno en

---

[13] Estrenada el 21 de octubre de 2013, obtuvo un 25,5% de Share de media en sus 11 capítulos, lo que significó una audiencia media de más de 5 millones de espectadores.

el teatro Principal de Zaragoza la propia María Dueñas declara:

> La adaptación de obras literarias a producciones musicales ha tenido resultados magníficos: *El hombre de La Mancha, Los Miserables, Oliver...* es un enorme honor que mi novela se sume a esta aventura.

La producción ejecutiva del proyecto escénico musical está a cargo de Dario Regattieri y la obra ha sido compuesta por Iván Macías y escrita por Félix Amador, autores de otros grandes musicales como *Germinal, El médico, ¿Quién mató a Sherlock Holmes?* y *La historia interminable*. Curiosamente todos estos títulos están basados en novelas de gran recepción en el momento de sus publicaciones, lo que nos plantea que un gran éxito editorial no solamente tiene entre sus opciones de futuro convertirse en película cinematográfica o serie de emisión en televisión o en plataformas digitales, sino que el teatro musical es también una baza idónea para su proyección. El encargado de reescribir la novela en texto teatral es Félix Amador[14], quien ha cultivado en su extensa carrera como escritor campos tan diversos como teatro, novela, ensayo, blogs, poesía, traducción y narrativa breve. El autor de la música es el compositor Iván Macías, miembro de la Academia Nacional de Artes Escénicas de España y considerado por la crítica especializada como uno de los mejores

---

[14] Ha publicado cuatro novelas, dos libros de relato y un ensayo, siendo traducido al inglés, al portugués y al italiano. En el ámbito teatral, siente joven la llamada de las tablas, comenzando como actor en el instituto y decantándose finalmente por la escritura, pero no llega al teatro musical hasta que empieza a colaborar con el compositor Iván Macías.

pianistas españoles de su generación[15]. En el ámbito del teatro musical privado es fundamental la productora que se encarga de poner en marcha el proyecto y hacerlo realidad, en este caso ha sido Beon Entertainment, una empresa líder en el sector del espectáculo desde hace más de quince años, cuando comenzó su trayectoria[16]. Para Dario Regattieri, el productor ejecutivo, este nuevo musical pone de relieve que:

> Nuestro mérito reside en aprovechar el gran talento que existe en nuestro país y convertirlo en espectáculos de gran formato a través de la música. Debemos beneficiarnos de los productos de gran calidad con los que ya contamos y convertirnos en exportadores de historias que emocionen.

Este talento creativo queda patente con la elección de profesionales como los que vamos a citar a continuación, así la dirección escénica corre a cargo de Federico Barrios Fierro. La escenografía es de Ricardo Sánchez Cuerda, quien siempre consigue plasmar en el escenario la vertiginosidad

---

[15]   Con tan sólo 13 años obtiene el título de profesor de piano con Matrícula de Honor por unanimidad y Premio Honorífico fin de carrera, consiguiendo posteriormente el título de profesor superior de piano también con Matrícula de Honor. Finalmente, logra el Máster en Composición e Instrumentación de Música para cine y televisión por la Berklee Collegue of Music (Boston). Desde los 18 años compagina su labor artística con la labor docente, siendo el creador y director del Liceo Municipal de la Música de Moguer, centro de referencia de la formación musical y escénica.

[16]   En 2019 produjo el espectáculo *500+1* con artistas de la talla de Rosana, Jorge Drexler, José Mercé entre otros. En plena pandemia puso en marcha el festival cultural Bekultura Fest en tres ciudades diferentes: Madrid y dos en Sevilla, dando cobertura a todo tipo de registros. Ese mismo año, 2019, fue la productora la que, a través de la autoría e idea original de su CEO Dario Regattieri, creó *Antoine*, el musical que cuenta la historia de Antoine de Saint-Exupéry, el creador de *El principito*. Ha realizado la coproducción del musical *¿Quién mató a Sherlock Holmes?*

de lugares que transitan en el ámbito del teatro musical, donde la eficacia y el asombro van de la mano. Vestuario de Lorenzo Caprile, destacado nombre de la moda para un musical tan vinculado a la alta costura. La iluminación es de Felipe Ramos. Sonido de Javier Isequilla. Dirección vocal de María José Santos. Coreografía y movimiento de José Félix Romero. Y los principales intérpretes fueron Laura Enrech[17] (Sira), Joselu López (Marcus Logan), Ricardo Soler (Manuel Da Silva), Silvia Álvarez (Rosalinda Powell Fox), Noemi Mazoy (Dolores, la madre) y María Gago (Candelaria Ballesteros «la matutera»). Así hasta un elenco de 18 actores que han sido elegidos tras un minucioso proceso de audiciones, acompañados por una orquesta en directo compuestas por siete profesores, dirigida habitualmente por el propio compositor, Iván Macías. En Madrid se estrenó en el Espacio Ibercaja Delicias el 24 de febrero y permaneció hasta el 22 de mayo de 2022. Después de estrenarse en Madrid visitó varias ciudades, entre ellas Sevilla, donde el *ABC* declaró que «con *El tiempo entre costuras* se demuestra que se puede hacer un gran musical de factura española».

El musical mantiene la historia de la novela, como una raspa argumental donde ir encarnando los temas musicales. *El tiempo entre costuras, el musical* avanza con ritmo imparable por los mapas, la memoria y la nostalgia, transportándonos hasta los legendarios enclaves coloniales del norte de África, al Madrid proalemán de la inmediata posguerra y a una cosmopolita Lisboa repleta de espías, oportunistas y refugiados sin rumbo. Una aventura apasionante en la que los talleres de alta costura, el glamour de los grandes hoteles, las

---

[17] Sira fue interpretado por Laura Enrech, entre sus últimos trabajos destacan *La Verbena de la Paloma, Anastasia* y *Antoine*.

conspiraciones políticas y las oscuras misiones de los servicios secretos se funden con la lealtad hacia aquellos a quienes queremos. Su compositor, Iván Macías pone de relieve el carácter evocador del musical: «gracias a esta partitura somos capaces de trasladar al espectador a cada uno de los escenarios creados por María Dueñas en su novela. Es un espectáculo que desprende elegancia y sofisticación». Por otra parte, el cambio temporal de situaciones, la supresión de personajes o la omisión de episodios, y el cambio descriptivo propio del lenguaje narrativo por la música, las artes visuales, el decorado verbal y la tecnología escénica propia del lenguaje teatral aportan claves indispensables para entender el recorrido que sigue la novela al convertirse en teatro musical[18].

El desglose en escenas musicales que presenta el texto teatral de Félix Amador resuelve la novela en un prólogo, veintitrés escenas divididas en dos actos y un epílogo, quedando tituladas como sigue: Prólogo. Acto I: Escena 1: el padre. Escena 2: Ramiro. Escena 3: la carta. Escena 4: el hos-

---

[18] La joven modista Sira Quiroga abandona Madrid en los meses previos al inicio de la guerra civil arrastrada por el amor desbocado hacia un hombre que apenas conoce. Juntos se instalan en Tánger, una ciudad mundana, exótica y vibrante donde todo lo impensable puede hacerse realidad. Incluso, la traición y el abandono. Sola y acuciada por deudas ajenas, Sira se Traslada a Tetuán, la capital del Protectorado español en Marruecos. Con argucias inconfesables, y ayudada por amistades de reputación dudosa, forja una nueva identidad y logra poner en marcha un selecto atelier en el que atiende a clientas de orígenes remotos y presentes insospechados. A partir de entonces, con la contienda española recién terminada y la europea a punto de comenzar, el destino de la protagonista queda ligado a un puñado de personajes históricos entre los que destacan Juan Luis Beigbeder –el enigmático y escasamente conocido ministro de Asuntos Exteriores del primer franquismo–, su amante, la excéntrica Rosalinda Fox, y el agregado naval Alan Hillgarth, jefe de la inteligencia británica en España durante la segunda guerra mundial. Entre todos ellos la empujarán hacia un arriesgado compromiso en el que las telas, las puntadas y los patrones de su oficio se convertirán en la fachada visible de algo mucho más turbio y peligroso.

pital. Escena 5: la pensión. Escena 6: Candelaria. Escena 7: las pistolas. Escena 8: Chez Sirah. Escena 9: Rosalinda. Escena 10: Marcus. Escena 11: la recepción. Escena 12: la madre. Escena 13: el fin de tantas cosas. Acto II: Escena 14: la espía. Escena 15: reencuentro con el pasado. Escena 16: padre e hija. Escena 17: misión en Lisboa. Escena 18: entre dos hombres. Escena 19: la lista. Escena 20: el sombrero. Escena 21: cena en la quinta. Escena 22: el beso de judas. Escena 23: suspicacias. Epílogo.

Ya conocemos que María Dueñas situó la novela en los años treinta y cuarenta, excelentes ambientaciones para un espectáculo musical, por las oportunidades estéticas que ofrecen, y también que dotó al personaje central de una contemporaneidad que se mantiene en el texto teatral, así lo percibe la cantante Laura Enrech, encargada de asumir el personaje:

Tanto por cómo está escrito el personaje –María Dueñas es una mujer muy moderna, y Sira lo es también– como por el código del musical, yo me siento una mujer actual cuando la encarno. Eso le añade interés. No se comporta como se esperaría de una mujer de sus circunstancias sociales, sino que toma una serie de decisiones muy modernas y rompedoras.

El *dramatis personae* de la obra, su elenco, es un fiel reflejo de los personajes de la novela. Los principales son Sira Quiroga, Marcus Logan, Manuel Da Silva, Rosalinda Powell Fox, Dolores, la madre y Candelaria Ballesteros «la matutera». Tienen también parte hablada y musical los siguientes personajes: Ramiro Arribas, Ignacio, Gonzalo Alvarado, el padre, Félix, Doña Manuela, Claudio, el comisario, Jamila, Beatriz Olivera, Joâo, Don Anselmo. Hermana Virtudes y Dependiente. También aparecen los personajes históricos de la novela que tienen un papel fundamental en el desarrollo del argumento como son la citada Rosalinda Powell Fox, Juan Luis Beigdeber, Alan Hillgart y Serrano Suñer[19]. Acompañan a estos personajes el coro con intervenciones como médicos, pacientes, costureras o clientes.

La obra de teatro musical que nos ocupa reescribe fielmente la novela, pero aporta el diferencial poético que llevan los musicales en su haber, la obra alterna partes habladas con partes cantadas como siempre ha sucedido en el teatro musical español, de ahí su entronque con la zarzuela, aunque la partitura no transite únicamente por elementos puramente líricos añade en su desarrollo motivos del casticismo musical como observaremos al reflexionar en el desarrollo de las escenas de la obra. El Prólogo se sitúa *in medias res*, como las obras de Shakespeare, pues la situación escénica se inicia en el hospital de Tetuán, de ahí un flashback de la protagonista nos llevará al inicio de la novela y a un Madrid castizo, de talleres de modistillas y tiendas de máquinas de escribir. Transcurren los episodios del conocimiento de Sira a su padre Gonzalo Alvarado y la marcha con Ramiro Arribas a Tánger abandonando a su primer novio, Ignacio, y a su madre, Dolores. La vida cosmopolita de Tánger se re-

---

[19]   Aportamos a continuación una breve pincelada biográfica de los personajes históricos citados:

Rosalinda Powell Fox.– Mujer de mundo, amante de Juan Luis Beigdeber, con residencia en diferentes lugares del mundo y desarrollo profesional vinculado al Servicio Secreto Británico.

Juan Luis Beigdeber.– Alto Comisario y delegado en el Protectorado de Marruecos. Militar destacado durante la Guerra Civil española y ministro en los primeros años de la dictadura.

Alan Hugh Hillgart.– Coordinador de las actividades del Servicio Secreto Británico en España.

Ramón Serrano Suñer.– Cuñado de Franco, importante político que llegó a ser ministro seis veces.

suelve en un bello tango: «Mi Tánger es un cabaret / abierto hasta el amanecer». El abandono por parte de Ramiro y su fatídico y prematuro aborto conducen a Sira Quiroga al hospital de Tetuán donde se había iniciado el Prólogo. A partir de este momento la fidelidad a la novela ya es absoluta en el desarrollo argumental de las escenas del acto primero. La romanza de Sira: «¿Qué hago aquí / en esta orilla?», entronca con la reflexión habitual de las romanzas de zarzuela sobre el devenir de la protagonista, así como los tanguillos de Candelaria Ballesteros, «la matutera» entroncan con las intervenciones cómicas y folklóricas habituales en las zarzuelas y en las comedias de copla de los años treinta y cuarenta: «Ni rojos ni los azules, ni los moraos / me dicen que es lo que tengo yo que pensar». Pero al estatismo escénico del teatro de esos años citados se le añade ahora el desarrollo aventurero de los musicales de fin de siglo, como ocurre en los musicales anglosajones o en alguno español como es el caso de *Mar i ciel*, de Bru de Sala y Albert Guinovart, su escena del zoco árabe no está lejos de las aventuras de Sira por las calles de Tetuán en la escena séptima de la obra que nos ocupa. Después con el dinero conseguido y la lucha de Candelaria y Sira por salir adelante la obra entronca con personajes propios del cine negro y parece seguir la senda del musical *Mata Hari*, de Adolfo Marsillach y Antón García Abril. Es entonces cuando la obra empieza a ofrecer música inspirada en la opereta, con personajes puramente de este género como Rosalinda Powell Fox y como ocurre siempre en este género de teatro musical el protagonista musical indiscutible es el tiempo de tres por cuatro: «negociar la paz / con un vals / y champán». Y en este ambiente nuestra protagonista conoce el amor junto a un periodista británico: Marcus Logan. La madre de Sira, Dolores, en el antefinal de la primera parte, escena duodécima, nos devuelve al dramatismo musical y ante la reflexión sobre lo vivido durante la Guerra Civil en Madrid: «Otra mujer / otro lugar» tiene la fuerza del «Somewhere», de Bernstein y del «You never walk alone», de Rodgerds & Hammerstein[20].

El segundo acto del musical se desarrolla en un Madrid de posguerra con aires del mundo de Perico Chicote y la búsqueda de la recuperación civil: «Se llena de color la ciudad / y de las hojas del otoño». Sira Quiroga ahora bautizada por el servicio secreto británico como Arish Agoriuq recupera los personajes madrileños de su primera juventud: Ignacio, su padre Gonzalo Alvarado, Doña Manuela y es en el cumplimiento de una misión, trasladándose a Lisboa, donde conocerá a Manuel Da Silva y el fado ahora marcará un triángulo peligroso ante la llegada de Marcus Logan. Sira cumple con su encargo de espionaje, pero Da Silva la descubre y la persigue y Marcus salva a su amada y recibe el esperado premio por sus desvelos con la modista-espía en Madrid, en casa del padre de Sira. Un final donde se arroja al espectador al ámbito lírico más que al final abierto o a la épica histórica, vinculando el musical con el final romántico que planteaba la serie de televisión:

Aquí están. Desde la línea del horizonte avanzan hacia nosotros sus figuras resplandecientes, llenas de gracia y de armonía. Son jóvenes, hermosos, apasionados. Parece un milagro conocerlos en medio de toda nuestra pobreza, de toda nuestra tristeza, de la mediocridad, del dinero, de los días grises, el mal humor y el cansancio de vivir. Son la flor más hermosa de una naturaleza avara de perfecciones: lo que todos hubiéramos

---

[20] La primera con letra de Sondheim para *West Side Story* y la segunda perteneciente al musical *Carousel*.

querido ser. Son, sencillamente, «él» y «ella», los héroes de la novela [Amorós, 1968].

Quizá este sea el único punto en el que novela y musical parecen diferir. Hay que recordar que el teatro musical nace para una inmensa mayoría, para el gran público, que elevan el amor como único final feliz y quizá esta sea la mejor opción posible de entre las opciones planteadas como posible final por la autora en la novela. Veamos a continuación la recepción entre la crítica especializada en teatro y en la acogida del público[21] tras su estreno. En el caso de la recepción en los medios queremos destacar las palabras de Julio Bravo en *ABC*:

La buena salud del teatro musical en España no solo se mide por la cantidad de montajes estrenados esta temporada –y no solo en Madrid–, sino también por la diversidad de proyectos, que van desde los musicales-franquicia de éxitos internacionales hasta las nuevas creaciones. Y hay que destacar en este apartado a Iván Macías y Félix Amador, compositor y libretista, que conforman un fecundo tándem artístico; suyos son *El médico* –sobre la novela de Noah Gordon– y *¿Quién mató a Sherlock Holmes?*, dos piezas ya estrenadas; y las proyectadas *La historia interminable* y *Los pilares de la tierra*, basadas en los best-sellers de Michael Ende y Ken Follet, respectivamente [...] No cabe duda de que la historia de *Sira*, su protagonista, es un material de primer orden para una adaptación escénica y muy adecuada al vocabulario del teatro musical. Es, en el fondo, una novela de aventuras en tiempos de guerra con historias de

---

[21] *El tiempo entre costuras* ha sido el musical más votado en la duodécima edición de los Premios del Público Broadwayworld Spain, con 10 premios incluyendo Mejor Musical y Musical en gira.

amor –y engaño–, espionaje, exotismo, intriga, sufrimiento, humor... Con unos personajes modernos –reales unos, inventados otros–, empezando por la protagonista, una mujer capaz de sobreponerse a un cruel abandono y renacer cuál ave Fénix para modelar una nueva vida. Félix Amador ha sabido atrapar en algo más de dos horas las 640 páginas de la novela de María Dueñas [Bravo, 2021].

Conclusiones

Casticismo y cosmopolitismo se entrecruzan en la novela y en el musical. Todas las peripecias narradas, reales o no, todos los personajes, inventados o no, se muestran a través de la peripecia personal de Sira; el detonante de la historia es una relación amorosa pero el amor no es la columna vertebral de la obra. Ni en la novela, ni en la serie, ni en el musical prevalece el amor por encima de la aventura vital de una mujer; hay más misterio, intriga, política, vida social que amor. Ni siquiera el final es el de una novela romántica, sino que deja la puerta abierta al misterioso mundo del espionaje, un mundo que suele reemplazar el amor por los intereses profesionales[22]. Esto mismo se traslada al musical que no traiciona en ningún momento el espíritu y el aroma de la novela. Puede que la razón subyace en lo que nos apunta la cantante que dio vida a la modista y espía:

María Dueñas ha estado muy presente en el proceso de creación del musical, y la adaptación conserva muy bien la

---

[22] En la propia novela la protagonista brinda «por todas las misiones venideras en las que volveré a dejarme la piel, doy mi palabra. Mi palabra de modista y mi palabra de espía» [Dueñas, 2009: 615].

esencia de la novela, pero utilizando las herramientas del género. Yo he tenido la oportunidad de verla y hablar con ella varias veces y su entusiasmo es genuino. Ve que el traslado al escenario se ha hecho con mucho respeto.

Este respeto al original, su elección ante la vida de un personaje héroe, en este caso heroína, y su gusto por la esencia épica más que por la romántica emparenta a la obra con el musical más aclamado de las últimas décadas: *Los miserables*. Ese renacer y cambiar de nombre, esa circunstancia vital que presentan Jean Valjean y Sira les entronca como caras de la misma moneda: la supervivencia. Como termina la novela queremos concluir, con la sensación de que la autora ha permanecido velando por su novela en la reescritura que la ha transformado en teatro musical: «Al fin y al cabo, nos mantuvimos siempre en el envés de la historia, activamente invisibles en aquel tiempo que vivimos entre costuras» [Dueñas, 2009: 631].

Bibliografía

AMORÓS, Andrés (1968): *Sociología de una novela rosa*, Cuaderno 77, Madrid, Taurus.

BEON ENTERTAINMEN: *El tiempo entre costuras* https://www.el-tiempoentrecosturaselmusical.es [30-06-2025].

BRAVO, Julio (2022): «*El tiempo entre costuras*, aventura entre canciones», *ABC*, (2-III) https://www.abc.es/cultura/teatros/abci-tiempo-entre-costuras-aventura-entre-canciones-202203021623_noticia.html [30-06-2025].

— (2022): «Un buen musical con hilvanes, zurcidos y algún siete», *ABC*, (16-III) https://www.abc.es/cultura/teatros/

abci-buen-musical-hilvanes-zurcidos-y-algun-sie-te-202203160104_noticia.html [30-06-2025].

CENTRO DE DOCUMENTACIÓN DE LAS ARTES ESCÉNICAS Y DE LA MÚSICA (s.a.): «Selección de obras musicales basadas en escritos de Benito Pérez Galdós» https://www.musicadanza.es/es/tematicos/galdos-y-la-musica-1/galdos-y-la-musica-lista-do-obras-musicales [30-06-2025].

DUEÑAS, María (2009): *El tiempo entre costuras*, Madrid, Planeta.

GONZÁLEZ, Juan José (2022): «Ganadores de los Premios del público Broadwayworld Spain 2022» https://www.broad-wayworld.com/spain/article/Ganadores-de-los-PREMIOS-DEL-PBLICO-BROADWAYWORLD-SPAIN-2022-20220909 [30-06-2025].

GONZÁLEZ BARBA, Andrés (2022): «Con 'El tiempo entre costu-ras' se demuestra que se puede hacer un gran musical de factura española», *ABC* –Sevilla–, (25-V) https://www.abc.es/sevilla/cultura/sevi-tiempo-entre-costuras-demues-tra-puede-hacer-gran-musical-factura-espanola-202205251910_noticia.html [30-06-2025].

ROMERA CASTILLO, José (2011): «Sobre teatro musical y globali-zación en España ahora», en *Teatro español entre dos si-glos a examen,* (Madrid, Verbum), 328-336.

III.

MIRADAS ESCÉNICAS HACIA EL FUTURO.
NUEVOS LENGUAJES

Remediación e intermedialidad en montajes de teatros *mixed-abled* durante la pandemia de COVID-19 (Blue Apple Theatre y La Ribalta)

Soledad Pereyra
Universidad de Passau
Universidad Nacional de La Plata

1. Introducción

La crisis sanitaria que la humanidad vivió durante el 2020 y siguió viviendo hasta avanzado el 2022 por la pandemia de COVID-19, debido a las circunstancias mismas de la enfermedad como también a las medidas de contención, puso en cuarentena total y/o parcial a muchos de los canales, espacios y medios de la producción cultural que incluyeron muy especialmente al teatro (por su misma esencia presencial). Hasta marzo de 2023, el total de personas que fueron infectadas por el virus llegó a 761 millones de personas y el total de muertes alcanzó la espeluznante cifra de 6.879.677 [WHO, 2023: s.p.].

Frente a esta situación social general, un grupo de personas aparece como especialmente desfavorecido durante estos años: las personas con diversidad funcional o discapacidad[1]. Como advierte la Organización Mundial de la Salud,

---

[1] En el contexto español, la reflexión crítica y los movimientos sociales a comienzos del siglo XXI dieron lugar a otra rúbrica para la discapacidad que tiene su inspiración en el Movimiento de Vida Independiente de los años setenta en Estados Unidos, nos referimos a la de «diversidad funcional». Debido a que un

frente a la enfermedad de la COVID-19: «Muchas personas
con discapacidad tienen condiciones de salud preexistentes
que las hacen más susceptibles de contraer el virus, de experimentar síntomas más graves al infectarse, conduciendo a
tasas elevadas de mortalidad» [Oficina del Alto Comisionado
de las Naciones Unidas, 2020: 1] por ello figuran entre los
grupos que se han visto mayormente afectados por la pandemia a nivel mundial. Tal como confirman Shakespeare/
Ndagire/Seketi las personas con discapacidad se enfrentaron
durante el período a: el riesgo de un peor curso de la enfermedad; el acceso reducido a los servicios de cuidado sanitario y de rehabilitación y a un impacto negativo mayor de los
esfuerzos realizados para enfrentar la pandemia [2021: 1331].
Estos esfuerzos de contención se centraron, en un primer
momento, en el aislamiento y confinamiento obligatorio,
cuestión que por supuesto tuvo repercusiones en los derechos de toda la sociedad, pero que, concretamente, en el
caso de las personas con discapacidad, resultaron como respuestas aún menos inclusivas, en tanto les quitaba casi por
completo el derecho a la participación social general, que se
establece como uno de los valores principales aportados por
la Convención de las Naciones Unidas sobre los Derechos de
las Personas con Discapacidad [2006]. La pandemia de CO-
VID-19, que ha develado y/o profundizado desigualdades
históricas y estructurales, trajo como consecuencia que las
personas con discapacidad, especialmente aquellas con discapacidad cognitiva, perdieran el control sobre su participa-

---

extenso grupo social sigue usando el término «discapacidad» (incluso algunos
grupos activistas), en este artículo utilizaremos los dos términos de forma indistinta. Para más información sobre el modelo de diversidad en relación con la
discapacidad, véase Palacios y Romañach [2006: 48-64] y Romañach Cabrero
[2009: 28-36].

ción y tuvieran cierto silenciamiento de su voz en el escenario político entre 2020-2022 [Bartlett *et al.* 2021; Cronin *et al.* 2020].

En el contexto de las artes vivas[2] y dado los recientes años de vida pandémica, los términos convivio y tecnovivio propuestos anteriormente por Jorge Dubatti [2015; 2021] se volvieron protagónicos sino esenciales para explorar las posibilidades (e imposibilidades) del teatro, frente a la contingencia de la emergencia sanitaria. Como insiste este autor y filósofo del teatro, en este tiempo y bajo esas circunstancias de producción/recepción de las artes vivas, fue inminente explorar los lazos políticos entre lo convivial y lo tecnovivial en el marco de la pandemia de COVID-19 [Dubatti, 2021: 319]. Se entiende por ello que, al recurrir a formas tecnoviviales del espectáculo y a otros recursos intermediales para soslayar las limitaciones impuestas por la pandemia, los teatros (ya no solo los *mixed-abled*) recurrieron a formas de la intermedialidad, que por otra parte ya son naturales al acontecimiento escénico. En este panorama, inevitablemente, la restricción del convivio tuvo mayores implicancias para los ensambles o grupos teatrales conformados completa o parcialmente con artistas con diversidad funcional o discapacidad (de aquí en

---

[2] Aunque en este artículo nos centramos en el teatro, usamos el término «artes vivas» para incluir una serie de prácticas artísticas que pueden o no acontecer en un espacio teatral o en un escenario y que, por su naturaleza performativa frente a un público, se vieron restringidas durante la pandemia; verbigracia: clown, danza, mimo, circo, cabaret, entre otros. Sobre la extensa polémica española en torno al término, luego de contrastar el uso del término en varios espacios lingüístico-culturales, dice Imma Garín Martínez: «[…] en territorios de habla hispana, portuguesa o francesa el término podría equivaler al de *Performing Arts*, término preferido al parecer en el mundo anglosajón, y que se emplearía para abarcar un ámbito mayor que el acotado por "teatro", es decir, "creación híbrida"» [2018: 5].

adelante me referiré a ellos como teatros *mixed-abled*[3]), justamente por la naturaleza de la enfermedad del Coronavirus
y por el tipo de protocolos de cuidado que demandan.

Durante 2021 realizamos junto a la Prof. Susanne Hartwig
de la Universidad de Passau, la serie de entrevistas que conforman el volumen *Gemeinsam/Together Kognitiv beeinträchtigte Menschen in europäischen Theatern–Theorie und
Praxis People with Learning Disabilities in European Theatres–Theory and Practice* [2022][4]. En este trabajo hemos buscado darle un espacio para comunicar su práctica profesional a un total de veintiún compañías y ensambles europeos
mixed-abled. En las entrevistas, confrontados con la pregunta sobre la continuidad de sus actividades durante el desarrollo de la pandemia de COVID-19, los artistas y realizadores
que participaron de este volumen tendieron a responder de
manera diametralmente opuesta. Por un lado, se encontraban aquellos que se opusieron con escepticismo a reconfi-

[3]   El teatro *mixed-abled*, debe pensarse como una nueva instancia en el desarrollo histórico del que fue originalmente el teatro integrativo y luego teatro inclusivo. Los grupos *mixed-abled* no se limitan al teatro; en ellos los artistas con y sin
discapacidad se conciben y se mencionan juntos como un solo grupo. En un
artículo sobre el proyecto performativo alemán *Un-Label–New Grounds for inclusive Performing Art* (2015-2017), Wolfram, Prigge y Föhl, describen los grupos
mixed-abled, en los cuales «no se cuestiona el valor de las aportaciones de los
artistas integrantes, sino que se reconoce y asume el valor añadido de la conjunción de las diferentes perspectivas artísticas mediante un encuadre afirmativo,
que celebra la singularidad» [2019: 212, la traducción es nuestra]. Esto es, no se
borran o resaltan unas diversidades frente a otras, sino que se reafirma la productividad de su coexistencia heterogénea.
[4]   Este libro es uno de los avances y resultados del proyecto «Erzählung, Erwartung, Erfahrung: Behinderung im zeitgenössischen europäischen Theater und
Film» [Narración, expectativa, experiencia: la discapacidad en el teatro y el cine
contemporáneos] (Número de Proyecto 429281822) dirigido por la Prof. Susanne
Hartwig desde 2020 en la Universidad de Passau y financiado por la DFG alemana.

gurar sus producciones teatrales a través de estrategias y recursos tecnológicos. Por el otro, estaban aquellos que han visto en la incorporación de otros medios o incluso la migración de la actividad teatral a un medio tecnovivial, como la ocasión de nuevas potencialidades estéticas, pero por sobre todo en darle una continuidad al trabajo artístico de las personas con discapacidad quienes, como constatamos arriba, se encontraban en una situación de confinamiento estético, que emulaba la situación de confinamiento social general.

En este trabajo, en primer lugar, presentamos los elementos teóricos sobre el binominio tecnovivio/convivio y sobre la intermedialidad y remediación, que resultaron esenciales para reconfigurar las producciones teatrales durante la pandemia de COVID-19, muy especialmente la de los ensambles *mixed-abled* integrados por artistas con diversidad funcional quienes, como establecimos arriba, fueron de las personas en situación más vulnerable durante los años pandémicos. En segundo lugar, exploramos dos montajes del teatro *mixed-abled* basados en adaptaciones de cuentos tradicionales y realizados durante la pandemia de COVID-19; como veremos en el análisis, aunque los dos suponen estrategias de remediación, uno se orientó a las formas tecnoviviales de lleno y otro más a las formas intermediales y a una forma de performance en vivo en un espacio compartido.

2. El avance tecnovivial durante la pandemia de COVID-19: intemedialidad y remediación

¿En qué lugar quedaron las artes escénicas durante la pandemia de COVID-19? ¿Qué nuevas formulaciones tecnoviviales podían utilizarse para darle continuidad al teatro durante el período? ¿Qué tipo de público se siente cómodo o está dispuesto a esas formas de re-semiotización del teatro? ¿Qué zonas de liminalidad[5] pueden gestarse a partir de la contingencia dada por las circunstancias de aquel presente pandémico? Por un lado, se restringió el convivio teatral, como bien es sabido: se suspendieron las actividades, el montaje (el resultado de los procesos de ensayo y creación), quedó por mucho tiempo como un imposible. Posteriormente los montajes se realizaron de forma muy restringida, con aforo reducido, máscaras, distanciamiento de un metro y medio, entre diversas propuestas. Por el otro, se produjeron múltiples avances en términos de tecnovivio y en la capitalización de formas e instrumentos intermediales. Sobre estas últimas estrategias, algunos apuntaron, con cierto escepticismo, que se trataba de un no teatro o teatro suplente, en tanto, como indica Luis Emilio Abraham se trata: «antes que ninguna otra cosa, [de] un tipo de práctica cuyo mayor efecto era insistir en que se trataba de una acción de los creadores y las creadoras de la escena en un momento en que esas artes se habían vuelto decididamente inauditas» [2022:11].

Alberto Fernández Torres, en su artículo «El teatro, la pandemia y la cuadratura del círculo», subraya el cambio en el «ecosistema teatral» durante la pandemia de COVID-19, en por lo menos cuatro zonas de afectación: «los cambios en el público real y potencial, en las formas de trabajo, en las relaciones con otros sectores y en las relaciones con las insti-

---

[5] A partir de un concepto de Diéguez [2007], Dubatti entiende la liminalidad o umbralidad como la zona de traspaso, transformación entre el convivio y la poiesis dentro del acontecimiento teatral [2011: 40]. En textos recientes, ha deslindado nuevas formas de liminalidad, en tanto zonas entre convivios y tecnovivios que implican una transformación.

tuciones públicas» [2022: 16]. De este modo, el uso de diversas formas de la intermedialidad y el traspaso total en algunos casos al tecnovivio por parte de los ensambles *mixed-abled* durante la pandemia de COVID-19 no debe, simplemente, entenderse como la incorporación de otro lenguaje semiótico o como una mera operación técnico-estética. Es una estrategia que tiene repercusiones en otros ámbitos. Fue también una forma de reactivación profesional, así como una forma de distancia física (la llamada «distancia social») de estas subjetividades-corporalidades artísticas con diversidad funcional para así garantizar, paradójicamente, su permanencia o cercanía con respecto a la institución teatral en un mundo en confinamiento. Esto es, una forma de crear una isla de participación de los artistas de estos ensambles en la conversación cultural, con el sector, especialmente a través de estrategias concretas de facto empujadas por las circunstancias de la pandemia.

Para Jorge Dubatti, el convivio se construye a través de un núcleo que le es arcaico: es una experiencia irreductible en términos de transposición semiótica, de cambio de lenguaje, esto es en términos de tecnología. En tanto el espectro de lo convivial supone: «las relaciones humanas en reunión territorial, en el espacio físico y en presencia física, en proximidad, a escala humana […] sin mediación tecnológica […] que permita la sustracción/desterritorialización de la presencia física de los cuerpos» [Dubatti, 2021: 315]. Lo convivial, ha significado por ello la esencia de las artes vivas, concretamente del teatro, al menos hasta antes de la pandemia de COVID-19. Luego de esa experiencia histórico-social, ese carácter fue vulnerado y trae consigo el cuestionamiento mismo de la supuesta esencia irreductible del teatro, junto con la profundización de las ya existentes formas tecnoviviales de las artes performativas. La extensión de ese impacto llevó incluso a algún sector de la crítica a hablar de «teatro viral» [Liedke y Pietrzak-Franger, 2021], no solo por su surgimiento durante esos años cuando algo invisible (el virus) invisibilizó, confinó, a la sociedad entera, sino por su potencial propagación viral en el sentido de internet.

La primera forma de salida del confinamiento artístico a través de los montajes tecnoviviales no pudo recuperar ese núcleo básico que da la materialidad de los cuerpos vivientes en un mismo espacio. El convivio puede incluir formas tecnoviviales pero no viceversa; en tanto lo tecnovivial supone:

> Las relaciones humanas a distancia, desterritorializadas a través de una intermediación tecnológica que permite la sustracción de la presencia física del cuerpo viviente en territorio y la sustituye en el contacto intermediado con el otro por una presencia telemática y/o virtual, sin proximidad de los cuerpos, en una escala ampliada a través de instrumentos y máquinas [Dubatti, 2021: 315].

Por la esencia misma de lo tecnovivial y su trabajo con otras tecnologías que van más allá de las usadas tradicionalmente por el teatro, es indispensable entender qué tipo de relaciones se construyen con esas tecnologías para gestar diversos modos de la intermedialidad. A este respecto, en sus ya clásicos estudios, Irina Rajewsky esboza tres formas de la intermedialidad en textos estéticos. En primer lugar, la intermedialidad como trasposición; por ejemplo, la adaptación de la novela *Lectura fácil* (2018), de Cristina Morales que se puso en escena a fines de 2022 en el Centro Dramá-

tico Nacional (CDN) de Madrid[6]. En segundo lugar, la intermedialidad como combinación o superposición de medios.
Un ejemplo también del CDN y vinculado a los artistas con
discapacidad es la versión de *Hamlet* ([2019] 2022), a cargo
de la directora Chela de Ferrari y con un elenco del teatro
peruano La Plaza[7]; es en esencia combinación porque es
teatro, pero además incluye material de vídeo extradiegético,
footage de parte de escenas de la obra pregrabado, proyección de fotos, la simulación de una llamada por Skype, entre
otras cuestiones). Por último, en tercer lugar, la relación intermedial como referencia. Un ejemplo reciente, también
vinculado a los montajes con artistas con discapacidad puede encontrarse en *Supernormales* (2022)[8] que, aunque de
forma no directa, sino transversal, hace referencia a otro medio anterior, a la película *Yes, we fuck* (2015, dir. Antonio
Centeno y Raúl de la Morena) a través de la coincidencia
temática y con la presencia del título en algunos elementos
escénicos. Si bien el modelo de Rajewsky resulta útil para
ver los vínculos en el proceso genético y en el montaje teatral intermedial, no ofrece una mirada más profunda sobre
qué resultado tiene ese proceso en el medio del que parte.
Para ello, debemos remitirnos al concepto de remediación,
con el cual Jay Bolter y Richard Grusin, tiene que ver con
cómo se integran en el resultado las diversas semióticas que

---

[6]   Estrenada en la Sala Grande del Teatro Valle-Inclán del CDN el 18 de noviembre de 2022, con la dirección de Alberto San Juan.

[7]   Aunque su primer estreno fue en el Teatro La Plaza de Larcomar, en Lima,
Perú el 11 de octubre de 2019, el montaje y el ensamble hicieron una gira por
España en mayo de 2022. Estrenaron la obra en Madrid el 15 de junio en la Sala
Francisco Nieva del Teatro Valle-Inclán del Centro Dramático Nacional.

[8]   Estrenada el 16 de marzo en la Sala Francisco Nieva del Teatro Valle-Inclán del
CDN. Fue escrita por Esther F. Carrodeguas en el marco de las Residencias Dramáticas en el CDN y dirigida por Iñaki Rikarte.

se encuentran en la narrativa transmedia, ya que la remediación resulta en «[the] formal logic by which new media refashion prior media forms» [2000: 273]. Estos autores proponen dos estrategias de concretar la remediación: hipermediación (hypermediacy) e «inmediación» (inmediatez) (immediacy). Aquí nos interesa especialmente la primera estrategia, porque su objetivo es recordar al espectador el medio que remedia [2000: 272], en nuestro caso ese será el teatro en su sentido tradicional, convivial.

Los dos montajes que analizamos más abajo son en sí, adaptaciones teatrales de narraciones tradicionales y por ello responden a la primera categoría de Rajewsky, en tanto trasposición de un medio a otro. Uno parte del cuento clásico de *Pinocho/Pinocchio* y el otro del cuento tradicional de la *Cenicienta* o *Cenerentola*. La adaptación, cuando migra de un medio a otro, implica indefectiblemente una relación intermedial, según las categorías de Rajewsky que definimos arriba. Hablar de adaptación y versiones en el teatro, no implica necesariamente una novedad, aunque su uso recurrente en el repertorio de los teatros *mixed-abled* señala una forma de intervención política: la reescritura del canon conformado por el capacitismo a partir de los cuerpos y subjetividades de los artistas con diversidad funcional en la performance. Así también, como hemos propuesto en un texto previo, las adaptaciones del teatro *mixed-abled*, en términos de espectador previsto, buscan un lenguaje y marco narratológico común, desde donde pararse y dialogar con el público [Pereyra, 2022]. En muchos casos, pretenden recobrar únicamente un personaje que les permita discutir una temática que puede leerse en contigüidad con el momento histórico de realización de la adaptación. En resumen, para los ensambles *mixed-abled*, los hipotextos suelen ser por eso más una excusa para la experimentación artística, que en gran parte de los montajes resultantes suele indicar que no se «adaptan» a la interpretación y realizaciones más comunes de la versión «original».

Las obras que aquí discutimos sirven para ilustrar las problemáticas interrelaciones entre el teatro con artistas con discapacidad, su materialidad y presencialidad y la continuidad institucionalizada de la performance en tiempos de pandemia de COVID-19. En la presentación y análisis de los ejemplos específicos, veremos cómo además de tomar la palabra en performances concretas frente al silencio artístico del confinamiento y la distancia social, las estrategias intermediales de estos teatros conjugan dos formas de entender la intermedialidad: como una condición fundamental o categoría reconocible en su configuración y como una categoría crítica en sí misma, que sirve para su análisis desde una perspectiva estética, al mismo tiempo que habilita otras proyecciones [Rajewsky, 2005: 47].

3.   Los casos

Pinnocchia (2020), de Blue Apple Theatre

Blue Apple Theatre se fundó en Winchester en 2005 gracias al compromiso de Jane Jessop, una madre que buscaba una formación actoral para su hijo, pero que se encontró con las limitaciones locales: las escuelas de teatro para personas con discapacidad estaban todas en Londres. Actualmente, la compañía está conformada por actores con diversidad funcional cognitiva y neurodiversidades y realiza producciones de alta calidad ante un amplio público. Las actividades de Blue

Apple incluyen el teatro, la danza y también proyectos cinematográficos. El ensamble cuenta con más de treinta artistas
y realiza producciones nacionales e internacionales [Hartwig,
2022a: 257-258]. *Pinocchia* fue la primera obra en línea del
teatro Blue Apple luego de que la pandemia los obligara a
traspasar las sesiones presenciales al mundo de la virtualidad
y a suspender los espectáculos programados en el Theatre
Royal de Winchester. La pieza se anuncia como una adaptación de la clásica historia de Pinocho, pero renarrada en y
para la era digital de 2020.

Como en numerosas adaptaciones de teatro inclusivo, el
hipotexto clásico es simplemente una fuente de inspiración
semántica muy lejana al texto dramático y al texto performativo resultantes, cuestión que la propuesta digital de Blue
Apple profundiza intencionalmente. La obra se estrenó el
12.12.2020 via *streaming* con dos planos de performance
intercalados sucesivamente a lo largo de la obra: uno hecho
a través de *footage* previo grabado en exteriores y otro en
espacios escénicos cerrados que se filmó con «Chroma Ke-
ying» mientras se transmitía en simultáneo[9]. En esta obra hay,
entonces, una combinación medial en el sentido de Rajewsky y contigüidad de los dos paradigmas el virtual y el mate-
rial-real, aunque en el tiempo prevalezca el del mundo digital de su estreno, en *streaming*[10].

---

[9] Técnica que en español se llama croma o clave color. La técnica de croma
consiste en sustituir la señal de primer plano por una señal de fondo basada en
algún color clave identificado en la señal de vídeo de primer plano. Por el color
más frecuentemente usado, también se la conoce como «pantalla verde» [Haskell,
Puri y Netravali, 2007: 107].

[10] La obra se almacenó posteriormente como vídeo en la plataforma digital
YouTube. En la forma de archivo cambia la perspectiva sobre el tiempo: aquí no
se trata del tiempo del mundo digital marcado por la sincronía del *streaming*. El
almacenamiento digital con acceso gratuito posibilita gestar un «tiempo del es-

El *streaming* comienza con una pantalla dividida, en una parte se muestra el cartel de la obra de forma estática con la cantidad de minutos que faltan para el inicio del espectáculo y en el costado izquierdo se muestran imágenes de una ciudad que parece ser Winchester, lugar de origen de Blue Apple. Esta imagen se acompaña con intervenciones de un presentador que anuncia que el espectáculo empezará en unos minutos: «Ladies and gentlemen, boys and girls, today's performance of *Pinocchio*, will begin in two minutes», [00:08:00-00:08:05]. Luego le pide a la audiencia que se ponga cómoda y que aproveche las especiales circunstancias materiales de la performance que está por empezar: «take this unusual opportunity to make as much noise as you want with your drinks your crisps nuts or popcorn» [00:08:40-00:08:50]. También les habla jocosamente del espacio donde están, de las salidas de emergencia y de los baños. Estos comentarios del presentador en *voice over* juegan con una tradición discursiva y ritualística del teatro y también del circo y, al mismo tiempo, ironizan sobre la performance en el contexto simbólico de lo digital: se supone que obviamente los espectadores están ya cómodos en sus casas y que por ello también conocen plenamente las salidas y la ubicación de los baños. En el rato de espera de inicio del espectáculo y entre los comentarios del espectador se reproduce una grabación de audio que permite escuchar a un grupo de

---

pectador» para la obra que recompone críticamente nuevas formas de democracia: el receptor hace la temporalidad de la performance al poder pausarla, repetir escenas, abandonarla y retomarla y, por último, volverla a ver una cantidad de veces que sería imposible en el mundo físico-real. De aquí en adelante, las citas a esta obra de Blue Apple se harán a partir de la versión almacenada: Blue Apple Theatre. *Pinocchia*, en YouTube: https:// www.youtube.com/watch?v= 4fnV Tytj HyM, 2020 [28.05.2021].

personas de forma indistinta: es el sonido de la entrada de espectadores a una sala teatral. Todos estos elementos exhiben un intento de evocar lo convivial con el recurso digital: buscan llevar los espectadores digitales, que se encuentran en la soledad de sus casas, frente a la pantalla, a la emoción del ritual teatral en un espacio compartido. Aquí no se busca separar el medio de comunicación elegido del teatro, sino recordar su vínculo. Se refuerza el vínculo de remediación con el teatro convivial por hipermediación, en el sentido de Bolter y Grusin [2000].

La obra *Pinocchia* cuenta la historia de un amargado anciano, Frank (Sam Dace), que ha perdido a su mujer (Grace). Desde que falleció Grace, Frank está atrapado en una profunda soledad. Por eso, al comienzo de la obra, se abordan temas existenciales como la vida, la muerte y la percepción de nosotros, los seres humanos. Los intérpretes con discapacidad presentan estos temas en breves fragmentos (*footage*) que se grabaron en un espacio externo, en un entorno similar a un huerto.

La parte central de la obra, que sigue a las escenas iniciales, se sitúa en casa de Frank, precisamente en su salón, construido solo como imagen con la técnica de croma. Un empleado del centro comunitario local intenta asistir a Frank y trae a la casa del anciano un robot asistencial llamado Eva (voz: Katy Francis; movimientos: James Elsworthy), no solo para que le apoye, sino también para que le haga compañía y le ayude a sobrellevar la soledad. Eva es definitivamente, la presencialidad técnica, no-humana, como en la fábula clásica de Pinocho y que, si expandimos la reflexión, cumple el lugar que tuvo para muchos la tecnología durante los tiempos de la pademia de COVID-19. Aunque Eva debería ser una compañía agradable para Frank, él rechaza la oferta del robot de contarle un chiste o ayudarle en su vida diaria y la trata como un objeto tramposo («box of tricks»).

Frank es interpretado por un actor con diversidad funcional cognitiva y esto representa cierto juego semántico sobre la discapacidad y la otredad. Esto es, un actor que con frecuencia enfrenta la segregación social por su diversidad funcional, encarna a un personaje que también afronta, como muchas personas mayores, la discriminación por la vejez. Es justamente en la exploración del sentido de ser humano donde se inició el vínculo particularmente con el hipotexto clásico de Pinocho. Como puede entenderse de la descripción temático-argumental, el acento se pone no tanto en el texto original sino en su distancia y en cierta caracterización esquemática de los personajes principales: un anciano y un «muñeco» con algunas características antropológicas. En este sentido, hay referencias mediáticas que corresponden a la tercera categoría de Rajewsky y también, como fue aclarado más arriba, combinación mediática, pero nunca una verdadera trasposición (como sería en el caso de la primera categoría de Rajewsky). Sin embargo, hay un plano más de intermedialidad superpuesto que debe destacarse: la incorporación del texto dramático en subtítulos debajo y dicho en lenguaje de señas en el margen inferior derecho de la pantalla. En este sentido, Blue Apple aprovechó la estabilidad que puede brindar el modelo intermedial del *streaming* y luego el almacenado digital en la plataforma YouTube para explotar una forma de inclusión que no siempre está presente en las performances del teatro inclusivo.

Un Peep Show per Cenerentola (2020), de La Ribalta

Teatro La Ribalta es un grupo de teatro profesional, compuesto por artistas con y sin discapacidad. Fue fundado por los actores Michele Fiocchi y Antonio Viganò. Desde el 2009 se instalaron en la región de Bolzano. En el año 2013 el grupo se convirtió en la sociedad cooperativa Accademia Arte della Diversità-Teatro la Ribalta. Así, a lo largo de muchos años de cooperación, se creó un proyecto artístico estéticamente exigente cuya visión es tangible en su nombre Kunst der Vielfalt («Arte de la diversidad»). Se trata de un proyecto social único en Italia, cuyo objetivo es contrarrestar la exclusión social al ofrecer a los participantes una identidad social y profesional como artistas [Hartwig, 2022a: 313-314]. Las representaciones del conjunto teatral abordan importantes temas sociales y presentan una estética sofisticada. Además, las actividades del conjunto incluyen la organización de eventos, así como la cooperación con el teatro local y las instituciones públicas. En la base de La Ribalta se encuentra la potencia transformadora del teatro, tal como propone Viganò: «Un luogo della mancanza, dove la vulnerabilità e la sensibilità sono di casa. Insomma: il teatro come luogo della trasformazione. Il teatro come luogo delle nostre ombre piú profonde» [Viganò *apud* Porcheddu, 2020: 9].

Paola Guerra, una de las integrantes del dúo artístico que dirige actualmente el Teatro La Ribalta quería realizar desde hace tiempo una obra en base al clásico personaje de la Cenicienta. Su intención era que la obra que surgiera no fuese tanto representativa de la fábula en sí del *Volksmärchen* clásico o bien de la narración presentada por el clásico de Disney (1950), sino del tema de las personas con sus inalcanzables deseos. El proyecto de concertar una pieza donde el puntapié fuese *Cenicienta* como *topos* del deseo había comenzado a construirse a partir de ideas y ejercicios en los ensayos diarios de La Ribalta y estaba proyectado para el repertorio del año 2020, cuando a comienzos de ese año la pandemia de COVID-19 interrumpió ese proyecto y suspendió todas las formas de actividades culturales presenciales y grupales. El desarrollo de la pandemia de COVID-19 trajo consigo una cuarentena estricta en Italia con la consecuente pausa de las actividades artísticas (tanto ensayos como representaciones) durante todo el primer cuatrimestre de 2020. Para mayo de ese año, cuando los artistas de La Ribalta pudieron volver paulatinamente a los ensayos, la otra parte de la dirección del teatro (Antonio Viganò) había elaborado una propuesta innovadora y segura en relación con las condiciones que la pandemia imponía (tanto para artistas como espectadores) para poner en escena la obra que Paola Guerra originalmente había soñado: construir el espectáculo como un *peep show* del siglo XVII, tanto en la performance como en el espacio teatral destinado a los espectadores, que finalmente se tituló *Un Peep Show per Cenerentola* y se estrenó el 7 de octubre de 2020 en Bolzano, en el espacio T.RAUM del ensamble[11].

Para concretar su visión de *Cenerentola,* Viganò diseñó una estructura de dieciséis cabinas alrededor de un escenario circular que tiene una plataforma giratoria. De las dieciséis cabinas con las que cuenta el escenario, catorce están destinadas a los espectadores (un espectador por cabina) y las dos extras sirven al soporte técnico de la obra y para entrada y salida de los performers que actúan en el centro gi-

---

[11]   Para nuestras reflexiones nos referiremos a: La Ribalta, *Un Peep Show per Cenerentola*, 2020 [Vídeo concedido por el teatro en la plataforma Vimeo].

ratorio del escenario. Desde las cabinas son vistos, espiados, por los espectadores que luego de ingresar a su cabina han introducido una moneda falsa en una ranura (estas se les entregan al llegar al espectáculo), para emular la asistencia a un *peep show* real.

Comienza con la performance un juego de intimidad y distancia entre los espectadores en las cabinas que observan a través de una ventana y lo que ocurre en el escenario. Un hombre, Rocco Ventura, aparece en medio del escenario oscuro y brumoso. Se sienta y ríe con un zapato de tacón rojo en las manos mientras canta el tema musical de la Cenicienta de Disney. El *peep show* presentará a cuatro concursantes que compiten por conseguir el zapato rojo y asistir al baile con el príncipe. Deben mostrar cómo piensan conquistar el corazón del príncipe. Al principio, bailan con un vestido blanco abullonado. Luego empiezan a desnudarse y a quitarse todo mientras bailan, mostrando su ropa interior. Al final, el presentador llama a todas las participantes al escenario y las elogia. Espera la decisión del príncipe, pero él no está presente. Sin embargo, dice que no pasa nada porque al día siguiente cambian de ciudad y encontrarán nuevos clientes para ver el espectáculo. Este comentario es una forma de remediación que recuerda el carácter itinerante de los *peepshows* del siglo XVII en los que se inspira el show.

El texto dramático y el performativo juegan constantemente con los tópicos de la sensualidad y el deseo inalcanzables, además de reforzar una interpretación vinculada al erotismo en el vestuario y la iluminación, pero nunca se anula la idea de estar participando en un espectáculo performativo con espectros, restos, de lo teatral convivial. Esto es, la obra siempre halla ecos en el *peep show* sin abandonar su esencia teatral. El espectador nunca duda de encontrarse ante un espectáculo teatral, que se realiza con la total utilización de su *medium*[12]. De esta manera, *Cenerentola* resulta un texto cultural intermedial en el sentido de la imitación y de la evocación referencial en el sentido de Rajewsky.

La *Cenerentola,* de La Ribalta establece modos de volver a considerar las relaciones corporales y espaciales en el centro (como en su escenario) de la performance teatral durante los tiempos difíciles de COVID-19. Este espacio escénico intermedial provee simultáneamente una base para volver a analizar críticamente los vínculos entre quién desea y quién es deseado desde la perspectiva social general y desde aquella que como acuerdo tácito surge entre el espectador y el espectáculo propuesto. La espacialidad de *Cenerentola* no solo desarticula el silencio hermenéutico al que fueron destinados los artistas con discapacidad durante la pandemia de COVID-19, sino que también elabora una historia subversiva o contrahegemónica sobre el deseo: al insertar la moneda que activa simbólicamente el *peep-show,* el espectador se vuelve también *voyeur* de los artistas que realizan la performance en el centro de la estructura y eso genera una serie de vínculos revolucionarios. Este gesto con la moneda que se inserta en la ranura preparada en la cabina juega con la complicidad y aceptación de un pacto entre los espectadores: aceptan ver un espectáculo de tintes sensuales interpretado por personas con discapacidad. Sin llegar a ser teatro participativo, ubica potencialmente a los espectadores en el

---

[12] Aquí téngase presente la diferencia que hace Pavis entre *media* (en tanto sistema de comunicación) [2016: 135] y *medium* [2016: 133, 134]. Donde el *medium* del teatro es la forma en la que se usan el escenario, los intérpretes y el texto dramático. El *medium* puede evolucionar y cambiar su base material a través desarrollos tecnológicos, pero continuar siendo *medium*. De esta forma el *medium* teatro puede inscribirse en otra *media*/otro medio, como el digital.

rol de sujetos deseantes de las personas con discapacidad en escena. Estos vínculos, entre quién mira y qué desea, rompen con el relato hegemónico que tradicionalmente presupone a la persona con discapacidad como asexuada (como «angelitos») e infantil, incluso a lo largo de toda su vida[13].

Cuando una persona es visualmente diferente a la norma, como en el caso de una discapacidad visible, el observador de dicha persona puede no tener la experiencia previa necesaria para tratar esta nueva información. La discapacidad puede causar una apariencia de ruptura con los estándares, la norma, lo apropiado, pero al producirse el acto de contemplación incisiva, se invierte ese lugar de discordancia con la norma, con la «etiqueta», que convierte al público de este espectáculo, en un grupo «inapropiado». En su construcción intermedial y de remediación, *Cenerentola* logra ubicar a los espectadores en ese lugar incómodo, no solo por el tratamiento del deseo y la persona deseada, sino porque invierte la norma del momento. Encierra al público en sus cabinas, por un lado, cuando en el espacio público las personas sin discapacidad contaban con mayores libertades y participación dentro de los procesos y acciones que signaron la pandemia de COVID-19 y, por otro lado, pone en el centro de lo simbólico y con total libertad a los artistas con diversidad funcional.

---

[13]   Para un análisis de ese relato hegemónico en torno al deseo y la sexualidad de las personas con discapacidad cognitiva en textos fílmicos actuales, véase el capítulo de Susanne Hartwig [2022b]. Aunque el texto de Hartwig analiza las imágenes de ese relato en ficciones fílmicas, sus hipótesis se confirman en el ámbito de lo real: Petal Pilley, la directora artística del teatro irlandés *Blue Teapot Company*, cuenta en su entrevista en el volumen *Gemeinsam/Together* sobre el estatus ilegal en torno a las relaciones sexuales de las personas con discapacidad intelectual, ley vigente en Irlanda hasta entrado el siglo xxi, véase el capítulo sobre este ensamble en Hartwig [2022a: 257-288].

4. Conclusiones

Frente a las desigualdades que la pandemia de COVID-19 ha mostrado y ahondado, los montajes de los teatros *mixed-abled* a través de formas tecnoviviales y experimentaciones intermediales y de remediación, le han abierto a los artistas con discapacidad nuevos espacios para presentar su perspectiva y continuar su actividad profesional en instituciones artísticas.

Numerosas compañías y teatros han utilizado el popular sistema de telecomunicación Zoom o la plataforma digital Youtube en su versión *live*/vivo como simples medios para transmitir una obra de teatro realizada en un espacio teatral tradicional. Sin embargo, Blue Apple Theatre ha ido más allá en el traspaso tecnovivial y ha utilizado una transmisión en vivo de Youtube para experimentar con una adaptación de la clásica narración de Pinocchio. Ese hipotexto se reescribe (una vez más) para hacer un paralelismo con la experiencia de la soledad y el aislamiento incómodo de la pandemia. Asimismo, el personaje principal interpretado por una persona con diversidad funcional es caracterizado como otro grupo vulnerable, discriminado y sumamente afectado por la pandemia de COVID-19: el de los adultos mayores. Aquí hay una desidentificación entre la identidad del actor y del personaje que interpreta, para generar nuevas proyecciones en el contexto histórico del estreno del montaje.

Del otro lado, la *Cenerentola,* de La Ribalta ubica también al público en un lugar de aislamiento (el de la cabina del *peep show*) y, novedad incómoda, a la vez lo hace participar de una experiencia también aislada y *deviant*: la de ser *voyeur* que, por otra parte, está en la esencia del acontecimiento teatral, aunque en este caso se espía y desea a los artistas con diversidad funcional. En esta obra la propuesta intermedial tiene que ver con las referencias a otro medio para trabajar el deseo, la sensualidad, la objetivización del cuerpo de la mujer y la elección del príncipe, que ironiza la posición en la cabina del espectador del *peepshow*.

En los dos montajes analizados la reescritura es del/de los personaje(s) y no de la narración. Los dos montajes toman personajes marginales, aislados por su aspecto, despreciados, que viven en la oscuridad, en lo que podría interpretarse como una metáfora de la falta de inclusión, la discriminación, el silencio y (desafortunadamente) la falta de inclusión que con frecuencia perciben las personas con discapacidad dentro de la conversación social.

En un tiempo sin certezas, montajes como el de Blue Apple Theatre y el de La Ribalta buscaron nuevos formatos artísticos que ayuden a estabilizar su propio trabajo, a volver a visibilizar la presencia de los artistas con discapacidad y, simultáneamente, a traer nuevamente, aunque de forma poco convencional, al público a participar del hecho teatral, como experiencia colectiva que resiste los asilamientos de una pandemia mundial. Las producciones teatrales intermediales y de remediación gestadas en gran parte por el impulso dado por los confinamientos pandémicos, son una forma de producir estéticamente la intervención epistemológica de estas personas y artistas durante la pandemia de COVID-19; De todas formas, no se trata solamente de la continuidad profesional de la actividad teatral que, naturalmente, resulta sumamente significativa como gesto. La injusticia hermenéutica a la que se vieron enfrentados los sujetos con discapacidad cognitiva puntualmente durante la pandemia de COVID-19, profundiza una situación estructural y sistémica que genera vacíos, en relación con su participación en la conversación social, debido a, como propone Miranda Fricker, un prejuicio identitario en el repertorio hermenéutico [Fricker, 2010: 168]. Las obras que analizamos no son solo valiosas en términos de experimentación formal con recursos intermediales y de remediación y de juego con aquella liminalidad entre tecnovivio y convivio de la que habla Dubatti. En todo caso, también son formas de habitar esos vacíos o lagunas hermenéuticas sobre sí mismos que constantemente enfrentan las personas con diversidad funcional, ya sea en un teatro o en el espacio público pandémico.

Bibliografía

ABRAHAM, Luis Emilio (2022): «Notas sobre el teatro como actividad esencial: lo inaudito», en *Boletín GEC*, 29: 7-18.

BARLETT, Terry *et al.* (2021): «Surviving through Story: Experiences of People with Learning Disabilities in the Covid19 Pandemic 2020-2021», en *British Journal of Learning Disabilities*, 50: 270-286.

BOLTER, Jay David y GRUSIN, Richard (2000): *Remediation: Understanding New Media,* Cambridge, Massachussetts, MIT Press.

CRONIN, Peter *et al.* (2020): *Peter & Friends Talk about COVID-19 and Having a Learning Disability and/or Autism,* London, Penge Publishers.

DIÉGUEZ, Ileana (2007): *Escenarios liminales. Teatralidades, performances y política,* Buenos Aires, Atuel.

DUBATTI, Jorge (2011): *Introducción a los estudios teatrales,* Ciudad de México, Libros de Godot.

— (2015): «Convivio y tecnovivio: el teatro entre infancia y babelismo», *Revista Colombiana de las Artes Escénicas,* 9: 44-54.

— (2021): «Artes conviviales, artes tecnoviviales, artes liminales: pluralismo y singularidades (acontecimiento, experiencia, praxis, tecnología, política, lenguaje, epistemología, pedagogía)», *Avances*, 30: 313-333.

Fernández Torres, Alberto (2022): «El teatro, la pandemia y la cuadratura del círculo», *ADE Teatro. Revista de la Asociación de Directores de Escena de España*, 188: 16-27.

Fricker, Miranda (2010): *Epistemic Injustice: Power and the Ethics of Knowing*, Oxford, Oxford University Press.

Garín Martínez, Inma (2018): «Artes Vivas: definición, polémicas y ejemplos», *Estudis escènics: quaderns de l'Institut del Teatre*, 43: 1-25.

Hartwig, Susanne (2022b): «¿Mujer o discapacitada? La diversidad funcional cognitiva en tres películas actuales (*Be my baby*; *Yo, también*; *Dora o las neurosis sexuales de nuestros padres*)», en *Representación de la diversidad funcional desde la perspectiva de género*, eds. J. E. Checa Puerta y A. Gómez García (Berlín/Berna/Bruselas/Nueva York/Oxford/Varsovia/Viena, Peter Lang), 145-171.

— (ed.) (2022a): *Gemeinsam/Together. Kognitiv beeinträchtigte Menschen in europäischen Theatern – Theorie und Praxis/ People with Learning Disabilities in European Theatres – Theory and Practice. Unter Mitarbeit von Soledad Pereyra*, Berlín/Berna/Bruselas/Nueva York/Oxford/Varsovia/Viena, Peter Lang.

Oficina del Alto Comisionado de las Naciones Unidas para los Derechos Humanos (2020): «COVID-19 y los derechos de las personas con discapacidad: directrices» https://www.ohchr.org/sites/default/files/COVID-19_and_The_Rights_of_Persons_with_Disabilities_SP.pdf [02-07-2025].

—(2008): *Convención sobre los Derechos de las Personas con Discapacidad* https://www.un.org/disabilities/documents/convention/convoptprot-s.pdf [02-01-2023].

PALACIOS, Agustina y ROMAÑACH, Javier (2006): *El modelo de la diversidad: la bioética y los derechos humanos como herramientas para alcanzar la plena dignidad en la diversidad funcional*, Vedra, Diversitas.

PAVIS, Patrice (2016): *The Routledge Dictionary of Performance and Contemporary Theatre*, London/New York, Routledge.

PEREYRA, Soledad (2022): «"Ich trage mein Kleid und trage mein Loch": cuestiones de género en el Teatro Thikwa», en *Representación de la diversidad funcional desde la perspectiva de género,* eds. J. E. Checa Puerta y A. Gómez García (Berlín/Berna/Bruselas/Nueva York/Oxford/Varsovia/Viena, Peter Lang), 127-141.

PORCHEDDU, Andrea (2020): «Ritrovare un senso profondo. Intrevista ad Antonio Viganò», en *Teatro La Ribalta. Kunst der Vielfalt*, (Buccinasco, La Serigrafica Arti Grafiche), 9-27.

RAJEWSKY, Irina (2005): «Intermediality, Intertextuality, and Remediation: A Literary Perspective on Intermediality», *Intermédialités*, 6: 43-64.

ROMAÑACH Cabrero, Javier (2009): *Bioética al otro lado del espejo. La visión de las personas con diversidad functional y el respeto a los derechos humanos*, Vedra, Diversitas.

SHAKESPEARE, Tom *et al.* (2021): «Triple jeopardy: disabled people and the COVID-19 pandemic», *Lancet*, 397: 1331-1333.

WOLFRAM, Gernot, PRIGGE, Jana, y FÖHL, Patrick (2019): «Politische Re-Formulierungen im Inklusiven Theater», *Zeitschrift für Kulturmanagement,* 5.2: 199-224.

WORLD HEALTH ORGANIZATION (2023): «Coronavirus (COVID-19) Dashboard» https://covid19.who.int/ [02-03-2023].

Aproximaciones a un análisis vectorial en la obra de Rodrigo García: *PS/WAM*

Victor Yuri Correa Vivar
Universidad de Viena

Introducción

EL PRESENTE TRABAJO PROPONE la aplicación del método de análisis vectorial propuesto y aplicado por el teórico teatral francés Patrice Pavis en su libro *El análisis de los espectáculos. Teatro, mimo, danza, danza-teatro, cine* [2018][1], en la obra *PS/WAM*, de Rodrigo García.

PS/WAM es una obra creada en residencia en el Festival Citemor Montemor-o-Velho en Portugal, en Naves del Matadero Madrid en España y en la Academia de Francia en Roma, la Villa Medici. Esta obra fue programada entre agosto del año 2019 y febrero del año 2020 en Portugal, Francia y España. *PS/WAM* fue la última producción en vivo que realizó García y debido probablemente a la Pandemia que comenzó exactamente en marzo del año 2020. Su nueva pro-

---

[1] *El análisis de los espectáculos, teatro, mimo, danza, danza-teatro, cine*, aparece por primera vez en su versión en francés el año 1996 y fue traducido por primera vez al español el año 2000, después de su primera publicación ha sido reeditado varias veces (en inglés, francés y español) y en su última edición en español actualizada en el año 2018 se integran tres nuevos capítulos en los cuales el investigador francés actualiza la reflexión sobre los métodos de análisis considerando el nuevo paradigma de la performatividad y el punto de vista del espectador.

ducción tuvo que esperar hasta este año cuando será estrenada el 25 de mayo su producción *Cristo está en Tinder* en el Teatro de la Abadía[2].

Tras una breve aproximación a la figura de Rodrigo García y al proceso generativo de la obra *PS/WAM,* considerando un resumen general de la obra, se procederá a proponer un análisis de la escenificación considerando el análisis vectorial o vectorización del deseo en una de las *micro-performance*, segmento con el que se han definido algunas de las acciones performativas que desarrollan los actores en escena.

Rodrigo García. Un acercamiento

Rodrigo García nació en Buenos Aires, Argentina, en 1964. Hijo de padres inmigrantes españoles, creció con la influencia de la cultura española en la sociedad argentina. Vivió en la dictadura militar argentina, que duró casi diez años. Durante este tiempo, cuando tuvo su única experiencia de libertad a través del teatro, decidió emigrar al país que habían dejado sus padres para escapar de la dictadura de Francisco Franco. Posteriormente, cuando llegó a España con la intención de profundizar en su propuesta teatral desde Argentina, fundó la compañía La Carnicería Teatro en 1989 (su padre era carnicero). Un año después, Rodrigo García conoció a Carlos Marquerie, que en ese momento inauguraba el Teatro Pradillo de Madrid, donde puso en escena escenarios inter-

---

[2]　En esta época pandémica el trabajo de Rodrigo García se centró en una Serie web llamada *Movidas Raras*.

disciplinares en los que se desarrollaban diálogos entre música, danza, artes plásticas y teatro.

El teatro de Rodrigo García nació en Madrid a mediados de los años 80 y luego se convirtió en una de las principales tendencias del panorama europeo contemporáneo, especialmente en Francia, donde fue director del Centre Dramatique National de Montpellier de 2014 a 2017. En 2009 fue galardonado con el Premio Europeo de Teatro para Nuevas Realidades. Rodrigo García no solo escribe textos, sino que también trabaja como director y escenógrafo, diseña videos e instalaciones de salas.

Rodrigo García tiene una obra muy amplia que se sigue extendiendo, cubriendo distintos formatos y buscando nuevas formas de expresión. Sin embargo, su propuesta escénica, aunque cambie constantemente a través de la experimentación, sigue llevando su marca. Los textos que para García son desperdicios, cenizas que como textos vivieron y ardieron en el teatro [García, 2009] han sido publicados mayoritariamente por la editorial La Uña Rota, textos que para García son un elemento más en el proceso de la puesta en escena y la escenificación, estos han sido recopilados y están al alcance de todo público. Las videograbaciones de sus obras están también al alcance de todo público en su página web que se mantiene activa y actualizada[3].

Los textos que utiliza Rodrigo García en la obra *PS/WAM* han sido publicados como un libro independiente con el título *Cómo se llama* y fueron en parte producidos en una residencia de García en la Villa Medici en Roma en donde también García pudo investigar las creaciones de Giacinto Scelsi:

---

[3] https://rodrigogarcia.es

En la casa de Giacinto Scelsi pasé no pocas mañanas escuchando todo lo que pude de las infinitas horas de improvisaciones del maestro con su ondiola, que registraba en cintas magnetofónicas valiéndose de una Revox y que influyeron en el espíritu y estructura de esta obra [García, 2020: 95].

PS/WAM (descripción narrativa y video)

El público entra por una puerta principal de manera individual, entrada en donde están Juan Loriente y Daniel Romero disfrazados de Mozart y de una dama de la corte respectivamente, que reciben al público con una máquina expendedora de números de turnos, como las que se utilizan en los supermercados, en donde en vez del número se puede leer: «muere».

La obra de Rodrigo García *PS/WAM* se presenta como un espacio intervenido, en este espacio se invita al público a ver, oír, gustar, tantear y oler diferentes estímulos ubicados en las estaciones que están distribuidas en el espacio en lo que podríamos definir como estaciones performativas, dentro del espacio espectacular. Las estaciones performativas son temáticas, como el bosque austríaco, las vacaciones, los metrónomos, los turistas, choque de meteoros, etc. Además estas son indefinidas, híbridas, polisémicas, mezcla de diferentes elementos y signos (significantes) que serán desarrollados posteriormente por los actores Juan Loriente y Daniel Romero.

Las fuentes musicales o sonoras provienen mayoritariamente de los amplificadores de la sala. Las sonatas de Mozart que protagonizan el ambiente sonoro son interpretadas por el pianista canadiense Glenn Gould.

El público se enfrenta a la libertad de moverse entremedio de las estaciones y puede observar, percibir las distintas propuestas, que todavía no se presentan o mejor dicho desarrollan (desenrrollan) en el escenario. Otra parte importante de esta intervención espacial son tres diferentes videos secuenciando la obra en tres momentos diferentes; al principio, después de que ha entrado todo el público; en la mitad de la obra, y al final. Otro aspecto interesante que se entrelaza con los componentes escénicos es el rol que tienen los textos en la intervención espacial.

En la obra *PS/WAM* el texto se reduce casi completamente a texto escrito presentado en largos rollos de papel los cuales algunos ya están desenrrollados y presentados en conjunto con algunas instalaciones que están en el espacio escénico o que se desenrrollan más adelante en distintas situaciones o momentos como por ejemplo al terminar una *micro-performance*[4], o cuando se pasa de una *micro-performance* a otra. Los textos protagonizan en el transcurso de la obra en general dos pausas específicas para leer. Estas pausas cada una de 15 minutos están avisadas en las pantallas gigantes en donde además se cronometra en cuenta regresiva el tiempo y además cada segundo está sonorizado por un clic, sonido que desempeña un papel protagónico en el espacio sonoro. Así el espectador se transforma en un lector. El único momento en que un texto es dicho por un actor es en parte de una *micro-performance* en donde Loriente lee una carta que Mozart le envió a su padre desde Viena

---

[4]   Vamos a llamar así a las intervenciones en vivo que hacen los actores en las distintas estaciones performativas que están distribuidas en el espacio.

El mismo Rodrigo García en el texto que acompaña la descripción del programa de presentación de la obra nos dice:

> Y aparece un actor, Juan Loriente, vestido como Mozart, solo que vestido como si se le hubiera caído encima el armario. Con la peluca del XVIII lleva un pantalón de deporte, luce un zapato de ejecutivo en el pie derecho y agita una chancla hawaiana en el izquierdo.
> Por momentos es Mozart y a ratos es un pobre hombre loco que se arroja encima de las notas de piano que flotan en el aire. Un Mozart que se afana en rituales inexorables, a partir de un alfabeto y una simbología masónica en constante mutación.
> Y acompañando a este falso Mozart, otro impostor, Daniel Romero, vestido mitad dama de la corte, mitad jugador de hockey sobre hielo [García, 2019].

A continuación se presenta un extracto minutado de una de las *micro-performance* que se presenta *PS/WAM* justo antes de la primera pausa para leer. Aquí podemos visualizar el recorrido temporal, que no va a ser necesariamente objetivo, y algunos datos importantes sobre lo que sucede en el espacio espectacular. Debido a la extensión del presente artículo, el análisis vectorial se realizará sobre los signos teatrales y su función en los sistemas semióticos que se refieren en primera instancia al actor para más tarde relacionarlos con los demás sistemas de signos. El extracto fue tomado de la video documentación realizada en la presentación en Marsella y que se puede ver en la página web de Rodrigo García mencionada anteriormente.

24'24"	– La estación está conformada por tres metrónomos, los cuales han sido intervenidos, fijándoles velas pequeñas como las que se utilizan para las tortas de cumpleaños en las agujas que están en movimiento continuo pulsando el ritmo en este caso de la performance. Estos metrónomos están puestos en un pedestal formado por cajas de cerveza en donde se puede leer la marca *Estrella Galicia* y *Mahou*, a los que se les ha puesto un micrófono (de voz) para amplificar el sonido del pulso característico de estos aparatos. En el sonido ambiental se escucha una de las sonatas para piano de Mozart. Los metrónomos pendulan con las velas encendidas. Los metrónomos pulsan. Romero está vestido de mujer de la época de Mozart.
24'55"	– Romero es ayudado por Loriente, que esta vestido como Mozart (con peluca y todo), a ponerse unos guantes (¿de goma?) que tienen pegadas en la punta de los dedos velas de cumpleaños que no se apagan.
24'59"	– Loriente prende las velas de los dedos de Romero. Loriente y Romero están parados fuera del círculo de gente que mira la estación en donde están los 3 metrónomos.
25'03"	– Romero extiende los brazos hacia adelante en dirección a los metrónomos.
25'14"	– Romero avanza lentamente manteniendo los brazos estirados en dirección a los metrónomos y al mismo tiempo mimando el tecleo en un piano siguiendo imaginario el ritmo de la música que escuchamos por los altavoces. Las velas tanto de los tres metrónomos como las de los dedos de Mozart (Romero) humean, chispean, crujen, huelen, se derriten y la esperma salta para todos lados. Los metrónomos pendulan con las velas prendidas en sus puntas y producen el ritmo tonal característico, que marca el tiempo (en la música). Los metrónomos están de-sincronizados.
25'28"	– Romero pasa a través del círculo de gente que lo deja pasar afectada pero a la vez interesada de no perderse ningún detalle de la performance.
25'52"	– Romero cuando llega al centro de la estación en donde está el podio con los metrónomos, mantiene la línea de acción directa y empieza lentamente a girar al rededor de los metrónomos.
26'50"	– En los altavoces se escuchan las sonatas para piano de Mozart, los metrónomos de-sincronizados, las pequeñas explosiones de las velas como petardos.
27'30"	– Romero sigue tecleando al ritmo de la música de Mozart y se mantiene en una tensión física y psíquica con los metrónomos. Cuando Romero ha rodeado en un movimiento de medialuna los metrónomos la sonata llega a su fin y Romero apaga sus guantes en un balde con agua que está al pie de la instalación.

Tabla 1. *PS/WAM*: Los 3 Metrónomos

Análisis vectorial de los componentes escénicos

Patrice Pavis clasifica los componentes escénicos en cinco grupos que podríamos entender también como sistemas de signos y que están interactuando constantemente en la escenificación: el actor; la voz, música y ritmo; el espacio, tiempo y acción; los otros elementos materiales de la representación; y el texto puesto y emitido en escena. La forma en que se va a enfrentar el análisis por lo tanto, en el caso del presente análisis estará mayoritariamente centrado en la pregunta sobre el actor.

El análisis semiológico no es suficiente para entrar en el universo que propone Rodrigo García, por esto trataremos de ampliar las fronteras de la interpretación y de la percepción de su obra a través de la semiotización del deseo, en este sentido Pavis nos advierte:

> Ahora habrá que interrogar y probar el sabor del significante, la «lógica de la sensación» (Deleuze), una lógica sensorial y kinestésica que escapa a la notación semiológica de un objeto externo o que, por lo menos, la completa [Pavis, 2018: 106].

> No es tanto la conjunción y la concordancia de los signos lo que produce sentido (como en la semiología clásica), sino el circuito energético que creemos descubrir en ellos y entre ellos, y cuya puesta en escena no siempre brinda su clave, ya que esta siempre se ancla en signos visibles y fijos. La vectorización de algunos elementos del espectáculo necesariamente produce sorpresas y potencialidades que hay que tomar o dejar [Pavis, 2018: 107].

El análisis vectorial identifica los signos teatrales o sistemas de signos para luego vectorizarlos, o sea encontrar los vínculos de significación entre los significantes y los significados (metáfora, metonimia) para luego articularlos en las diferentes redes de sentido.

> ¿Qué sucede en el caso de un espectáculo de danza o de danza-teatro donde la gestual no acompaña a un texto o a un relato? [...] es mucho más difícil proponer un análisis que de cuenta de intensidad de los gestos: primero, porque se trata de gestos contenidos, no espectaculares y poco observables, gestos que ya no son una codificación estereotipada de emociones; en segundo lugar, porque las acciones son discontinuas y se limitan a hechos intensos pero breves; y por último, y sobre todo, porque no son una representación mimética de situaciones reales [Pavis, 2018: 106].

Para identificar y entender la dinámica de los signos en el teatro es conveniente estar al tanto de trabajos de teóricos como Tadeusz Kowzan y Erika Fischer-Lichte, que aunque según Pavis [2018] las propuestas teóricas de éstos autores no son suficientes para enfrentar el análisis teatral, específicamente las propuestas del teatro posdramático y por lo tanto es necesario complementar la semiótica teatral con investigaciones como las de Lyotard[5], y por lo tanto las teorías del psicoanálisis, como las teorías de *La interpretación de los sueños,* de Freud, aun así, son fundamentales para entender el concepto de signo teatral, específicamente el paso del signo lingüístico al signo teatral.

A continuación podemos ver una definición y un cuadro sintético que nos ayudará a visualizar el método del análisis vectorial:

---

[5] Específicamente el artículo «El Diente, La Palma de la Mano» publicado en el libro *Dispositivos Pulsionales* [1981].

El modelo freudiano del análisis de los sueños (condensación y desplazamiento) y la oposición de Jakobson entre metáfora y metonimia aclaran ambos el funcionamiento general del espectáculo. La puesta en escena no es otra cosa más que un ajuste más o menos consciente de algunas grandes figuras de la retórica y del del inconsciente. Estas figuras se conjugan para vectorizar el espectáculo, transformándolo en un texto onírico que los espectadores intentarán descifrar [Pavis, 2018: 369].

Desplazamiento Metonimia	Condensación Metáfora
2. Conectores *3. Secantes*	*1. Acumuladores* *4. Embrague*

Tabla 2. El análisis vectorial.

El actor

No obstante, la dificultad radica en no dividir la performance del actor en especialidades demasiado estrechas, ya que con ello se perdería de vista la globalidad de la significación: una gestual así solamente tiene sentido en relación con un desplazamiento, con un tipo de dicción o un ritmo, sin hablar del conjunto de la escena ni de la escenografía de la que forma parte. Por consiguiente, es preciso tratar de desarrollar una segmentación y unidades que preserven coherencia y globalidad. En vez de una separación entre gesto y texto, o entre gesto y voz, intentaremos distinguir macrosecuencias dentro de las cuales los diversos elementos se agrupen, se refuercen o se distancien, formando un conjunto coherente y pertinente, susceptible de combinarse después con otros conjuntos [Pavis, 2018: 80-81].

El caso de la obra de Rodrigo García es uno de estos ejemplos, aunque García trabaja con la compañía de teatro, fundada por él en el año 1989, La Carnicería Teatro, y podríamos pensar que hay una continuidad en su producción teatral, continuidad estética, metódica, de los actores que forman su compañía, está claro que no es así. Rodrigo García propone siempre un desafío en cada nueva escenificación y en la obra *PS/WAM* es claro. Específicamente en la obra *PS/WAM* actúan Juan Loriente y Daniel Romero. Loriente es un actor recurrente en la obra de Rodrigo García y participa como integrante fijo de la compañía La Carnicería Teatro, Romero es creador y músico que, ha desarrollado su carrera en el campo de la experimentación sonora, y trabaja desde 2008 diseñando sonido para proyectos de teatro y performance con Rodrigo García. Cada puesta en escena de Rodrigo García exige unas determinadas capacidades actorales, más o menos extremas, tanto físicas como psicológicas. En *PS/WAM* los actores están allí como la música, físicamente, materialmente, están allí disfrazados y maquillados, están allí como una pareja que dialoga a través de los elementos que están puestos en diferentes estaciones en el espacio espectacular. Los actores reciben y miran al público directo a los ojos, son dos anfitriones amables pero a la vez sospechosos. Estos dejan que el público se sienta cómodo observando el espacio e interactuando con algunas de las instalaciones propuestas. Los actores dan la sensación de que entran y salen en esta partitura tiempo-espacial que tiene el pulso no solo en los cuerpos vivos de los actores sino también en la música, o mejor dicho en el espacio sonoro.

Los vectores acumuladores

Los vectores acumuladores actúan por acumulación-super-posición-interferencia. Se estructuran además en planos que se superponen. Como podemos ver en la Tabla 1, en la *micro-performance* de los metrónomos los vectores-acumuladores multiplican los significados posibles. Aquí por ejemplo podemos identificar ciertos signos (significantes) que se superponen con otros signos para proponer una nueva estructura de significados, y así cuando las velas se presentan en la escena pegadas a las puntas de los dedos de los guantes de jardinería, el signo de las velas que en un principio es un conector y nos conecta por ejemplo con una fiesta de cumpleaños, al aparecer en los guantes, el signo «vela encendida en la punta de los dedos» abre un sin fin de nuevas significaciones, por decir algunas, le da al momento un aire carnavalesco, que al mismo tiempo se se relaciona con los otros signos que están presentes en el vestuario de Romero, mitad dama de la corte, mitad jugador de hockey, esta semiosis ayuda a enriquecer los posibles sentidos y dan un giro metafórico a los distintos niveles de las acciones físicas que realiza Romero.

> El sacrificio en el caso de Mozart, de su infancia por el arte y la belleza, y que a la vez puede ser interpretada como una tortura, una pesadilla, las velas, el fuego, el cumpleaños. El corazón de Mozart, la pulsión de vida: «El cuerpo es una suerte de Médium que hace pasar flujos incontrolados a través suyo; y es traspasado tanto por fenómenos culturales como por deseos inconscientes» [Pavis, 2018: 115].

La vela, la esperma, el fuego las agujas de los metrónomos, las manos de Romero tecleando nos trasladan a un espacio onírico y peligroso. Y vemos la figura de Mozart, una
biografía visual, la figura del padre, la irreverencia frente al
sistema imperante, las preguntas sobre de la música como
expresión artística.

Los vectores conectores

Los metrónomos nos conectan con el universo «música», con
la producción musical e intelectual de el clasicismo del siglo
XVIII, a la vez nos conecta con la disciplina y la forma de ordenar el ritmo (el orden). Los vectores conectores tienen su
vínculo con las metonimias. Sustituye a un elemento por otro
no por semejanza sino por conexión o contigüidad espa-
cio-temporal es un proceso energético al que Freud llama
económico. La libido envuelve una región de la superficie
corporal [Pavis, 2018]. Las velas que son un referente directo
de las fiestas de cumpleaños, y por ende nos conectan con
la niñez en general y específicamente con la niñez de Mozart. Aquí las velas están superpuestas con otros objetos (signos), como los metrónomos, podemos apreciar como dos
signos diferentes, en este caso las velas y los metrónomos al
combinarse materializan un nuevo signo que actúa como la
metáfora que podríamos reflexionar sobre fuego y tiempo, y
así sobre todos los derivados de esta imagen.

Las velas encendidas también nos conectan con la luz, y
por desplazamiento remiten como productoras de fuego al
calor. En una dimensión más corporal en referencia a la libido se conecta también con al falo, lo erótico, el despertar
sexual.

El pedestal hecho con cajas de cerveza nos conecta con la época actual. La cultura popular.

Los vectores secantes

Los vectores secantes son movimientos de ruptura que acaban bruscamente con una serie y pasa a otra sin transición. En la *micro-performance* de los 3 metrónomos, los secantes no son muchos pero son claros, al final de la sonata que se escucha por los altavoces, Romero apaga el fuego de sus guantes envelados en un balde con agua, y Loriente aparece rápidamente para romper con todo, la luz se enciende, y el público disuelve el círculo ritual en el que estaban inmersos, Loriente desenrolla el rollo de papel que ha estado bajo los metrónomos y en donde se pueden leer textos que hablan de fallidas cirugías estéticas, y más. Las transiciones, que se producen al pasar de una estación performativa a otra, también son movimientos de ruptura que los actores concretizan constantemente, entran y salen de sus representaciones performativas.

Los vectores embragues

Los vectores embragues actúan por el paso de un sistema de signos a otro por medio de un sistema de equivalencia y sustituciones (embrague metafórico), las sonatas de Mozart embragan, más tarde, en las propuestas musicales de Scelci. De este modo se pasa de una propuesta musical a otra. En este sentido también de una época clásica del siglo XVIII a la época contemporánea. El espectáculo no se queda en la mirada, sino que pasa a un nivel diferente más profundo, más inconsciente, que deriva, o mejor dicho embraga más adelante en las improvisaciones que Romero hace de las sonatas para piano de Scelsi. En ese momento pasamos de un universo a otro, cambiamos de plano y de lectura, la música de Mozart desemboca en la música experimental de Scelsi, y pasamos, a través de ese embrague, al mundo de la música experimental contemporánea, y en el caso de Scelsi el al universo trascendente de su propuesta artística.

Conclusiones

Rodrigo García no se acerca al público con mensajes y signos fáciles de identificar y de interpretar, al contrario se acerca con sensaciones, objetos inexistentes, o que están re-interpretados, y por lo tanto nos llevan a una estructura de sentido nueva, diferente a la que conocíamos, por ejemplo la máquina del sexo[6], que al principio está oculta bajo una manta confeccionada de papel de periódico y por lo tanto no la vemos pero si percibimos y escuchamos su ritmo, su tempo que sincroniza con los otros sistemas de signos como los metrónomos y funciona como parte de esta sinfonía pulsional.

Naturalmente que percibimos una dramaturgia, o mejor dicho, una partitura que propone un tempo, un ritmo en el tiempo y en el espacio, una partitura que al parecer es caótica y sin sentido, porque lo que se intenta no es un show banal sino mas bien trascendental.

---

[6] Esta máquina está puesta en una de las instalaciones y es una construcción mecánica que lleva un pene en la punta y se mueve a distintas velocidades, además produce un sonido pulsional.

En la obra *PS/WAM* el público puede recorrer el espacio libremente, un público liberado de la butaca y también del reloj, respecto al tiempo en la obra *PS/WAM* Rodrigo García nos comenta en una de sus últimas entrevistas:

> Respecto a las exposiciones de artes plásticas, se encarga el propio asistente al evento de matarlas, va corriendo entre las obras hablando y tirando fotos. Tal vez por eso mi última obra (*PS/WAM*) es solo tiempo, que le doy al público. Pueden deambular y detenerse donde quieran que no encontrarán «show». ¿Sabrán hacerlo, sabrán hacer algo con el tiempo que he creado para ellos, sabrán usar su libertad, serán responsables? [Tamames, 2020: 568]

El espectador es un individuo que está invitado a elegir dónde y cuándo mirar. Al principio y durante la obra el público tiene la posibilidad de desplazarse por las distintas estaciones y observar detenidamente lo que hay allí. En general las instalaciones/estaciones son herméticas, híbridas, cerradas, en donde los signos o mejor dicho los sistemas de signos están en su plena materialidad, son significantes en búsqueda de significados, estos sistemas de signos se convertirán (tomarán) en sentido a través de las intervenciones performativas de Loriente y Romero y serán tanto condensados como desplazados.

En la obra de García, el espectador se enfrenta al mundo ficcional propuesto de una manera más bien física y corporal, se ve obligado a hacerlo debido a que los sistemas de signos o los componentes escénicos están reestructurados como una construcción de una significación que entra en conflicto con la construcción de sentido que trae de su referente o mundo real. De esta manera la búsqueda constante de un significado no llega a una interpretación inmediata, sino le deja tiempo al cuerpo para interrelacionarse con la lo material. El cuerpo escucha música sin pensarlo, al contrario, el cuerpo (y no lo quiero llamar todavía, experiencia estética) vibra y se contagia a través de esa vibración y más allá de definir la música el cuerpo alcanza un estado, y podemos al igual que cuando soñamos, presenciar y vivir una situación extraña ajustándonos a ella con la mente y la imaginación, en palabras de Hartwig: «Muchos de sus proyectos juegan con la frontera entre la ficción y la realidad e incluyen la dimensión sensual, especialmente visual y acústica, pero también olfativa, de la percepción. Para García, las historias ya son percepción manipulada» [Hartwig, 2005: 50].

El espectador entra o enfrenta el espectáculo a través de la forma, o mejor dicho a través de la materialidad. La forma viene a ser el contenido, a través de la forma, a través de la composición del espacio, el espectador abre su percepción, la música le ayuda a abrir los sentidos, y se posiciona más bien en el espacio de un espectador antes de la palabra antes de la comunicación verbal, no es que se cierre el consciente o la capacidad de percibir cotidiana, sino que además se abren otras dimensiones de percepción.

En *PS/WAM* la experiencia es irracional, inconsciente, y debemos empezar a vivir con nuestro inconsciente sin miedo a la locura.

Rodrigo García nos ofrece dos niveles sígnicos: superficial y profundo, si los relacionamos con los vectores podemos encontrar vínculos entre el nivel superficial y los vectores conectores (metonimia) y el nivel más profundo vinculado con los vectores acumuladores (metáfora). El texto está puesto en escena y no dicho en escena.

La música como comentamos en los componentes escénicos no quiere referenciar nada, más bien la música es, está en presencia directa con el espectador. Las palabras y los signos están siempre condicionadas por un significante que busca un significado, la música no puede mentir porque no usa palabras. Rodrigo García expresamente habla de la música y ni siquiera la biografía de Mozart (o Scelsi) la música se presenta como antídoto contra la estupidez que está siendo programada en cada segundo en los medios de comunicación, la música de Mozart contra esa aceleración y ese bombardeo medial que ya no es solo la comida chatarra sino que es la imagen chatarra que se nos mete a la fuerza y a mil imágenes por segundo. El espectador se identifica a sí mismo como puro acto de percepción, como sujeto trascendental.

Según lo que el mismo Rodrigo García escribió en el gacetilla de prensa promocional de la obra, para él la música de Mozart es lo primordial:

> Ante tanta estupidez, cómo no voy a proponer las sonatas para piano de Mozart.
>
> Notas musicales.
>
> Contra las mentiras.
>
> Solo las notas musicales.
>
> Ni siquiera la biografía de Mozart.
>
> Solo las propias sonatas [García, 2019].

García enfrenta dos universos opuestos, los mezcla como por ejemplo en el vestuario de Romero en donde vemos el vestido de una dama de la corte mezclado con el vestuario de un jugador de hockey, en la instalación de los metrónomos vemos las cajas de cerveza como pedestal para los metrónomos, al mezclarlos desacraliza uno y enaltece el otro, de este modo el público (el espectador) que puede estar más o menos identificado con alguno de estos mundos opuestos, es obligado a reestructurar a través de un ejercicio estésico la estructura conceptual del contexto histórico y cultural en donde se ha originado esta ambivalencia.

Rodrigo García nos hace recordar que la trascendencia esta allí y no nos olvida, como él mismo García lo resume: «Dicho a lo bestia y para que nos entendamos: aunque tú le des la espalda, la trascendencia no te olvida» [García, 2019].

Bibliografía

Fischer-Lichte, Erika (1999): *Semiótica del Teatro*, Madrid, Arco.

García, Rodrigo (2009): *Cenizas escogidas*, Segovia, La uña rota.

— (2020): *Cómo se llama*, Segovia, La uña rota.

Hartwig, Susanne (2005): *Chaos und System: Studien zum spanischen Gegenwartstheater*, Frankfurt am Main, Vervuert.

Kowzan, Tadeusz (1997): *El signo y el teatro*, Madrid, Arco.

Lehmann, Hans-Thies (2015): *Postdramatisches Theater*, Frankfurt am Main, Verlag der Autoren.

Lyotard, Jean-Francois (1981): *Dispositivos Pulsionales*, Madrid, Editorial Fundamentos.

Olaya Pérez, Fernando (2015): *El Teatro de Rodrigo García*, Madrid, Esperpento Ediciones Teatrales.

Pavis, Patrice (2018): *El análisis de los espectáculos. Teatro, mimo, danza, cine*, Buenos Aires, Paidós.

TAMAMES GALA, Cristina (2020): «La belleza es una desviación», *Acotaciones*, 45: 565-593.

NOTAS FINALES

Este volumen ha sido posible gracias a un proceso de evaluación de los textos. El Consejo Editorial ha estado formado por:

Ana Isabel Labra Cenitagoya
Carmen González Vázquez
Javier Huerta Calvo
Javier Ramírez Serrano
Julio Vélez Sainz
Mar Rebollo Calzada
María Luisa Álvarez-Villamil Bárcena

Todos los miembros del Consejo Editorial forman parte de alguno de los siguientes proyectos liderados por el Instituto del Teatro de Madrid:

- «Cartografía digital, conservación y difusión del patrimonio teatral del Madrid contemporáneo» (CARTEMAD-CM, ref. H2019/HUM-5722)
- «Constelaciones y redes digitales como herramientas para la documentación y análisis del patrimonio teatral del

Madrid contemporáneo» (CONSTEMAD-CM, ref. PHS-2024/PH-HUM-437)

Ambos financiados por la Comunidad de Madrid y el Fondo Social Europeo y realizados al amparo de las convocatorias de ayudas para la realización de programas de actividades de I+D entre grupos de investigación de la Comunidad de Madrid en Procesos Humanos y Sociales 2019 y 2024.